Malene Gürgen, Patricia Hecht, Nina Horaczek,
Christian Jakob, Sabine am Orde
Angriff auf Europa

Malene Gürgen | Patricia Hecht | Nina Horaczek
Christian Jakob | Sabine am Orde

ANGRIFF AUF EUROPA

Die Internationale des Rechtspopulismus

Ch. Links Verlag

Auch als **e book** erhältlich

Die Deutsche Nationalbibliothek verzeichnet diese Publikation
in der Deutschen Nationalbibliografie; detaillierte bibliografische
Daten sind im Internet über www.dnb.de abrufbar.

1. Auflage, September 2019
© Christoph Links Verlag GmbH
Schönhauser Allee 36, 10435 Berlin, Tel.: (030) 44 02 32-0
www.christoph-links-verlag.de; mail@christoph-links-verlag.de
Umschlaggestaltung: Nadja Caspar, Ch. Links Verlag,
unter Verwendung von Fotos von Marine Le Pen (picture alliance /
abaca / Sylvain Lefevre), Matteo Salvini (picture alliance / AP Photo /
Maurizio Brambatti), Alexander Gauland (picture alliance / AP Photo /
Matthias Schrader) und Viktor Orbán (picture alliance / AA / Dursun
Aydemir) (v. l. n. r.)
Grafiken: Lena Ziyal / infotext-berlin.de
Satz: Eugen Bohnstedt, Ch. Links Verlag
Druck und Bindung: Druckerei F. Pustet, Regensburg
Gedruckt auf säurefreiem, alterungsbeständigem Papier

ISBN 978-3-96289-053-7

Inhalt

III. Perspektiven

Anhang

Vorwort

Der Kulturkampf ist da, ob es gefällt oder nicht. Klar wird das durch Äußerungen wie jene von Ungarns Ministerpräsident Viktor Orbán vor den Wahlen zum Europäischen Parlament im Mai 2019: »Wir stehen vor einem großen Moment: Wir sagen ›Auf Wiedersehen‹ nicht nur zur liberalen Demokratie, sondern zur Elite der 1968er.« Der Chef der Lega-Partei in Italien, Matteo Salvini, erklärte diese Wahlen zum »Referendum zwischen Leben und Tod, zwischen Zukunft und Vergangenheit, zwischen einem Europa der Freiheit und einem islamischen Staat der Angst«.

Es geht hier nicht um das in einer Demokratie normale Wechselspiel der Macht, auch wenn die RechtspopulistInnen das behaupten. Es geht um die Ablösung unseres Gesellschaftsmodells. Wer an ihm festhält, wird zum Feind.

So schüren Europas rechtspopulistische und rechtsextreme Parteien die Angst vor MigrantInnen und MuslimInnen, verteufeln die Eliten, beschwören Heimat und Familie und attackieren die EU frontal. Einig sind sie sich vor allem darin, dass sie eine liberale Gesellschaft ablehnen. Sie verachten Homosexuelle, gehen gegen die unabhängige Presse und gegen die Zivilgesellschaft vor, bekämpfen Frauenrechte, stellen Nationalismus gegen internationale Kooperation und Multilateralismus. Viele der Parteien halten Klimaschutz für überflüssig, die meisten suchen die Nähe zum autoritären Russland, manche sind Teil rechtsextremer Netzwerke.

Zweifellos sind die RechtspopulistInnen im Aufwind, und das fast flächendeckend. Sie streben eine Gesellschaft an, die viele ausschließt – und in der andere gar nicht erst leben wollen. Das Bild, das die Rechten abgeben, ist dabei heute oft diffus. Es zerfasert am Rand; die Übergänge zum Rechtsextremismus sind fließend. Gleichzeitig hat sich rechte Ideologie in der gesellschaftlichen Mitte ausgebreitet. RechtspopulistInnen stellen diese Uneindeutigkeit bewusst her – durch ihre Sprache, ihre Bündnisse, ihre soziale Basis. Sie verweisen auf ihre bürgerliche Seite, bilden aber ein Kontinuum, das vom enttäuschten Konservativen bis tief in die rechtsextreme Szene mit ihrem glühenden Hass gegen Eliten und Minderheiten reicht.

Europa ist den RechtspopulistInnen dabei negativer und positiver Bezugspunkt zugleich: Sie dämonisieren die EU als Angriff auf die nationale Souveränität – und bilden gleichzeitig auf europäischer Ebene Allianzen. Eine Internationale der NationalistInnen mag in der Vergangenheit selten gut funktioniert haben. Heute aber gibt es mehr als nur Parallelen unter den rechten Parteien Europas: Es gibt Synergien, Kooperationen, Koordination, Netzwerke. Am deutlichsten zeigt sich dies in dem kurz vor der Europawahl geschmiedeten Bündnis von neun rechten Parteien, das inzwischen als Fraktion unter dem Namen »Identität und Demokratie« firmiert.[1] Eines ihrer wichtigsten Ziele: Brüssel möglichst weitgehend zu entmachten und die Nationalstaaten zu stärken. Ihr eigener Anspruch, stärkste Kraft in Brüssel und Straßburg zu werden, scheiterte zwar am Wahlergebnis. Und auch eine starke Fraktion im europäischen Parlament wird bis auf Weiteres ein Wunschtraum bleiben. Zu groß sind die Unterschiede und Interessen selbst da, wo das gemeinsame Feindbild steht.

Legt man die Aufteilung der vergangenen Legislaturperiode zugrunde, so gewannen die Parteien, die den bisherigen rechten Fraktionen »Europa der Freiheit und der direkten Demokratie«, »Europa der Nationen und der Freiheit« und »Europäische Konservative und Reformer« angehörten, zusammen mit der ungarischen Fidesz – die bislang weiter in der konservativen EVP-Fraktion bleibt – kaum hinzu. Im Vergleich zu 2014 stimmten nicht einmal drei Prozent der WählerInnen mehr für offen xenophobe und EU-feindliche Parteien. Bedenkt man, was in der Zwischenzeit geschehen ist, ist klar: Es hätte noch schlimmer kommen können.

Trotzdem: Insgesamt kommen die Rechten auf mindestens 176 Sitze und stellen damit ein Viertel des Parlaments. Und es ist erschreckend, wer dort nun versammelt ist. Es sind Männer wie Teuvo Hakkarainen[2] von den Wahren Finnen, der über »Neger«[3] herzieht und Schwule und Lesben auf eine Insel verbannen will, damit sie da »ihre Idealgesellschaft bilden können«.[4] Oder der AfDler Nicolaus Fest, der sagt: »Wir riefen Gastarbeiter, bekamen aber Gesindel«, und arabischen, türkischen und afrikanischen Jugendlichen vorhält, »primitiv und bösartig« zu sein.[5] Oder der Este Jaak Madison von der EKRE-Partei, der Faschismus eine Ideologie nennt, die «aus vielen positiven und für Erhaltung des Nationalstaates notwendigen Nuancen zusammengestellt ist«.[6]

Seit der vorigen EU-Wahl im Mai 2014 hat die EU durch den Umgang mit den ankommenden Flüchtlingen eine ihrer schwersten Krisen erlebt. Auf genau diesem Feld haben die RechtspopulistInnen die EU samt der »Altparteien« und der »Brüsseler Eliten« angezählt. Mit dem Thema Migration haben sie das gesamte Parteiensystem und auch die Kommission vor sich hergetrieben, jahrelang.

Wie sehr, zeigte sich etwa im Dezember 2016. In jener Woche war die Situation im syrischen Aleppo eskaliert, Russlands Luftwaffe flog die schlimmsten Angriffe seit Langem. In der EU kamen zu jener Zeit deutlich weniger Flüchtlinge an als in den Sommermonaten ein halbes Jahr zuvor. Die EU-StaatschefInnen trafen sich zu einem Gipfel in Brüssel, die Abschlusserklärung hatte 27 Punkte. Punkt 1: Der Kampf gegen die irreguläre Migration über das Mittelmeer. Punkt 26: Aleppo. Die StaatschefInnen glaubten, dem Druck von rechts nachkommen zu müssen. Das Signal sollte sein: Für den Kampf gegen die irreguläre Migration braucht es keine rechten Parteien. Darum kümmern wir uns schon selbst. Für viele konservative Parteien hat sich dieses Signal nicht ausgezahlt. In Italien, in Deutschland, in Frankreich und anderen Ländern verschob sich zwar der Diskurs nach rechts – doch Wahlerfolge feierten nicht die Konservativen, sondern die PopulistInnen am rechten Rand. In einer Reihe von Ländern regieren sie oder greifen nach der Macht. Dass sich die rechten Träume vom stärksten Block im EU-Parlament nicht erfüllt haben, liegt auch an einer inhaltlichen Verschiebung: Es ist die Klimapolitik, die zulasten des Migrationsthemas jüngst an Gewicht gewonnen hat. Hier haben die Rechten kaum etwas zu bieten. Die Agenda wird zur Zeit von anderen gesetzt. Man kann das Wahlergebnis so verstehen, dass die PopulistInnen womöglich die Themenhoheit wieder verloren und ihr Potenzial ausgeschöpft haben.

Welchen Einfluss sie trotzdem haben werden, hängt vor allem vom Verhalten der Konservativen ab. Es besteht kein Zweifel, dass die Rechten ihnen Angebote für die themenbezogene Zusammenarbeit machen werden: gegen »Genderwahn«, »Überfremdung«, »Islamisierung« oder die Vergemeinschaftung von Schulden.

Beschränkt werden die PopulistInnen dabei vor allem, weil sie es als NationalistInnen schwer haben, sich auf eine Linie zu einigen. Quer durch alle Politikfelder, selbst bei der Migration, sind die objektiven Interessengegensätze riesig. Die Neigung, diese Gegensätze demonstrativ auszublenden, ist indes hoch. Denn als geeinter Block ist ihre Macht größer. Das haben die Rechten verstanden. Sie werden weiter versuchen, sich zu vereinen. Und sie werden dabei voneinander lernen. Das hat Folgen. Und zwar auch dann, wenn die Vereinigungsbemühungen auf europäischer Ebene scheitern.

Wer wissen will, was dabei geschieht, muss länderübergreifend recherchieren. Dazu haben wir uns im Sommer 2018 zusammengeschlossen. Über die Agenda, Strategien und Netzwerke der Rechten berichten wir seitdem im Rechercheverbund Europe's Far Right. Mit dabei sind die Zeitungen *taz* (Berlin), *Libération* (Paris), *Falter* (Wien), *Gazeta Wyborcza* (Warschau), *HVG* (Budapest), *WOZ* (Zürich) und *Internazionale* (Rom).

Wir wollten wissen, welche Strategien und Themen die Parteien in ihren jeweiligen Ländern verfolgen, welche Berührungspunkte es gibt und welche Realpolitik von ihnen zu erwarten ist. Viele Teile dieses Buches beruhen auf Texten, die dabei gemeinsam recherchiert wurden. Manche AutorInnen des Teams haben zudem Länderkapitel für dieses Buch verfasst.

Diese gemeinsame Recherche ist auch eine politische Auseinandersetzung in eigener Sache. Denn unsere KollegInnen vor allem in Osteuropa können aus erster Hand davon berichten, was es bedeutet, wenn RechtspopulistInnen die Macht erlangen. Ein wichtiger Teil ihrer Strategie ist der Angriff auf die freie Presse. Je mehr die Glaubwürdigkeit der etablierten Medien untergraben wird, desto bessere Chancen haben die rechten Propagandaorgane, Gehör zu finden. RedakteurInnen werden von RegierungssprecherInnen angepöbelt, ReporterInnen ausgesperrt, JournalistInnen von Abgeordneten offen bedroht. Alimentierte Staatsmedien ringen die Konkurrenz nieder. Diese wird mit Klagen überzogen, eingeschüchtert oder in die Pleite gedrängt.

Als wir uns im Sommer 2018 in Wien trafen, dachten wir über einen Namen für unser Rechercheprojekt nach. Einer der Vorschläge war »Alert«, Alarm. Denn tatsächlich hielten und halten wir die Lage für alarmierend. Es war der ungarische Kollege, der den Vorschlag ablehnte: Um Alarm zu schlagen, sei es in seinem Land zu spät, sagte er. Alles, wovor man vernünftigerweise warnen könnte, sei dort längst durchgesetzt worden.

So weit muss es anderswo nicht kommen.

Berlin, Wien, August 2019

I. PARTEIEN UND PERSONEN

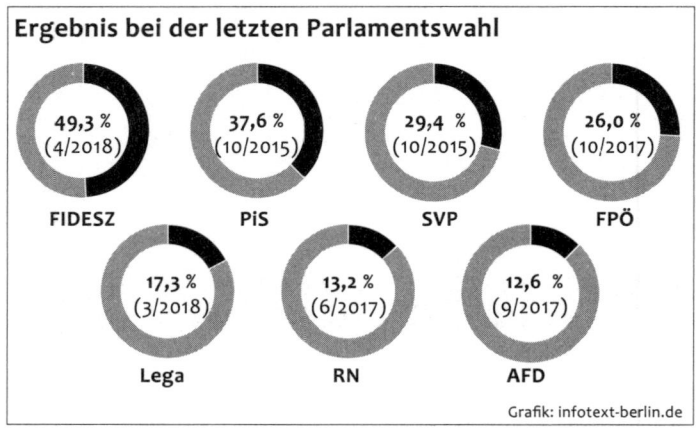

Ergebnis bei der letzten Parlamentswahl

49,3 % (4/2018)	37,6 % (10/2015)	29,4 % (10/2015)	26,0 % (10/2017)
FIDESZ	PiS	SVP	FPÖ

17,3 % (3/2018)	13,2 % (6/2017)	12,6 % (9/2017)
Lega	RN	AFD

Grafik: infotext-berlin.de

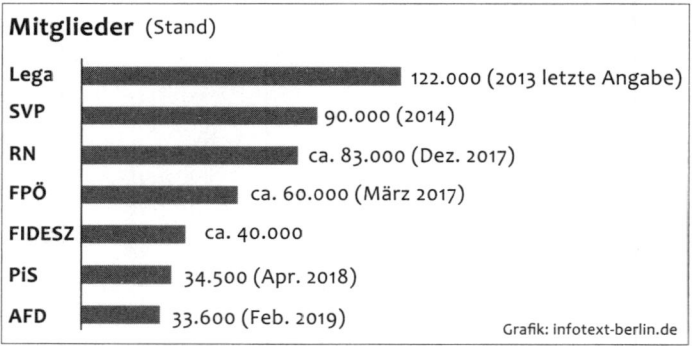

Mitglieder (Stand)

Lega	122.000 (2013 letzte Angabe)
SVP	90.000 (2014)
RN	ca. 83.000 (Dez. 2017)
FPÖ	ca. 60.000 (März 2017)
FIDESZ	ca. 40.000
PiS	34.500 (Apr. 2018)
AFD	33.600 (Feb. 2019)

Grafik: infotext-berlin.de

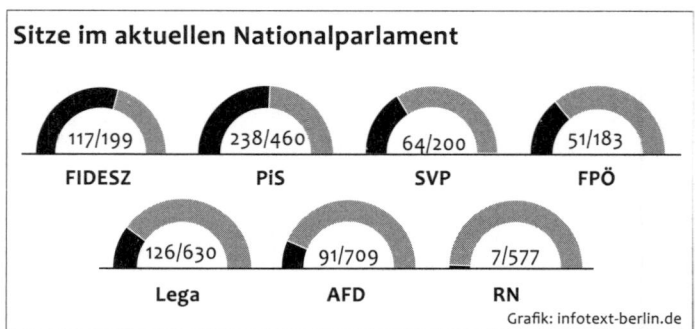

Sitze im aktuellen Nationalparlament

117/199	238/460	64/200	51/183
FIDESZ	PiS	SVP	FPÖ

126/630	91/709	7/577
Lega	AFD	RN

Grafik: infotext-berlin.de

AfD: Alternative für Deutschland, Fidesz: Fital Demokraták Szövetsége (Ungarn), FPÖ: Freiheitliche Partei Österreichs, Lega (Italien), PiS: Prawo i Sprawiedliwość (Polen), RN: Rassemblement National (Frankreich), SVP: Schweizer Volkspartei

Deutschland.
AfD: Von der Eurokritik zum Islamhass

Es ist ein früher Samstagabend Anfang Dezember 2017, als in der Eilenriedehalle im Hannover Congress Centrum Doris von Sayn-Wittgenstein ans Redepult tritt. Die AfD hat sich hier zum Bundesparteitag versammelt. Sayn-Wittgenstein ist damals 63 Jahre alt und Landesvorsitzende in Schleswig-Holstein. Inzwischen läuft ein Parteiausschlussverfahren gegen sie: Sie soll einen rechtsextremen Verein unterstützt haben.

An diesem Abend aber wäre Sayn-Wittgenstein beinahe AfD-Chefin an der Seite von Jörg Meuthen geworden. Als Nachfolgerin von Frauke Petry. Die radikal rechte Parteiströmung, die sich selbst Der Flügel nennt, hat Sayn-Wittgenstein überraschend ins Rennen geschickt. Ob dessen AnhängerInnen die Norddeutsche wirklich für eine gute Kandidatin gehalten haben, darf bezweifelt werden. Aber Sayn-Wittgenstein soll vor allem eins: verhindern, dass der Berliner Landeschef Georg Pazderski, der innerhalb der AfD als gemäßigt gilt, den Posten bekommt. Pazderski steht für vieles, was die extrem Rechten in der Partei gar nicht mögen: Der ehemalige Soldat, der auch für die NATO gearbeitet hat, gilt vielen als Transatlantiker; er will die AfD in die Regierung führen und sich dafür auch moderat vom rechten Rand abgrenzen.

Jetzt also hebt Sayn-Wittgenstein zu ihrer Rede an. Die hellblaue Bluse trägt sie bis zum letzten Knopf geschlossen, die blonden Haare streng zusammengebunden, dazu Perlenohrringe. »Ich bin erst seit 2016 in dieser Partei, nachdem die Partei eine mehr patriotische Richtung genommen hat«, sagt sie.[1] Applaus brandet unter den 550 Delegierten auf. »Das ist nicht unsere Gesellschaft«, fährt sie fort, sagt, dass nur der Nationalstaat die Demokratie am Leben erhalte und sie in erster Linie deutsch fühle. Dazu äußert sie scharfe Kritik an der Antifa, die sie im rechtsextremen Jargon »Antifanten« nennt, und Verständnis für Russland. Am Ende schallen »Doris, Doris«-Rufe durch den Saal. Für Pazderski, dessen künftige Rolle in der Nacht zuvor im kleinen Kreis ausgekungelt worden ist, wird es eng.

Was folgt, ist ein Wahlkrimi. In der ersten Abstimmung liegt Sayn-Wittgenstein mit wenigen Stimmen vorn, bei der zweiten Pazderski. Beide Male reicht die Mehrheit nicht. Die Partei ist gespalten. Und die Abstimmungen zeigen: Der Flügel ist in der AfD keine Randerscheinung mehr. Noch hat er zwar keine Mehrheit, aber gegen ihn ist in der AfD auch nichts mehr durchsetzbar.

Auf dem Parteitag in der Eilenriedehalle bricht Chaos aus. Schließlich ergreift Alexander Gauland, damals noch AfD-Vizechef, das Mikrofon und beantragt eine Unterbrechung. Am Ende wird er selbst zum Co-Vorsitzenden von Meuthen gewählt.

Gauland, Jahrgang 1941 und gesundheitlich angeschlagen, gilt als einer der wenigen, die die FunktionärInnen und auch die große Mehrheit der gut 33 000 AfD-Mitglieder zusammenhalten können. Die AfD, die Gauland selbst gern einen »gärigen Haufen«[2] nennt, ist keine homogene Partei, sie ist eine Sammlungsbewegung, die aus verschiedenen Strömungen besteht. Inzwischen ist Der Flügel um den Thüringer Landeschef Björn Höcke die einflussreichste. Die gemäßigteren AfDler, die dazu ein Gegengewicht bilden wollen und sich deshalb in der Alternativen Mitte organisiert haben, waren nie stark und haben zuletzt noch weiter an Bedeutung verloren. Daneben gibt es nach wie vor Konservative, die sich die alte CDU zurückwünschen, evangelikale Christen, Neoliberale und Libertäre in der Partei.

Alexander Gauland, der seit dem Parteitag in Hannover neben der Bundestagsfraktion auch noch die Partei führt, ist vom ersten Tag an dabei. Das gilt für niemanden sonst, der heute bei der AfD in der ersten Reihe steht. Zuvor war Gauland 40 Jahre lang in der CDU, als Beamter hat er mit der Partei Karriere gemacht: Er hat das Büro des Frankfurter Oberbürgermeisters Walter Wallmann geleitet, und als dieser hessischer Ministerpräsident wurde, die dortige Staatskanzlei. Lange galt Gauland, der nach der Wende Herausgeber der in Potsdam erscheinenden *Märkischen Allgemeinen* war, als aufgeschlossener Konservativer; auch Grüne und Linke diskutierten mit ihm – mitunter gewinnbringend. Heute steht Gauland auf Markplätzen, ruft »Heute sind wir tolerant, morgen fremd im eigenen Land«[3], ein NPD-Slogan, vergleicht die Bundesregierung mit dem Politbüro der DDR und den Nationalsozialismus mit einem »Vogelschiss«[4], hält seine Hand über Rechtsaußen Höcke und fordert, dass man auf die Soldaten der Wehrmacht wieder stolz sein dürfen müsse. Eine atemberaubende Radikalisierung.

Im Februar 2013 treffen sich Gauland und 17 andere Männer in einer Kirchengemeinde im hessischen Oberursel und beschließen, eine Partei mit dem Namen Alternative für Deutschland zu gründen. Es wird eine rechtspopulistische Partei, wie es sie in anderen europäischen Ländern längst gibt. Bis dahin hat man in Deutschland gedacht, gegen solche Entwicklungen sei die Bevölkerung durch die Erfahrung des Nationalsozialismus immunisiert.

Anfangs prägen vor allem Wirtschaftsprofessoren das Bild der Partei. Ihr Thema: die Kritik am Euro und der Eurorettungspolitik der Bundesregierung. Ihr Aushängeschild: Volkswirtschaftsprofessor Bernd Lucke aus Winsen an der Luhe in Niedersachsen, ein evangelisch-reformierter Christ, Vater von fünf Kindern, der zu Hause die Wollpullover seines Vaters aufträgt. Lucke ist damals auf allen Kanälen präsent, trotzdem scheint er zu ahnen, dass das Eurothema vielleicht nicht reicht, um am 22. September 2013 in den Bundestag gewählt zu werden. Ende Juli schreibt er in einer Mail an Vorstandskollegen: »Wir müssen noch einmal einen Tabubruch begehen, um Aufmerksamkeit zu kriegen. Das machen wir, indem wir Herrn Sarrazin vereinnahmen.

Das kann uns viel Aufmerksamkeit, Kritik der linken Presse und viel Zuspruch in der Bevölkerung einbringen.«[5] Der SPD-Politiker Thilo Sarrazin hat mit seinem Buch *Deutschland schafft sich ab*, das ein rassistischer und muslimfeindlicher Grundton durchzieht, einen Besteller geschrieben. »Fest steht, dass Lucke im Sommer der Parteigründung den Schritt vom Professor zum Populisten vollzieht«, urteilte rückblickend *Spiegel*-Redakteurin Melanie Amann, eine ausgewiesene AfD-Kennerin.[6]

Doch es reicht trotzdem nicht. Die AfD scheitert mit 4,7 Prozent der Stimmen an der Fünf-Prozent-Hürde. Noch in der Wahlnacht spricht ein sichtlich angeschlagener Lucke von »Entartungen von Demokratie«[7], die die AfD bekämpfe; später bezeichnet er gering qualifizierte MigrantInnen als »sozialen Bodensatz«[8]. Lucke blinkt nach rechts außen. In dieser Zeit treten Tausende in die AfD ein, viele davon sind radikal rechts. Zwar werden schon damals laut Satzung keine ehemaligen Mitglieder von NPD und DVU aufgenommen, doch einige finden trotzdem den Weg in die Partei. Für ehemalige Republikaner oder Ex-Mitglieder der islamfeindlichen Kleinstpartei Die Freiheit, für Identitäre und Burschenschaftler gilt die Regelung ohnehin nicht. Lucke wird gewarnt, dass Rechtsextreme die Partei unterwandern könnten. Doch er unternimmt nichts dagegen.[9] Viele der damals neu Eingetretenen sind – trotz weiterer Unvereinbarkeitsbeschlüsse und vereinzelter Parteiausschlussverfahren – bis heute Mitglied der AfD.

Im Frühjahr 2014 zieht die AfD mit 7,1 Prozent und sieben Abgeordneten ins Europaparlament ein, Lucke weilt nun fernab in Brüssel und Straßburg. Im Herbst schafft die Partei in Sachsen, Brandenburg und Thüringen aus dem Stand den Sprung ins Parlament – jeweils mit um die zehn Prozent, in Brandenburg sind es sogar zwölf: ein Riesenerfolg. Die Sieger heißen Petry, Gauland, Höcke – allesamt Kritiker von Luckes aus ihrer Sicht zu moderatem Kurs und seinem autoritären Führungsstil. Der Wahlerfolg stärkt ihre Position in der Partei, auch die Medien sind nun stark an diesen drei interessiert.

Als im Oktober erstmals Pegida[10], eine islam- und flüchtlingsfeindliche Bewegung, in Dresden aufmarschiert, gibt Lucke die Parole aus, die AfD solle sich davon fernhalten. Gauland aber fährt hin, spricht von »natürlichen Verbündeten«[11], Höcke sieht das ähnlich. Längst sägen sie gemeinsam mit Petry an Luckes Stuhl. Im Vorfeld des Essener Parteitags Anfang Juli 2015, bei dem es schließlich zum Showdown kommt, verfassen Höcke und sein damaliger Verbündeter André Poggenburg, zu dieser Zeit AfD-Landeschef in Sachsen-Anhalt, mithilfe des neurechten Vordenkers und Verlegers Götz Kubitschek die »Erfurter Resolution« – ein Frontalangriff auf Lucke und seine Mitstreiter. Das Ziel: die Beschränkungen durch Lucke hinter sich zu lassen, und die AfD nicht nur als parlamentarische Kraft, sondern auch als »Widerstandsbewegung« auf der Straße und Partei des »wirklich freien Worts« zu positionieren.[12] In den ersten Tagen unterschreiben bereits mehr als 1000 Mitglieder.

Es ist ein heißer Sommertag, als die AfD ihren Gründer schließlich vom Platz jagt. 3500 Parteimitglieder haben sich in der Essener Grugahalle zum Parteitag versammelt, eine Kampfabstimmung steht an: Wird Lucke die Partei weiter führen? Oder wird seine bisherige Co-Vorsitzende Frauke Petry ihn stürzen? Obwohl die Klimaanlage auf Hochtouren läuft, wie immer wieder versichert wird, sollen es in der Halle 27,5 Grad sein. Auch die Stimmung ist von Beginn an aufgeheizt. Schon als Lucke zum ersten Mal ans Redepult tritt, schallen Buh-Rufe durch die Grugahalle. Wer dagegen von der »Pegida-Partei« oder von »Systemkritik« spricht, wer gegen Flüchtlinge und Muslime hetzt, wird frenetisch beklatscht.[13]

Am Ende fällt das Ergebnis nicht so knapp aus, wie viele vorher gedacht haben: Petry wird mit 60 Prozent der Stimmen zur ersten Bundessprecherin gewählt. »Bernd, du bleibst die Galionsfigur der Gründerzeit«, sagt sie in ihrer Dankesrede und verpasst Lucke damit eine weitere Demütigung. Es ist zwanzig nach sechs, als dieser aufsteht, seine Sachen zu einem Stapel zusammenschiebt und das Podium, auf dem der Bundesvorstand sitzt, verlässt. Unten sagt er zu den wartenden JournalistInnen: »Das ist weit weg von dem, was ich 2013 vorhatte mit der AfD.« Die Ära Lucke ist zu Ende.

Während die meisten anderen wirtschaftsliberalen Professoren die Partei gemeinsam mit Lucke wenig später verlassen, bleibt Jörg Meuthen und lässt sich – unter anderem mit den Stimmen des Flügels – zum Co-Vorsitzenden von Frauke Petry wählen. Zunächst aber führt vor allem sie nun die Partei. Petry, Jahrgang 1975, ist in Sachsen geboren und aufgewachsen, kurz nach der Wende siedelte ihre Familie jedoch nach Nordrhein-Westfalen über. Nach einem Einser-Abitur folgten Chemiestudium samt Promotion und erste Ehe mit vier Kindern. Die Familie zog in ein Pfarrhaus in die Nähe von Leipzig, Petry gründete ein Unternehmen und ging damit pleite. Bei der AfD ist sie fast von Beginn an dabei, führt die Partei mit Lucke und Konrad Adam, einem ehemaligen Feuilletonredakteur der *FAZ*. Petry gilt als das nette, ostdeutsche, harmlose Gesicht der Partei. So sieht sie auch Lucke – und unterschätzt sie maßlos. In der AfD steht Petry politisch irgendwo in der Mitte, aber wo genau, darüber rätseln selbst parteiintern viele. Sie glauben, es gehe ihr vor allem um Macht.

Nachdem Lucke und seine AnhängerInnen die AfD verlassen haben, stürzt die Partei in den Umfragen ab, liegt nur noch bei drei Prozent[14]. Bis zum Flüchtlingsherbst 2015 und der Kölner Silvesternacht wenig später, als mehrere Hundert Frauen am Hauptbahnhof Opfer sexualisierter Übergriffe werden und die Täter vielfach Männer aus dem Maghreb sind. »Ein Geschenk für uns«, nennt Gauland die Entscheidung von Bundeskanzlerin Angela Merkel, die Grenzen nicht zu schließen.[15] Das ist zynisch, doch in gewisser Weise hat er recht. Die AfD positioniert sich als die Anti-Flüchtlingspartei und steigt in den Umfragen in ungeahnte Höhen.

Ende November 2015 findet im sachsen-anhaltinischen Schnellroda die Herbstakademie von Götz Kubitscheks Institut für Staatspolitik statt. Das Thema: »Ansturm auf Europa«. Zu den Rednern gehört Björn Höcke. Eine knappe Stunde lang gibt er einen tiefen Einblick in seine Sicht auf die Welt. »Die Evolution hat Afrika und Europa, vereinfacht gesagt, zwei unterschiedliche Reproduktionsstrategien beschert«, doziert Höcke bei seinen neurechten Freunden, führt aus, was Biologen gewöhnlich für das Tierreich verwenden, und fasst schließlich zusammen: »Im 21. Jahrhundert trifft der lebensbejahende afrikanische Ausbreitungstyp auf den selbstverneinenden europäischen Platzhaltertyp. Und diese Erkenntnis [...] ruft nach einer grundsätzlichen Neuausrichtung der Asyl- und Einwanderungspolitik Deutschlands und Europas.«[16]

RechtsextremismusexpertInnen sehen in Höckes Ausführungen Parallelen zur Rassentheorie der Nazis.[17] Der Aufschrei in den Medien ist groß, auch manche in der AfD sind entsetzt. Parteichef Meuthen spricht ein paar abwiegelnde Worte, im Bundesvorstand wird Kritik intoniert. Doch das war's. Konsequenzen für den Thüringer AfD-Chef hat die Rede letztlich nicht. Dieses Muster hat sich seitdem mehrfach wiederholt. Bei Höckes Rede Mitte Januar 2017 in Dresden zum Beispiel, in der er doppeldeutig das Holocaust-Mahnmal als »Denkmal der Schande« bezeichnet und eine »erinnerungspolitische Wende um 180 Grad« fordert.[18] Oder bei der Veröffentlichung seines Buchs *Nie zweimal in denselben Fluß*, einem Werk der Demokratieverachtung. Zwei Versuche, ihn aus der Partei auszuschließen, hat Höcke bereits überstanden. Und je mächtiger Der Flügel in der AfD wird, desto weniger will man sich parteiintern mit dessen Führer anlegen.

Der rechte Kurs scheint der Partei zudem nicht zu schaden. Im Gegenteil. Die AfD hat Erfolg. Im Frühjahr 2016 zieht sie in drei weitere Landtage ein. In Sachsen-Anhalt erzielt sie unter Führung des radikal-rechten Spitzenkandidaten Poggenburg mit 24,3 Prozent ihr derzeit bestes Ergebnis. Sie landet damit auf Platz 2, direkt hinter der CDU. Doch nicht nur in dem strukturschwachen Land, wo in der Landeshauptstadt noch nicht einmal mehr ein ICE hält, hat die Partei Erfolg. Auch im reichen Baden-Württemberg zieht sie mit 15,1 Prozent in den Landtag ein, ebenso in Rheinland-Pfalz (12,6 Prozent). Spätestens jetzt ist klar: Es sind nicht nur die sogenannten Abgehängten, die für die AfD stimmen. Es ist mehr ein Kultur- und weniger ein Klassenkampf, der sich hier Bahn bricht.

Während das Thema Euro in den Wahlkämpfen der AfD deutlich an Bedeutung verliert, stehen Migration und Islam – und besonders Geflüchtete und MuslimInnen als Feinbilder – immer mehr im Vordergrund. Wie bewusst diese Verschiebung vollzogen wird, zeigt eine Mail von Beatrix von Storch an ihre BundesvorstandskollegInnen im Vorfeld des Stuttgarter Parteitags Ende April 2016, auf der sich die AfD ein Grundsatzprogramm geben wird. Von Storch schreibt, dass »der Islam das brisanteste Thema des Programms überhaupt« und für die »Außenkommunikation« am besten geeignet sei. »Asyl und Euro sind verbraucht, bringen nichts Neues«, heißt es in der Mail weiter. »Die Presse wird sich auf unsere Ablehnung des politischen Islams stürzen wie auf kein zweites Thema des Programms.«[19]

In der Partei wächst inzwischen der nächste Personalkonflikt heran – wieder wegen eines mutmaßlich autoritären Führungsstils, wieder wegen des Versuchs, die AfD nach rechts zumindest etwas abzudichten. In einer Partei mit dem Gründungsmythos »Mut zur Wahrheit« – soll heißen: hier darf ausgesprochen werden, was man woanders unterdrückt – kommt es eben nicht gut an, wenn die Parteiführung doch nicht alles für sagbar hält. Diesmal bläst der Wind Parteichefin Petry ins Gesicht.

Monatelang wird 2017 darüber gestritten, wer die SpitzenkandidatInnen bei der Bundestagswahl im Herbst sein sollen. Petry erklärt schließlich, wohl um einer Niederlage zu entgehen, dass sie nicht zur Verfügung stehe. Beim Parteitag im Kölner Maritim Hotel Ende April aber versucht sie noch, einen »Zukunftsantrag« durchzubringen, der die AfD auf einen »realpolitischen Kurs« und gegen »Fundamentalopposition« festlegen soll.[20] Doch die

Delegierten diskutieren den Antrag nicht einmal, sondern stimmen für Nichtbefassung. Als Petrys Co-Chef Meuthen dann in seiner Rede fordert, so mancher in der Partei müsse »im Dienst der Sache sein starkes Ego zurücknehmen« und der Parteitag dieses Nachtreten gegen die eigene Co-Chefin mit stehendem Applaus belohnt, da ist endgültig klar: Petry ist die große Verliererin des Parteitags, auch wenn sie zunächst AfD-Chefin bleibt.[21]

Zu den SpitzenkandidatInnen für den Bundestagswahlkampf aber küren die Delegierten Gauland und Alice Weidel. Weidel, Jahrgang 1979, lesbisch, wirtschaftsliberal, beruflich international aufgestellt, soll das nette Gesicht neben Gauland geben. Diese Strategie trägt zum großen Erfolg der AfD bei: Sie schafft es, WählerInnen von der bürgerlichen Mitte bis weit ins rechtsextreme Lager hinein für sich zu mobilisieren.

Wie weit es der AfD in dieser Zeit gelingt, die anderen Parteien vor sich herzutreiben und die Themen der öffentlichen Debatte zu bestimmen, zeigt sich im TV-Duell zwischen Kanzlerin Angela Merkel und ihrem SPD-Herausforderer Martin Schulz Anfang September 2017. Die ModeratorInnen fragen nicht nach Digitalisierung oder Bildung, kaum nach Klima oder sozialer Gerechtigkeit. Das dominante Thema: Geflüchtete. Oder zugespitzt: Wie man diese möglichst schnell wieder loswerden kann.

Die AfD zieht mit 12,6 Prozent der Stimmen in den Bundestag ein, nach Bildung einer weiteren Großen Koalition ist sie die größte Oppositionsfraktion. Frauke Petry gehört dieser nicht mehr an, sie tritt kurz nach der Wahl aus der AfD aus. Am Wahlabend sagt Gauland vor begeisterten AnhängerInnen über die politische Konkurrenz, insbesondere die Kanzlerin: »Wir werden sie jagen.«[22] Das hört sich bei ihm nach Treiben, Niederringen und Erlegen an. Götz Kubitschek frohlockt, der Resonanzraum für die Seinen habe sich erweitert. Das soll wohl heißen, dass er sich und seine AnhängerInnen auf dem Weg in den Mainstream sieht – oder zur kulturellen Hegemonie, wie der Kommunist Antonio Gramsci das nennt, den die Neue Rechte so gern zitiert.

Und in der Tat ist der Einzug der AfD in den Bundestag eine Zäsur. Rechts von der Union hat es dort jahrzehntelang keine Partei mehr gegeben. Der Ton im Parlament verschärft sich merklich, die AfD nutzt es als Bühne und lässt sich in den sozialen Netzwerken für ihre Auftritte feiern. MigrantInnen und MuslimInnen, Medien, die anderen Parteien, die Zivilgesellschaft – sie alle werden attackiert. Weidel, die zusammen mit Gauland die Fraktion führt, spricht von »Kopftuchmädchen, alimentierte[n] Messermänner[n] und sonstige[n] Taugenichtse[n]«[23], der Innenpolitiker Gottfried Curio von einem »zur Regel entarteten Doppelpass«[24]. Nicole Höchst, die familienpolitische Sprecherin, bezeichnet die Ehe für alle als »Befriedigung von Kleinstinteressengruppen«[25]. Und Stephan Brandner, immerhin Vorsitzender des Rechtsausschusses, postet bei der Wahl der Kanzlerin einen Wahlzettel neben einem Klo. Deutlicher lässt sich Verachtung kaum ausdrücken.

Mit der Wahl der AfD hält auch die neurechte und rechtsextreme Szene Einzug in den Bundestag. Von den vielen, mit Steuermitteln finanzierten Stellen, die die AfD nun zu vergeben hat, erhalten jene, die in der Szene schon lange aktiv sind, einen beträchtlichen Anteil. Oft stellen AfD-Abgeordnete lieber alte Mitstreiter als fachlich qualifiziertes Personal ein. Eine *taz*-Recherche über mehrere Hundert MitarbeiterInnen der AfD-Fraktion zeigt: Mindestens 58 von ihnen haben Verbindungen zur neurechten bis rechtsextremen Szene.[26] Die Neue Rechte wiederum hat in der AfD einen parlamentarischen Arm gefunden, nach dem sie sich lange gesehnt hat.

Anfang September 2018 mobilisieren drei ostdeutsche Landesverbände der AfD zu einer folgenschweren Demonstration. Kurz zuvor ist in Chemnitz ein 35-jähriger Mann erstochen worden, ein Iraker und ein Syrer sitzen zunächst in Untersuchungshaft. Seitdem die Tat bekannt geworden ist, befindet sich die sächsische Stadt im Ausnahmezustand. Am ersten Samstag im September lädt die AfD zum Trauermarsch. Höcke, der Brandenburger

Landeschef Andreas Kalbitz und andere Flügel-Politiker laufen in der ersten Reihe, weitere AfD-Funktionäre marschieren hinterher, darunter der rheinland-pfälzische Landesvorsitzende Uwe Junge und der Bundestagsabgeordnete Gerold Otten aus Bayern. Sie alle demonstrieren Seite an Seite mit Pegida und der inzwischen vom sächsischen Verfassungsschutz beobachteten Bürgerbewegung Pro Chemnitz, auch Identitäre, Mitglieder der sächsischen Kameradschaftsszene und rechtsextreme Hooligans sind dabei. Es ist ein offener Schulterschluss mit Rechtsextremisten und Neonazis, die Bilder davon gehen durch die Medien.

Als kurz darauf in Hessen und Bayern gewählt wird, zieht die AfD auch in die verbliebenen Landesparlamente ein, mit zweistelligen Ergebnissen. Doch sie bleibt, besonders in Bayern, hinter ihren eigenen Erwartungen zurück. Parteiintern wird auch Chemnitz dafür verantwortlich gemacht. Die Politik diskutiert nun verstärkt, ob die AfD nicht ein Fall für den Verfassungsschutz sei, die Behörde leitet ein Prüfverfahren ein. Das Ergebnis: Der Verfassungsschutz stuft den Flügel und die AfD-Nachwuchsorganisation Junge Alternative Anfang 2019 als Verdachtsfälle für rechtsextreme Bestrebungen ein.

Auch sonst läuft es für die erfolgsverwöhnte Partei nicht rund. Gegen Fraktionschefin Weidel ermittelt die Koblenzer Staatsanwaltschaft wegen des Verdachts auf Verstoß gegen das Parteiengesetz. Die Bundestagsverwaltung stuft Spenden für die Landtagswahlkämpfe in den Jahren 2016 und 2017 an Parteichef Meuthen und Guido Reil aus NRW, die auf Platz eins und zwei der Europaliste stehen, als illegal ein und fordert mehr als 400 000 Euro als Strafzahlungen. Im Bundestag fallen reihenweise AfD-KandidatInnen für das Amt des Parlamentsvizepräsidenten durch. Laut Geschäftsordnung des Bundestags steht zwar jeder Fraktion ein Sitz im Parlamentspräsidium zu, doch die Abgeordneten sind bei ihrer Wahlentscheidung frei. Und viele von ihnen bekunden offen, keineN AfD-PolitikerIn in das Gremium wählen zu wollen.

Auch bei der Europawahl 2019 bleibt die AfD hinter ihren eigenen Erwartungen zurück und erzielt bundesweit nur elf Prozent der Wählerstimmen. Zur Klimapolitik, die zuletzt den Wahlkampf dominierte, hat sie nicht viel beizutragen.

Kommt der Erfolgszug der AfD also an ein vorläufiges Ende? Das ist schwer einzuschätzen. Klar ist: Bislang hat die Partei kein Konzept für die Mühen der Ebene. Zentrale Fragen sind zudem weiterhin unbeantwortet: Will sich die AfD zähmen und von Rechtsaußen abgrenzen? Will sie Regierungsbeteiligung? Und für welche Sozialpolitik will sie stehen? Allein: Die hohen Zustimmungswerte in Ostdeutschland beeinflusst das wenig.

Sabine am Orde

Österreich.
FPÖ: Die Partei der deutschen »Burschen«

Es hätte eine rauschende Nacht werden sollen, ein Fest für einen großen Staatsmann. Für den 50. Geburtstag von Heinz-Christian Strache im Juni 2019 hatte die Freiheitliche Partei Österreichs (FPÖ) bereits die prunkvollen Sophiensäle im Herzen von Wien angemietet. Smoking oder Abendkleid sollte der Dresscode lauten. Statt Party gab es in der FPÖ aber Katerstimmung. Ihr Parteichef Strache hatte sich, wie im Mai 2019 von *Süddeutscher Zeitung* und *Spiegel* aufgedeckt worden war, in einer Nacht auf Ibiza im Sommer 2017 um Kopf und Kragen geredet. Einen Tag nachdem das Video online gestellt wurde, trat Strache zurück.

Die Sophiensäle wurden von der Partei storniert, und die FPÖ blieb auf den vertraglich vereinbarten Stornokosten sitzen. 150 000 Euro habe die FPÖ das Nicht-Geburtstagsfest gekostet, berichteten Partei-Insider. Mit einer Summe »im fünfstelligen Bereich« beziffert hingegen ein FPÖ-Pressesprecher den Schaden, den Strache seiner Partei im Abgang noch zusätzlich verursacht hat.[1]

Dabei war der damalige FPÖ-Chef sich jener Nacht auf Ibiza noch ganz sicher. Mit ausgewaschenem T-Shirt, das den Wohlstandsbauch nicht ganz verstecken konnte, saß er auf dem grauen Sofa in der teuren Finca auf der Partyinsel und schwadronierte bei Red-Bull-Vodka, dass er die nächsten zwanzig Jahre FPÖ-Parteichef sein werde – außer er sterbe zuvor.

Da hatte er sich ziemlich verschätzt. Zwar sollte der damalige FPÖ-Chef noch zwei Jahre Ruhe haben. So lange lag das Video, das an diesem feuchtfröhlichen Abend auf Ibiza heimlich aufgenommen worden war, in einer Schublade. Aber am 18. Mai 2019 wurde das Ibiza-Video schließlich veröffentlicht. Da katapultierte sich nicht nur Strache mit einem Schlag aus dem FPÖ-Chefsessel. Er riss das ganze Land mit in die größte politische Krise, die Österreich seit Jahrzehnten erlebt hat.

Wenn es eine Partei mit dem größten Sprengpotenzial in Europa gibt, dann verdient die Freiheitliche Partei Österreich diesen Titel. Vier Mal war sie seit 1945 an einer Regierung beteiligt. Vier Mal hatte sie Schuld daran, dass diese Regierungen sich vorzeitig auflösten. Und zwei Mal davon hat die Partei sich selbst gleich mit zerlegt. Zuletzt agierte die FPÖ im Mai 2019 wegen des Ibiza-Videos als Sprengmeister einer Koalition mit der konservativen österreichischen Volkspartei ÖVP und sorgte für vorgezogene Neuwahlen.

Schon die Entstehungsgeschichte der FPÖ hat einiges an Sprengkraft. Ihre Vorläuferpartei, der 1949 gegründete Verband der Unabhängigen (VdU), war ein Sammelbecken zahlreicher Altnazis, denen aufgrund ihrer Mitgliedschaft in der NSDAP während der NS-Zeit bei den ersten freien Wahlen in Österreich 1945 das Wahlrecht entzogen worden war. Darüber hinaus war der VdU auch die politische Vertretung der Kriegsheimkehrer und der Angehörigen deutschsprachiger Minderheiten aus der damaligen Tschechoslowakei, die nach 1945 vertrieben worden waren. Gleich bei ihrer ersten Teilnahme an Nationalratswahlen 1949, als dann auch die etwa 700 000 früheren NSDAP-Mitglieder in Österreich wieder wählen durften, erreichte der Verband der Unabhängigen 11,7 Prozent der Stimmen. Damit wurde er zum Repräsentanten des sogenannten Dritten Lagers, das es in Österreich neben Sozialdemokraten und Bürgerlich-Konservativen gibt.

1956 ging der VdU in der neu gegründeten FPÖ auf. Deren erster Vorsitzender Anton Reinthaller war ein ehemaliger SS-Brigadeführer, der als sogenannter »Schwerstbelasteter« nach 1945 einige Jahre inhaftiert gewesen war. Reinthaller war schon vor 1938 aktives Mitglied der damals in Österreich illegalen NSDAP, hatte bis Kriegsende ein Reichstagsmandat in Berlin und arbeitete 1939 sogar als Unterstaatssekretär im Reichsernährungsministerium.[2]

Bis zu seinem Tod 1958 blieb er FPÖ-Vorsitzender, und bis heute hat sich die FPÖ nicht von ihm distanziert, im Gegenteil. Erst 2016 gedachte die Partei ihres Gründervaters auf einer Festveranstaltung in Anwesenheit des oberösterreichischen FPÖ-Chefs Manfred Haimbuchner. Kein Einzelfall: Der Umgang der Freiheitlichen mit dem nationalsozialistischen Erbe in Österreich sorgt regelmäßig für Schlagzeilen.

Nach dem Zweiten Weltkrieg war die FPÖ die Partei der Deutschnationalen, jenes politischen Flügels, der Österreich als Teil eines deutschen Reiches sieht. »Deutschland, Deutschland, über alles«, singen die mit der FPÖ eng verbundenen deutschnationalen Burschenschaften in Österreich bis heute. Diese Burschenschaften sind es auch, die bis heute das intellektuelle und ideologische Rückgrat dieser Partei bilden. Zwar gibt es in Österreich nur etwa viereinhalbtausend bis fünftausend Mitglieder solcher Organisationen. In der FPÖ und speziell in ihren Fraktionen im Nationalrat und in den Landtagen geben sie aber den Ton an. Bei der Nationalratswahl 2017 erreichte die FPÖ beispielsweise mit 26 Prozent der Stimmen 51 Mandate – 41 Prozent von deren Trägern waren Mitglieder extrem weit rechts stehender Burschen- oder Mädelschaften.[3]

So nennen sich die pennalen Schülervereinigungen oder akademische Studentenvereinigungen, die eine eigenständige Identität des Staates Österreich ablehnen, zum Teil eine extrem antisemitische Tradition pflegen und sich als Elite des Landes sehen. Darunter finden sich auch Vereinigungen, die in der Vergangenheit regelmäßig den Nationalsozialismus verherrlicht haben.

Die jungen »Burschen« praktizieren ein ganz spezielles Männlichkeitsritual: Sie schlagen sogenannte Mensuren, das sind äußerst archaische Fechtkämpfe, bei denen mit messerscharfen Klingen auf Kopf und Gesicht gedroschen wird, dass das Blut nur so spritzt. Damit müssen die jungen Burschen ihre Tapferkeit und Standfestigkeit beweisen. Erst wer die vorgeschriebenen Mensuren übersteht, ohne vor dem Säbel wegzuzucken, hat seinen Platz als vollwertiges Mitglied in der Burschenschaft, die dann ein Lebensbund ist. Die »Mädel« wiederum pflegen in ihren Mädelschaften deutsches Liedgut und germanische Traditionen, feiern das einst von den Nationalsozialisten anstelle des Weihnachtsfests eingeführte Jul-Fest im Dezember und köpfen mit Säbeln nur Sektflaschen.[4] Manche von ihnen erklären auch am 8. Mai, jenem Tag, an dem Nazi-Deutschland befreit wurde, ganz trotzig: »Wir feiern nicht!«[5]

Der Einfluss dieser deutschnationalen Burschenschaften auf die FPÖ offenbart sich auch in den Gängen des FPÖ-Klubs im Parlament. Immer wieder huschen Männer mit tiefen Narben im Gesicht, sogenannten »Schmissen«, die sie bei ihren Mensuren erleiden mussten, vorbei. Nicht nur unter den Abgeordneten, auch unter den Mitarbeitern der FPÖ-Büros finden sich zahlreiche Burschenschafter.

Zwischen 1955 und 1980 bewegte sich die FPÖ in der Wählergunst konstant zwischen fünf und sieben Prozent.[6] Zwischen März 1970 und Oktober 1971 duldete sie sogar eine Minderheitsregierung der SPÖ unter dem damaligen Bundeskanzler Bruno Kreisky. Inhaltlich hatte sich die FPÖ bereits Anfang der 1960er Jahre der SPÖ angenähert. Der damalige Parteichef Friedrich Peter war zwar selbst ehemaliger Nationalsozialist und während der NS-Zeit SS-Obersturmführer. Er versuchte aber, die FPÖ weg vom rechten Rand zu positionieren und als liberale Partei koalitionsfähig zu machen. Teile des rechtsextrem-nationalen Flügels in der FPÖ gründeten aus Protest die Nationaldemokratische Partei (NDP) unter der Führung des österreichischen Altnazis und Südtirol-Terroristen Norbert Burger. Diese wurde 1980 wegen nationalsozialistischer Wiederbetätigung vom österreichischen Verfassungsgerichtshof aufgelöst.

1980 wurde Norbert Steger zum Vorsitzenden der FPÖ gewählt. Er knüpfte an Peters Kurs an und versuchte ebenfalls, die FPÖ weg von dem alten Nazi-Mief, hin in Richtung einer liberalen Partei ähnlich der deutschen FDP zu positionieren. Wörtlich sprach Steger davon, die »Kellernazis« aus seiner Partei vertreiben zu wollen.[7] Ein unmögliches Unterfangen. Noch dazu, weil Steger selbst sukzessive das Vertrauen seiner Partei verlor. Zwar brachte er sie 1983 in Regierungsverantwortung, wurde neben dem damaligen Bundeskanzler Fred Sinowatz von den Sozialdemokraten Vizekanzler. Aber während dieser kurzen liberalen Phase stürzte die FPÖ massiv ab, lag in Umfragen bei nur knapp zwei Prozent und drohte somit, bei der nächsten bundesweiten Wahl den Einzug ins Parlament zu verpassen. Zudem galt der ungelenke Steger in der Bevölkerung ohnehin als Lachnummer, die FPÖ schien am Ende.[8]

Dieser Niedergang gab den Burschenschaftern in der Partei die Chance, Stegers liberalen Versuch zu beenden und die FPÖ wieder auf eine völkisch-nationale Linie einzuschwören. »Die Burschenschaften haben die Möglichkeit und die Macht einem Parteiobmann massive Schwierigkeiten zu bereiten, wenn der nicht ihren Wunschvorstellungen entspricht«, sagte etwa Stefan Petzner, Jörg Haiders langjähriger Pressesprecher und enger Vertrauter.[9] Auf dem Parteitag in Innsbruck 1986 trat der junge Haider bei einer Kampfabstimmung gegen Steger an. Den Boden dazu hatten die Burschenschafter bereitet, die ihre Hoffnungen in ihn setzten. Denn der »Jörgl«, wie Haider damals genannt wurde, war einer von ihnen.

Aufgewachsen war Haider im oberösterreichischen Bad Goisern. Der Vater war schon vor dem Anschluss Österreichs an Nazi-Deutschland als »Illegaler« für die Nationalsozialisten aktiv gewesen und wurde nach 1945 von den Alliierten im Nazi-Internierungslager Glasenbach eingesperrt. Die Mutter war Führerin im Bund Deutscher Mädels. Für ihren Sohn Jörg wählten die beiden 1950 einen ganz besonderen Taufpaten aus: den österreichischen Altnazi Hermann Foppa, der NSDAP-Abgeordneter im deutschen Reichstag gewesen war. Die Eltern waren in der FPÖ aktiv, über seinen Vater, der freiheitlicher Bezirkssekretär im Bezirk Gmunden war, kam auch Jörg Haider zur Partei. Während seiner Schulzeit auf dem Gymnasium Bad Ischl trat er der deutschnationalen schlagenden Schülerverbindung Albia Bad Ischl bei, während seines Jusstudiums wurde er Mitglied der Burschenschaft Silvania Wien.

In Haiders Mittelschulverbindung, so berichtete es zumindest sein damaliger Mitschüler Thomas Huemer dem Nachrichtenmagazin *Profil*, sei zu dieser Zeit lange eine Strohpuppe mit der Aufschrift »Simon Wiesenthal« gestanden. Auf den Namen schlugen die jungen Burschen, wenn sie sich auf ihre Mensuren vorbereiteten. Wiesenthal, ein polnischer Jude, der während der Nazi-Diktatur zwölf verschiedene Konzentrations- und Arbeitslager überlebt hatte, machte es sich nach dem Zweiten Weltkrieg zur Aufgabe, geflohene Nazi-Verbrecher in der ganzen Welt aufzustöbern und zur Rechenschaft zu ziehen. Er war führend daran beteiligt, dass der frühere SS-Obersturmbannführer Adolf Eichmann, der verantwortlich war für die Deportation der Juden, 1960 vom israelischen Geheimdienst in Buenos Aires gefasst wurde. Der »Nazi-Jäger« Wiesenthal blieb lange Zeit eine Hassfigur für zahlreiche freiheitliche Funktionäre. Noch 1990 brüstete sich ein Kärntner Parteifreund von Jörg Haider: »Dem Simon Wiesenthal hab' ich gesagt: Wir bauen schon wieder Öfen, aber nicht für Sie, Herr Wiesenthal, Sie haben in Jörgl seiner Pfeife Platz.« Ein »Faschingsssscherz« sei dies nur gewesen, versuchte der FPÖ-Funktionär später diese brutale Drohung zu entschuldigen.[10]

Bei der Kampfabstimmung auf dem Innsbrucker Parteitag konnte sich der völkisch-nationale Flügel in der FPÖ klar gegen die wirtschaftsliberalen Kräfte in der Partei durchsetzen. Haider wurde am 13. September 1986 kurz vor Mitternacht mit den Stimmen von 263 Delegierten, das waren 57,7 Prozent, zum neuen FPÖ-Chef gewählt.[11] Von da an ging es mit der Partei steil hinauf. Zwar kündigte die SPÖ nach Haiders Wahl der FPÖ sofort die Koalition, denn auch Haider war in der Vergangenheit regelmäßig mit verharmlosenden Aussagen zum Nationalsozialismus aufgefallen. »Wenn Sie wollen, dann war es halt Massenmord«, antwortete er etwa im Jahr 1985, nachdem er vom Nachrichtenmagazin *Profil* mehrfach auf den Holocaust angesprochen worden war.[12] Doch die WählerInnen schien das nicht zu stören. Bereits bei den auf den Wechsel an der Parteispitze folgenden Neuwahlen 1986 verdoppelte sich die FPÖ von 4,9 auf 9,7 Prozent. Bei fast allen darauf folgenden nationalen Wahlen unter Haiders Parteivorsitz legte die FPÖ massiv zu.

Dabei veränderte Haider die FPÖ auch inhaltlich stark, um neue Wählerschichten anzusprechen. Jahrzehnte hindurch war die FPÖ eine Pro-EG/EU-Partei gewesen, nicht zuletzt, um mit einem Beitritt zur Europäischen Union den gewünschten Anschluss an Deutschland durch die Hintertür vollziehen zu können. Haider drehte die FPÖ hingegen kurz vor der Volksabstimmung über den EU-Beitritt 1994 um zur einzigen offenen Anti-EU-Partei, um so das Protestwählerpotenzial im Land stärker an sich binden zu können.

Auch in seinem Bundesland Kärnten im Süden Österreichs konnte Haider massiv punkten, einem Land, das viele Jahre von einer extrem weit rechts stehenden Sozialdemokratie mit absoluter Mehrheit regiert worden war. Dort wuchs die FPÖ unter seinem Vorsitz bis zum Jahr 1994 auf 33,3 Prozent. Schon 1989 wurde Haider mit Unterstützung der konservativen Kärntner ÖVP Landeshauptmann von Kärnten, eine Art Ministerpräsident eines Bundeslandes. Für den Oberösterreicher Haider war Kärnten das ideale Biotop. Hier wurde massiv der Kampf des »Deutschtums« gegen die nationale Minderheit der Kärntner Slowenen zelebriert. Nicht wenige der Kärntner Altnazis verziehen der slowenischen Minderheit nie, dass sie die Partisanen gegen die Nazis unterstützt hatte. Bis heute wird Kärnten in der Landeshymne als das Land gefeiert, »wo man mit Blut die Grenze zog«, in Ablehnung gegen die slawischen Völker jenseits der Kärntner

Grenze zu Slowenien und der slawischen Minderheit im eigenen Land; über Jahrzehnte hindurch trafen einander am Kärntner Ulrichsberg die Veteranen der Waffen-SS in Uniform zu ihren Gedenkfeiern.

Bereits 1991 verlor Haider die Funktion des Landeshauptmanns wieder, nachdem er öffentlich erklärt hatte, »im Dritten Reich haben sie eine ordentliche Beschäftigungspolitik gemacht«.[13] Danach begann er, von Kärnten aus die österreichische Bundespolitik aufzumischen. Unter Haider wurde die FPÖ von einer deutschnationalen Honoratiorenpartei zu einer extrem aggressiven rechtspopulistischen Protestpartei, wie sie Europa noch nicht kannte. Bei aller Inszenierung blieb Haider aber bei den Inhalten jenen treu, die ihn 1986 an die Macht gebracht hatten. Der Journalist Joachim Riedl beschrieb in einem Artikel, wie Haider »auf den Marktplätzen im ganzen Land die ›linken Pfifferlinge‹ beschimpft«, von »Parasiten« spricht und seine Bewegung als »Schädlingsbekämpfungsmittel« bezeichnet. Wie er »die Linken als Abschaum der Welt betrachtet« oder im Wiener Parlament die Konzentrationslager der Nazis verharmlosend als »Straflager« bezeichnet. Dies sei »ganz genau der Burschenschafter-Jargon« gewesen, erklärte damals ein langjähriger Parteifreund von Haider dem Journalisten.[14]

Haider begann auch mittels Plebisziten, jenen Volksbegehren, deren Ziel es eigentlich war, den einfachen BürgerInnen die Möglichkeit zur politischen Teilhabe zu geben, gezielt aus der Opposition heraus Politik zu machen. So rief die FPÖ zum Beispiel zu Jahresbeginn 1993 zum Anti-Ausländer-Volksbegehren »Österreich zuerst!« auf.[15] Darin forderte sie eine massive Verschärfung der Ausländergesetzgebung.

Die Umwandlung der FPÖ in eine rechtspopulistische Bewegung neuen Typs rief durchaus Gegenreaktionen in der Bevölkerung hervor. So demonstrierten zum Beispiel mehr als 200 000 Menschen auf dem Wiener Heldenplatz gegen das freiheitliche Anti-Ausländer-Volksbegehren. Haiders Politik führte auch zu massiven innerparteilichen Konflikten. Im Februar 1993 spaltete sich nicht zuletzt wegen dieses Volksbegehrens die damalige Dritte Nationalratspräsidentin Heide Schmidt mit einigen Parteifreunden von der FPÖ ab und gründete die Partei Liberales Forum (LIF). Die Abtrünnigen begründeten ihren Schritt damit, dass die Haider-FPÖ in der politischen Auseinandersetzung »den Krieg als Instrumentarium gewählt« habe und dadurch Gräben aufreiße, »die der Demokratie nicht gut tun«, wie es Schmidt formulierte, die Vorsitzende der neuen Partei.[16]

Auch polarisierte Haider regelmäßig durch seine Nähe zu nationalsozialistischem Gedankengut. Im Dezember 1995 strahlte der deutsche Fernsehsender ARD ein Amateur-Video aus, das Haider als Gastredner bei einer geschlossenen Veranstaltung alter SS-Kameraden im Kärntner Krumpendorf zeigt. Haider spricht diese in ihren Heimatländern zum Teil wegen schwerster Kriegsverbrechen verurteilten Nazis als seine »lieben Freunde« an und erklärt, er freue sich, »dass es in dieser Welt einfach noch anständige Menschen gibt, die einen Charakter haben und die auch bei größtem Gegenwind zu ihrer Überzeugung stehen und dieser Überzeugung bis heute treu geblieben sind«.[17]

Die WählerInnen hinderte dies nicht daran, der FPÖ in Kärnten im März 1999 42 Prozent der Stimmen zu geben. Haider wurde erneut Landeshauptmann, eine Funktion, die er bis zu seinem Unfalltod am 1. Oktober 2008 behielt. Im Herbst 1999 gelang der FPÖ mit Haider als Spitzenkandidat ihr bestes bundesweites Wahlergebnis aller Zeiten. Mit 26,9 Prozent und 415 Stimmen Vorsprung landete sie erstmals vor der ÖVP auf Platz zwei.

Was folgte, versetzte ganz Europa in Aufruhr: Am 4. Februar 2000 wurde eine ÖVP-FPÖ-Regierung in Österreich angelobt. Allerdings ohne Jörg Haider, der sich wieder nach Kärnten zurückzog und den Parteivorsitz an seine damals enge Vertraute Susanne Riess-Passer abgab. Zum ersten Mal wurde eine rechtspopulistische Partei in Europa in die Regierungsverantwortung geholt. Europa in Form der EU reagierte damals noch äußerst alarmiert und besorgt. Österreich wurde mit sogenannten »Sanktionen« bedacht.

Es war aber nicht der Druck von außen, der verantwortlich dafür war, dass diese extrem weit rechts stehende Regierung nach nur zwei Jahren implodierte. Dafür reichten die der FPÖ innewohnenden Sprengkräfte aus. Als die Regierung eine von der FPÖ versprochene Steuerreform verschieben wollte, sammelten die parteiinternen Regierungsgegner in der FPÖ Unterschriften und setzten so einen Sonderparteitag in der steirischen Kleinstadt Knittelfeld durch. Vordergründig ging es darum, die FPÖ-Regierungsmannschaft, die unter den Funktionären als zu liberal galt, auf Parteilinie zu bringen. Tatsächlich lautete das zentrale Ziel aber, Jörg Haider wieder an die Parteispitze zu hieven.

Anfang September 2002 trafen die parteiinternen KritikerInnen einander beim Sonderparteitag. Dort wurde demonstrativ ein Kompromisspapier zerrissen, das Vizekanzlerin Susanne Riess-Passer und Jörg Haider zuvor ausverhandelt hatten. Riess-Passer, der damalige Finanzminister Karlheinz Grasser und FPÖ-Fraktionschef Peter Westenthaler traten daraufhin von ihren Ämtern zurück. Die ÖVP kündigte Neuwahlen an.

Bei diesen Neuwahlen verlor die FPÖ mit einem Schlag beinahe zwei Drittel ihrer WählerInnen und stürzte von 26,9 auf 10 Prozent ab. Die massiv geschwächte Partei wurde ein zweites Mal Juniorpartner der Konservativen. Diese Wiederauflage der aus FPÖ-Sicht kurz zuvor gescheiterten schwarz-blauen Koalition gab den parteiinternen Kritikern Aufwind. Und wieder waren es die deutschnationalen völkischen Burschenschaften, die auf Opposition schalteten. Bei der Wahl zum Europaparlament 2004 gelang es ihnen gegen den Willen der Parteiführung, den extrem weit rechts stehenden Langzeit-FPÖ-Funktionär Andreas Mölzer, Mitglied des Corps Vandalia Graz, als einzigen FPÖ-Mandatar nach Brüssel zu schicken. Die Burschenschafter nutzten einen Passus im österreichischen Wahlrecht zur EU-Wahl, nachdem ein Kandidat, auf den nur mehr als sieben Prozent der Vorzugsstimmen entfallen, automatisch an die Spitze rückt. Die FPÖ kam bei der Wahl auf nur 6,3 Prozent. Durch diese Seltsamkeit im österreichischen Wahlrecht reichten Mölzer weniger als 22 000 Vorzugsstimmen, um den von der damaligen FPÖ-Führung favorisierten Spitzenkandidaten Hans Kronberger, einem liberalen Journalisten, das einzige FPÖ-Mandat wegzuschnappen.

In Brüssel gelang es Mölzer, für die FPÖ ein Netzwerk an internationalen Kontakten aufzubauen und die Parteien der extremen Rechten in Europa, von der damaligen Lega Nord bis zu den Schwedendemokraten, von der Großrumänienpartei bis zum französischen Front National, an einen Tisch zu bringen. Allerdings musste Mölzer 2014 zurücktreten, als im Europawahlkampf die Aufzeichnung einer Rede von ihm auftauchte, in der er die EU mit der Nazi-Diktatur verglich und wörtlich als »Negerkonglomerat« bezeichnete.[18]

Ein besonders eifriger Unterstützer Mölzers im EU-Wahlkampf 2004 war ein gewisser Heinz-Christian Strache. Er hatte seine Jugend und jungen Erwachsenenjahre in der österreichischen und deutschen Neonaziszene verbracht und seit seinem Eintritt in die FPÖ im März 1989 in der Wiener Landesgruppe Karriere gemacht. Strache ist »Vandale«, wie sich die Mitglieder seiner Schülerverbindung Vandalia nennen, und er war auch in der Burschenschaft Olympia – eine der radikalsten Studentenverbindungen im Land, die in der Vergangenheit offen gegen Juden hetzte – gern gesehener Gast.

Nach dem Aufstand von Knittelfeld, für den Strache fleißig Unterschriften gesammelt hatte, spätestens aber nach Mölzers Erfolg bei der EU-Wahl 2004 hatte Strache, damals seit Kurzem Vorsitzender der Wiener FPÖ, die Gunst der Burschenschafter innerhalb der FPÖ gewonnen. Er begann, den freiheitlichen Übervater Jörg Haider ganz offen herauszufordern. Als Haider im Zuge eines von der damaligen FPÖ-Spitze geplanten Ausschlussverfahrens gegen den Strache-Unterstützer Mölzer, der offen die

Parteiführung kritisierte, merkte, dass er im Bundesvorstand der FPÖ keine Mehrheit mehr hatte, kam es zur Parteispaltung. Im April 2005 verließ Haider die FPÖ und gründete das »Bündnis Zukunft Österreich« (BZÖ), eine zweite Partei am rechten Rand in Österreich. Strache übernahm die FPÖ, die damals völlig auf dem Boden lag, und baute sie neu auf.

Bei der Nationalratswahl 2008 zeigte sich, dass dieses »getrennt marschieren, vereint schlagen« den RechtspopulistInnen das beste Ergebnis in der Geschichte der Zweiten Republik bescherte. Straches FPÖ erzielte 17,5 Prozent, Haiders BZÖ 10,7 Prozent. Zusammen kamen sie auf 28,2 Prozent – so viel, wie die FPÖ alleine nie erreicht hatte. Kurz nach der Wahl 2008 starb Haider bei einem Verkehrsunfall. Strache hatte seinen größten Konkurrenten verloren und war somit unangefochtene Nummer eins im Dritten Lager. Er blieb dies auch die folgenden elf Jahre.

Unter Strache radikalisierte sich die FPÖ noch einmal. 2006 entdeckte sie Muslime als neues Feindbild, plakatierte Slogans wie »Daham statt Islam« (österreichisch für Zuhause statt Islam) oder »Pummerin statt Muezzin«, eine Anspielung auf die Pummerin, jene berühmte Glocke im Wiener Stephansdom, von der in Österreich jedes Grundschulkind lernt. Strache inszenierte sich dabei als Verteidiger des christlichen Abendlandes gegen eine vermeintliche muslimische Invasion. Ansonsten setzte die FPÖ unter seinem Vorsitz vor allem auf das Thema Ausländer, sorgte mit Forderungen wie der sofortigen Abschiebung von »Gastarbeitslosen«, also Arbeitsmigranten, die gekündigt worden waren, oder dass auf europäischem Boden keine Asylanträge mehr möglich sein sollen, für Schlagzeilen. Die Forderung nach einer »Negativzuwanderung«, also neben einer Grenzschließung auch noch eine Ausweisung von Menschen mit ausländischer Staatsbürgerschaft, brachte der FPÖ 2005 sogar den Titel »Unwort des Jahres« ein.

Unter Strache orientierte sich die FPÖ auch stark Richtung Russland. Strache selbst war mehrmals auf offiziellem Besuch in Moskau und schloss 2016 mit der Putin-Partei »Einiges Russland« einen Kooperationsvertrag ab.

Und der Langzeit-FPÖ-Vorsitzende machte Politik für jene Gruppe, die ihm an die Macht verholfen und der er selbst stets nahegestanden hat: die deutschnationalen Burschenschafter. Unter Strache wurde im Parteiprogramm festgelegt, dass die Österreicher »Teil der deutschen Volks-, Sprach- und Kulturgemeinschaft« seien, ein klares Signal an den völkisch-nationalen Burschenschafterflügel in der FPÖ. Als die FPÖ im Dezember 2017 erneut eine Regierungskoalition mit der ÖVP bildete, waren es wiederum die Burschenschafter, die in den FPÖ-geführten Ministerien an die Schalthebel der Republik gelangten.

So lange, bis Straches Ibiza-Abenteuer seinen Rücktritt erzwang und die FPÖ aus der Regierung katapultierte.

Die Macht der deutschnationalen Burschenschafter in der Partei dürfte durch Ibizagate aber nicht schwinden. Denn Straches Nachfolger, sein langjähriger Vizeparteichef Norbert Hofer, ist nicht nur Ehrenmitglied der deutschnationalen Burschenschaft Marko-Germania zu Pinkafeld, die laut einer Festschrift »die geschichtswidrige Fiktion einer ›österreichischen Nation‹ ablehnt«. Er war es auch, der als Verfasser des aktuellen FPÖ-Programms in Straches Auftrag Österreich als »Teil der deutschen Volks-, Sprach- und Kulturgemeinschaft«[19] definierte.

Wer immer also an der Spitze der Partei sitzt, die Richtung der FPÖ bestimmt seit Beginn ein kleiner Klüngel deutschnationaler Burschenschafter. Und das mit ziemlicher Sprengkraft.

Nina Horaczek

Ungarn.
Fidesz: Herrscher der
»illiberalen Demokratie«

Wer in Budapest auf dem Gellértberg wohnt, der hat es im Leben geschafft. Die meisten Villen hier sind etwa hundert Jahre alt, am Eingang berichten Gedenktafeln, welche berühmten Persönlichkeiten hinter den Mauern gelebt haben. Vom Park nebenan hat man einen atemberaubenden Blick über die ganze Stadt, und trotzdem gelangt man schnell überallhin. Im Untergeschoss einer der Villen, in der das Wohnheim des István-Bibó-Kollegs untergebracht ist, versammeln sich am 30. März 1988 35 junge Männer und zwei Frauen. Noch kennt sie niemand, aber bald wird der Gellértberg zu klein für sie sein.

Die jungen Leute gründen den Fiatal Demokraták Szövetsége (Bund Junger Demokraten), kurz: Fidesz. In diesen Monaten löst sich der kommunistische Staat langsam auf. Grund dafür sind auch die oppositionellen Wissenschaftler, die am István-Bibó-Kolleg talentierte JurastudentInnen außer Lehrplan unterrichten. Hier auf dem Gellértberg spürt man schon die kommende Freiheit, und mit ihrem Verband wollen die StudentInnen den kommunistischen Jugendverband KISZ herausfordern.

Bei der Gründung dabei ist Viktor Orbán, zehn Jahre später wird er zum ungarischen Ministerpräsidenten gewählt. Auch László Kövér ist da, seit 2010 Parlamentspräsident, und József Szájer, zuletzt stellvertretender Fraktionschef der Europäischen Volkspartei im EU-Parlament. Wenige Wochen später stößt János Áder dazu, der heutige Staatspräsident. Wer an diesem Frühlingstag zur Gruppe gehört oder sich in den nächsten Monaten hinzugesellt, ist heute in Besitz von Macht und Geld. Vorausgesetzt, er hält Fidesz die Treue. Denn die jungen Leute von damals gehören zur Regierung, sie sind Richter am Verfassungsgericht, sitzen im Europäischen Parlament, kontrollieren den Rechnungshof, die Oberstaatsanwaltschaft und die wichtigsten Städte des Landes.

Fidesz, mittlerweile straff organisiert, ist am Anfang eine radikal liberale Bewegung, die keine Hierarchie duldet. Sie hat keinen Chef, sondern wird von sechs Sprechern geführt. Und sie kämpft für die Umdeutung des Aufstandes von 1956, der von der Roten Armee blutig niedergeschlagen wurde. Jahrzehntelang hat man ihn totgeschwiegen und als Konterrevolution diskreditiert. Orbán und seine Mitstreiter werden von der Polizei an Gedenkdemos gehindert und in Gewahrsam genommen.

Viele Fidesz-Aktionen werden von dem ungarischstämmigen US-Milliardär George Soros gefördert. Er finanziert Stipendien, Studienreisen und Kopiermaschinen, um die Vervielfältigung der politischen Schriften zu vereinfachen. Jahrzehnte später wird Fidesz Soros zum Feindbild erklären. Unterstützung erhält die junge Partei auch von einer Wochenzeitung, die im Herbst 1989 unter dem Titel *Magyar Narancs* zum ersten Mal erscheint. Magyar Narancs heißt »ungarische Orange« und erinnert an den früher verbotenen Kultfilm *Der Zeuge*[1], eine Satire über den Kommunismus. Die Geschichte geht so: Das Landwirtschaftliche Forschungsinstitut soll die erste ungarische Orange züchten. Es schafft das sogar, aber noch vor der feierlichen Zeremonie isst ein Kind die neue Frucht auf. In ihrer Not ersetzen sie die Wissenschaftler durch eine Zitrone. Dem großen Genossen erzählen sie, die Orange möge ein bisschen gelb und richtig sauer sein, aber es sei eine ungarische Orange. Im Emblem der Partei Fidesz kann man heute noch eine Orange erkennen. Einer der ersten Slogans der Gruppe lautet: »Ist dir die Politik völlig Banane? Dann wähl die Orange«[2].

In den späten 1980er Jahren ist Fidesz noch eine bunte Truppe, aber schon jetzt ragt Orbán heraus. Er kommt aus einem kleinen Dorf unweit von Budapest und wächst unter einem strengen Vater auf. Orbáns Bruder heißt Győző, was auf Ungarisch dasselbe bedeutet wie Viktor auf Latein: der Sieger. Der Durchbruch gelingt dem damals 26-jährigen Jurastudenten am 16. Juni 1989. Da werden die sterblichen Überreste des ehemaligen Ministerpräsidenten Imre Nagy und anderer Opfer des Aufstandes von 1956 aus einem Massengrab geholt und einen Tag lang am Heldenplatz aufgebahrt, um sie nachher in Einzelgräbern zu bestatten. Hunderttausende wohnen der Zeremonie bei. Orbán darf reden, und er nutzt die Gunst der Stunde: Er fordert die Sowjetunion auf, die Rote Armee sofort aus Ungarn abzuziehen. Zwar laufen darüber bereits Verhandlungen, aber bislang hat es noch niemand gewagt, dies öffentlich vor einem so großen Publikum auszusprechen. Schon damit wäre Orbán ein Platz in der ungarischen Geschichte sicher gewesen – auch ohne seine spätere Laufbahn.

Noch ist Kommunismus, aber die Zeichen der Wende sind schon zu sehen. Coca-Cola hat angefangen, in Ungarn seine Brause zu vertreiben. Auf den Flaschen steht die Aufschrift, die Marke sei durch das Gesetz geschützt. Fidesz nutzt diese Vorlage, 1989 plakatiert die Bewegung, die sich inzwischen auch offiziell Partei nennt: »Wir wollen in einem Land leben, in dem nicht nur Coke den Schutz der Gesetze verdient.«[3] Mit ihrer Respektlosigkeit haben die Jungdemokraten Erfolg: Orbán und Kövér dürfen am runden Tisch die Regeln der Nachwendenordnung mitaushandeln. Es wird Orbán sein, der zwanzig Jahre später diese Ordnung zunichte macht.

Bei den ersten freien Wahlen im Jahr 1990 gewinnt Fidesz knapp neun Prozent der Stimmen, dank Absprachen mit anderen demokratischen Parteien zudem zwei Direktmandate. Die 21 Fidesz-Abgeordneten, die nun in das ungarische Parlament einziehen, sind fast alle unter 30 Jahre alt – und damit schon optisch das Gegenteil der ersten frei gewählten Regierung des Landes. Die rechts-konservative Koalition besteht aus alten Professoren und politischen Neulingen im Greisenalter, die kaum mit den Herausforderungen klarkommen. Dafür versuchen sie sich in außenpolitischem Revisionismus, schmeicheln sich bei der Kirche und nationalistischen Kräften ein. Die Fidesz-Politiker verurteilen lautstark religiösen Eifer und Geschichtsumdeutung. Wenn im Parlament den Gebietsverlusten nach dem Ersten Weltkrieg nachgetrauert wird, verlassen die jungen Abgeordneten geschlossen den Plenarsaal.[4]

Während Regierungschef József Antall an Krebs erkrankt, vollzieht Orbán mit Fidesz eine sehr grundsätzliche Wende. Orbán spürt, dass er mehr Erfolgschancen haben wird, wenn Fidesz den Platz der desolaten rechten Zentrumspartei einnimmt. Im linken Spektrum kann Fidesz – neben der freiheitlichen Partei SZDSZ und den Sozialisten von der MSZP – nicht einmal die zweite Geige spielen. 1993 schafft Orbán mit seinen Freunden Fakten: Fidesz bekommt eine strikte Hierarchie, er selbst wird zum ersten alleinigen Parteichef, und die ideologische Neuausrichtung manifestiert sich wenig später in einer Namensergänzung. Die Betonung der Jugend fällt weg, die Partei heißt nun Fidesz – Ungarische Bürgerliche Partei. Noch bis zum Jahr 2000 gehört sie der Liberalen Internationale an, dem Weltverband der liberalen Parteien, dann ist damit ebenfalls Schluss.

1993 aber verkauft Fidesz auch heimlich seine Parteizentrale – und das gerät zum Skandal. Nach der Wende haben alle Parteien vom Staat große Büroräume erhalten, um ihre Zentralen aufzubauen; die von Fidesz befand sich in sehr guter Lage. Mit dem Erlös aus dem Immobilienverkauf gründet Lajos Simicska ein Firmengeflecht, mit dem die Partei ihre kommenden Wahlkämpfe finanzieren wird. Simicska, der dasselbe Gymnasium wie Orbán besucht und ebenfalls am Bibó-Kolleg studiert hat, steigt nach dem Verkauf zum Kassenwart von Fidesz auf. Auch hilft er Orbáns Vater beim Erwerb eines Steinbruchs[5] und legt damit den Grundstein des privaten Vermögens der Familie Orbán.

Drei Jahre nach der Wende hat Fidesz in den Umfragen zwischenzeitlich bei 40 Prozent gestanden. Doch die ideologische Kehrtwende führt zu einer ersten Welle von Parteiaustritten, die Nachricht über den Verkauf der Parteizentrale zu einer zweiten.

Auch Parteimitbegründer Gábor Fodor, der zum innersten Zirkel gezählt hat, geht. Und *Magyar Narancs* wendet sich von Fidesz ab. Bei den Wahlen 1994 erreicht die Partei nur sieben Prozent.

Sozialisten und Freidemokraten bilden eine Regierung, die Konservativen sind nach dem Tod von Antall im freien Fall. Die kommenden vier Jahren nutzt Fidesz zum Neuaufbau. 1998 handelt Orbán eine Zusammenarbeit mit der Partei der Klein-landwirte (FKGP) aus, deren Chef József Torgyán als zumindest zwielichtig gilt. Dass Orbán mit ihm eine Koalition eingeht, hätte niemand für möglich gehalten. Doch der Fidesz-Chef riskiert al-les, holt 38 Prozent der Stimmen – und gewinnt: Im Mai 1998, ge-rade 35 Jahre alt, wird Orbán zum ersten Mal Ministerpräsident. Er lässt fortan alle Minister aufstehen, wenn er den Kabinettssit-zungssaal betritt.

Als Regierungschef eilt Orbán nach Bonn, er will Helmut Kohl unbedingt treffen, solange dieser noch Kanzler ist. Bis heute spricht er davon, dass der Deutsche ihn überredet habe, sich der Europäischen Volkspartei (EVP) anzuschließen. Aber die Ideologie von Fidesz ist bereits ins Rutschen geraten. Orbán lässt die ungarische Königskrone aus dem Museum holen, mit einem Schiff zum Sitz des Erzbischofs fahren und im Parlament abstellen. Für die Rechten symbolisiert der Kopfschmuck den Führungsanspruch im Karpaten-Becken, den Anspruch auf die Gebiete Groß-Ungarns. Die einst säkulare Partei verbündet sich mit der Kirche, macht antisemitischen WählerInnen Avancen und flirtet mit Revisionisten.

2002 verliert Fidesz die Wahl. Péter Medgyessy, ein techno-kratischer Sozialist, wird neuer Ministerpräsident. Orbán ist sich sicher, die linksliberalen Medien seien schuld. Und er will nie wieder von Bündnispartnern abhängig sein. »Eine Flagge, ein La-ger«, verkündet er, und will alle rechten Kräfte unter dem Dach von Fidesz vereinigen. Mithilfe von Bürgerkreisen, in denen auch Menschen zusammenkommen, die nicht Fidesz-Mitglied sind, soll aus der Partei eine Volksbewegung werden, die ChristdemokratInnen, KleinlandwirtInnen, NationalistInnen und auch Rechtsextreme vereint. Orbán selbst spielt den einfachen Bürger und kleidet sich auch so. Und verliert im April 2006 trotzdem wieder.

Im Sommer steht Orbán vor dem Ende seiner Karriere. In der Partei planen einige schon die Meuterei, selbst manche Politiker des alten Kerns gehen auf Distanz.

Doch der Fidesz-Chef wird von seinem größten Rivalen gerettet: Ministerpräsident Ferenc Gyurcsány, der seit 2004 im Amt ist. In einer geleakten Aufnahme flucht dieser über die eigene Arbeit, gibt hinter geschlossenen Türen vor den Abgeordneten seiner Partei zu, in den letzten 18 Monaten nur Wahlkampf betrieben und dabei morgens, abends und nachts gelogen zu haben. Nach der Veröffentlichung gibt es in Budapest Straßenschlachten zwischen gewaltbereiten rechten DemonstrantInnen und der Polizei, die darauf nicht vorbereitet ist; die Zentrale des staatlichen Rundfunks brennt. Orbán ruft nicht etwa zur Besonnenheit auf, er mobilisiert seine AnhängerInnen. Am 50. Jahrestag des Aufstandes von 1956 kommt es zur größten Demonstration in dieser Zeit. Rechtsextreme RandaliererInnen werden von der Polizei Richtung Fidesz-Veranstaltung getrieben, Orbáns friedliche ZuhörerInnen geraten in die Schusslinie der Wasserwerfer, viele werden von enthemmten Polizisten verprügelt.

Die ungarische Politik aber ist schon derart polarisiert, dass sich die Parteien und die Medien nicht einmal einigen können, wer die Täter und wer die Opfer sind. Die Linken wollen Orbán um jeden Preis von der Macht fernhalten, und die Rechten glauben fortan, im Kampf gegen die Sozialisten sei jedes Mittel recht. Diesen Kampf entscheidet letztendlich Lehman Brothers. Die Finanzkrise von 2008 trifft Ungarn unvorbereitet, Gyurcsány stürzt, eine von Sozialisten getragene Expertenregierung muss harte Einschnitte durch das Parlament bringen. Orbán denkt nicht daran, einen Teil der bitter nötigen Reformen mitzutragen, sondern leugnet ihre Notwendigkeit – und macht Wahlkampf damit.

Auf diese Weise gewinnt Fidesz 2010 die Parlamentswahlen nicht nur, sondern holt sogar eine Zweidrittelmehrheit. Orbán und seine Partei haben jetzt die Möglichkeit, den Staat nach Gutdünken und zum eigenen Nutzen umzugestalten. Wichtige Institutionen werden mit Fidesz-AnhängerInnen besetzt, das Verfassungsgericht wird umgebaut, das Schulsystem verstaatlicht, die Kommunen entmachtet. Ein Mediengesetz ermöglicht die Kontrolle über den öffentlich-rechtlichen Rundfunk und eine neue Verfassung ändert das Wahlsystem so, dass Fidesz begünstigt wird. Nach Expertenschätzungen braucht die Opposition nun einen Vorsprung von zehn Prozent der Stimmen, um an die Macht zu kommen. Orbán, der Jurist, zementiert seine Macht mit der Hilfe von Gesetzen.

Darüber hinaus sucht er die europäische Bühne und findet sie vor allem beim Thema Migration, obwohl es in Ungarn kaum MigrantInnen gibt. Orbán spricht von einem angeblich geplanten Völkeraustausch und von den Verschwörungen einer »Schattenmacht«, womit quasi eine jüdische Weltverschwörung gemeint ist, er erklärt seinen früheren Förderer Soros zum Staatsfeind und erlässt ein sogenanntes Anti-Soros-Gesetz, das für NGOs, die Flüchtlingen helfen, sogar Haftstrafen möglich macht.

2014 gibt Orbán seiner Ideologie einen neuen Namen, er nennt seinen Staat erstmals selbst »illiberal«. Soeben hat er die Wahlen wiederum mit Zweidrittelmehrheit gewonnen, jetzt sinniert er an der freien Universität von Tusványos im ungarischsprachigen Teil Rumäniens von einem neuen Ungarn. Und sagt: »Die ungarische Nation ist nicht einfach eine bloße Ansammlung von Individuen, sondern eine Gemeinschaft, die organisiert, gestärkt, ja sogar aufgebaut werden muss. In diesem Sinne ist also der neue Staat, den wir in Ungarn bauen, kein liberaler Staat, sondern ein illiberaler Staat.«[6] Die Regierung in Budapest verbreitet in den kommenden Jahren Verschwörungstheorien, die immer krasser sein müssen. Am Ende plakatiert sie Jean-Claude Juncker lachend an der Seite von Soros und behauptet, die beiden hätten einen Geheimplan,

Ungarn MigrantInnen aufzuzwingen. Die Provokationen aus Budapest mehren sich auch, weil Orbán sich durch den Wahlsieg von Donald Trump, das Erstarken der italienischen Lega und der deutschen AfD bestätigt fühlt. Und er wähnt sich in derselben Liga mit den starken Männern der Welt, mit Putin und Erdoğan, mit Netanjahu und Bolsonaro. Im Frühjahr 2019 aber reicht es der Europäischen Volkspartei: Die Juncker-Plakate duldet sie nicht mehr, und vor der Europawahl suspendiert sie die Mitgliedschaft von Fidesz. Damit verliert die Partei das Mitspracherecht bei den gemeinsamen Entscheidungen. Orbán liebäugelt mit dem neuen rechten Bündnis von Lega, Rassemblement National und Co., aber noch meidet er den Bruch mit der EVP und hält sich alle Optionen offen.

Fidesz aber ist als Partei längst ein leeres Gerüst. Die Parteizentrale ist tagsüber geschlossen, die Gremien der Partei haben keine Funktion, Orbáns Stellvertreter sind wenig gekannte Neuzugänge. Beim Missbrauch des Staates für den Machterhalt machen die ehemaligen Kampfgefährten mit, aber sie haben nichts zu sagen. Das Bibó-Kolleg, wo alles anfing, wird 2017 aus Anlass der Schwimm-WM in Budapest renoviert; die Villa soll als Unterkunft der Athleten dienen. Doch Korruption und Vetternwirtschaft erschweren die Bauarbeiten, der Umbau wird nicht rechtzeitig fertig. Das Kollektiv, das Fidesz einmal war, wird heute nicht mehr gefeiert. Orbán, ein Nebendarsteller der Wendezeit, wird zum 30. Jubiläum als alleiniger Beseitiger des Kommunismus verehrt.

Márton Gergely

Italien.
Lega: Der Superstar aus dem reichen Norden

Die Lega, die sich unter ihrem Chef Matteo Salvini als Verteidigerin der Nation darstellt, hieß bis 2018 Lega Nord per l'Indipendenza della Padania – Liga für die Unabhängigkeit Padaniens – und war eine Separatistenpartei. 1989 wurde sie von mehreren Gruppen gegründet, die alle für die Autonomie ihrer jeweiligen Region eintraten. Die Partei trat entsprechend für die Unabhängigkeit der nördlichen Provinzen Italiens ein – der Lombardei, des Veneto, des Piemonts, Liguriens, der Emilia-Romagna und der Toskana. Sie wollten diese Gebiete der Kontrolle von »Roma ladrona«, dem, wie sie behaupteten, »diebischen Rom« entziehen. Die Gesamtheit der abzuspaltenden Gebiete nannten die Legisten »Padanien« – ein nach dem historischen Flussnamen »Padus« für Po benanntes Land, das noch nie zuvor existiert hatte, das von ihnen aber gleichwohl als echte Nation betrachtet wurde. In ihrer Lesart wurde »Padanien«, der produktivste, ökonomisch wichtigste Teil Italiens, vom Rest des Landes als Geisel gehalten.

Ihren ersten Erfolg erzielte die Lega Nord im Jahr 1992, als Italiens sogenannte Erste Republik nach Korruptionsskandalen und unter dem Druck der Mafia zusammenbrach. Damals kam die Lega Nord bei den Wahlen italienweit auf acht Prozent[1] – obwohl sie weder in Mittel- noch Süditalien angetreten war. Erreicht hatte sie diesen Erfolg dank einer Kampagne voller Wut auf Rom, separatistischer Rhetorik und Ressentiments gegen PolitikerInnen.

Die Lega Nord begann, die ersten Städte und Provinzen zu verwalten. Ihr Vorsitzender war zu jener Zeit Umberto Bossi, ein charismatischer Führer, der meist mit empörenden Ausfällen gegenüber dem italienischen Staat, Rom, dem Süden und gesellschaftlichen Minderheiten auf sich aufmerksam machte. Einmal forderte er, Kanonen gegen »illegale Einwanderer« einzusetzen: »Nach der zweiten oder dritten Warnung – bumm. Dann schießt die Kanone, ohne noch viel zu reden. Die Kanone tötet. Sonst kommen wir nie zu einem Ende.«[2] Später sagte Bossi in dem Interview mit der Mailänder Tageszeitung *Corriere della Sera* habe er nur »einen Scherz« gemacht. Ein andermal sprach er bei während einer Demonstration über die italienische Flagge, die auf einer nahe gelegenen Schule wehte: »Wenn ich die Fahne sehe, werde ich sauer. Ich benutze sie, um mir den Arsch abzuwischen.«[3] 1996 organisierte die Lega eine Demonstration in der Nähe von Venedig, bei der Bossi symbolisch die italienische Flagge einholte und die Unabhängigkeit »Padaniens« proklamierte. Diese Haltung hinderte die Lega Nord aber nicht daran, ein Bündnis mit anderen Parteien zu bilden und später sogar das von ihnen so verachtete Italien mitzuregieren.

Schon 1994 verbündeten sich Bossi und seine Männer mit Silvio Berlusconis Partei Forza Italia. Die Lega Nord konnte erneut rund acht Prozent[4] auf nationaler Ebene holen, die Allianz gewann die Wahlen und bildete eine rechts-konservative Regierung. Allerdings hielt das Bündnis nicht. Italien wählte 1996 eine Mitte-Links-Regierung unter dem Sozialdemokraten Romano Prodi. Doch im Jahr 2000 kehrten Lega Nord und Forza Italia als Verbündete zurück. Ab 2001 regierte ein Block um den Ministerpräsidenten Berlusconi, Bossi und ihrem Rechtsaußen-Koalitionspartner Gianfranco Fini, zu dieser Zeit Vorsitzender der postfaschistischen Alleanza Nazionale. Im Bündnis mit anderen rechten Kräften siegte die Lega Nord auch bei Regionalwahlen und regiert seitdem in vielen Provinzen und Städten in Mitte-Rechts-Koalitionen mit.

Die Europäische Kommission gegen Rassismus und Intoleranz (ECRI) des Europarates prangerte in einem Bericht von 2001 an, dass die Lega »rassistisch und fremdenfeindlich« sei, und brandmarkte die »Ausbeutung von Rassismus und Xenophobie durch die italienische Politik«.[5]

Dem Rassismus bleibt die Lega treu, aber die Regierungsverantwortung und der damit einhergehende Zwang zur Realpolitik lässt die separatistischen Anwandlungen der Lega im Laufe der Zeit etwas abnehmen. Die Lega fordert nun die Dezentralisierung staatlicher Macht und Aufgaben, mehr Selbstverwaltung der Regionen sowie die Verteilung von Steuermitteln an jene, die sie zahlen – den Norden. Zwar wettert sie hin und wieder weiter gegen Rom und die »Terroni« – ein abwertender Begriff für die Italiener des Südens –, und Salvini sang 2009 beim Lega-Fest in der Stadt Pontida ein Lied, in dem es heißt, dass »sogar die Hunde fliehen, wenn die Neapolitaner kommen«.[6] Doch statt Separatismus ist sie nun für Föderalismus.

Im Jahr 2012 kommt es zu einer großen Veränderung. In diesem Jahr muss Parteichef Bossi zurücktreten. Er ist krank und gezeichnet von Affären. Ihm folgt sein langjähriger politischer Ziehsohn Roberto Maroni, der zwischenzeitlich aus dem Schatten Bossis hinausgetreten war. 2008 hatte Maroni das Amt des Innenministers der letzten Berlusconi-Regierung übernommen. 2012 wurde er Chef der Lega. Er kämpfte gegen die Einwanderung und erlaubt »Ronde« genannte Bürgerwehren, die nachts auf Streife gehen und auf Vorkommnisse achten und die »öffentliche Sicherheit fördern«[7] sollten.

2013 wird Maroni Präsident der Region Lombardei und gibt den Parteivorsitz der Lega an Matteo Salvini ab. Der neue Parteichef ist in Mailand geboren und aufgewachsen und entstammt einem gutbürgerlichen Haus. Sein Vater war Manager, seine Mutter Hausfrau. Salvini besucht ein katholisches Gymnasium und ist in jungen Jahren bei den Pfadfindern, ging brav jeden Sonntag zum Gottesdienst und am Nachmittag zu den Spielen des Fußballklubs AC Mailand. In die Lega Nord zog es ihn schon sehr früh. 1990 trat er im Alter von 17 Jahren der Partei bei. Der Lega-Slogan »Ich bin lombardisch, ich wähle lombardisch« sowie Bossis »Charisma« und der »revolutionäre« Charakter der »von der Macht gefürchteten Partei« hätten ihn fasziniert und zum Beitritt bewogen, sagte Salvini später einmal.[8]

Salvini besucht die Uni, bricht aber sein Studium der Politik-, Literatur- und Geschichtswissenschaft ab und arbeitet stattdessen als Pizzabote. Schon damals hat sein Leben nur einen Inhalt: die Lega Nord. 1993, mit 20 Jahren, wird er in den Stadtrat von Mailand gewählt, daneben arbeitet er bei der Parteizeitung *La Padania* und dem Parteiradio *Padania Libera*. Dort heißt es, der »hart arbeitende Freistaat Padanien« müsse sich vor den »Parasiten« im Süden und den »Räubern« in Rom schützen. 2009 fordert Salvini für Mailänder reservierte Sitze in der U-Bahn der lombardischen Metropole. »In zehn Jahren werden wir eine Minderheit sein«,[9] behauptet er damals.

Als er im Dezember 2013 Sekretär der Lega Nord wird, ist das Personal der Partei überaltert, ermüdet und durch Skandale geschwächt. Bei den Parlamentswahlen 2013 holt die Lega nur vier Prozent[10]. Salvini tauscht daraufhin die Führungsriege aus und ändert die Agenda: Die Hauptfeinde sind jetzt nicht mehr die SüditalienerInnen und Rom, sondern die EinwandererInnen und die Europäische Union. Mit ihm geht die Liga noch ein Stück weiter und positioniert sich als extrem rechte, nationale Anti-Immigrationspartei, die eng mit dem fundamentalen Katholizismus verbunden ist. 2014 treibt er die italienweite Neuaufstellung der Lega weiter voran. Er gründet eine Bewegung namens Wir mit Salvini, und die regionalen Gruppen der Partei etablieren die Lega auch in der Mitte des Landes und im vorwiegend landwirtschaftlich geprägten Süden. Dort positioniert sich die Lega Nord als Anwältin der Orangen- und Olivenbauern gegen die EU. Salvini fährt einen harten Oppositionskurs gegen die Regierungen der sozialdemokratischen Partei Partido Democracio unter den Ministerpräsidenten Enrico Letta, Matteo Renzi und Paolo Gentiloni. Immer häufiger greift Salvini auch die Europäische Union und MigrantInnen öffentlich an. Er tritt mit »Stoppt die

Invasion«-T-Shirts auf und nennt den Euro ein »Instrument des Todes«.[11]

Auch der Islam wird zum Feindbild der Lega. 2015 sagt Salvini bei einer Kundgebung gegen den Bau einer Moschee in Mailand: »Der Islam ist gefährlich, er ist keine Religion wie die anderen und er sollte nicht wie andere Religionen behandelt werden. Im Namen des Islam gibt es Millionen von Menschen auf der ganzen Welt, und sogar in unserem Land, die bereit sind, Kehlen durchzuschneiden und zu töten.«[12]

Unter Salvini lehnt die Lega das Recht des Ius Soli ab, nach dem in Italien geborene Kinder einen italienischen Pass bekommen können, und die Partei stimmt auch gegen einen Gesetzentwurf der Demokratischen Partei für die eingetragene Partnerschaft für gleichgeschlechtliche Paare. Seine Parteifreunde unterstützen diesen neuen Kurs. 2017 wird Salvini mit über 80 Prozent der Stimmen als Parteivorsitzender bestätigt. Die wirtschaftspolitische Linie der Lega bleibt hingegen auch unter Salvini ambivalent, sie ist halb keynesianisch, halb liberal. Der Lega-Chef will mehr öffentliche Investitionen und eine Absenkung des Rentenalters, ist aber gleichzeitig auch für niedrigere Steuern und gegen einen Mindestlohn.

2018 ist schließlich das Jahr, in dem Salvini seine bis dahin noch separatistische Partei auch offiziell italienweit aufstellt. Aus dem historischen Motto »Der Norden zuerst« wird »Die Italiener zuerst«, »Italia prima«. Statt Lega Nord heißt die Partei jetzt nur noch Lega. Das neue Branding wirkt: Bei den Wahlen im Frühjahr 2018 erreicht die Lega erstmals landesweit 17 Prozent[13] und schneidet auch in Mittel- und Süditalien gut ab. Sie überholt Berlusconis Forza Italia und wird zum ersten Mal die dominante Partei im rechten Lager. Salvini kündigt die traditionelle Mitte-Rechts-Einbindung, mit der die Lega auf lokaler Ebene vielfach erfolgreich regiert, auf. Stattdessen geht er eine Koalition mit der populistischen 5-Sterne-Bewegung ein, die sich selbst als »postideologisch« sieht. Die beiden Parteien bilden eine, wie sie es nennen, »Regierung des Wandels«, Salvini wird Vizepremier und Innenminister.

Obwohl er formal nur Innenminister ist, beschäftigt sich Salvini mit allen Regierungsfragen und diktiert oftmals die Linie der Koalition. Sein Hauptthema ist die Innere Sicherheit, er fährt eine geradezu obsessive Kampagne gegen Einwanderung, oft gezeichnet von Rassismus. Obwohl er die Lega an der Seite der katholischen Kirche sieht, greift Salvini sogar Papst Franziskus an, weil dieser sich für die Aufnahme von Flüchtlingen ausspricht – und bekommt dafür Applaus von der Lega-Basis.

Das alte Streben nach einer Unabhängigkeit des Nordens wird nun realpolitisch mit der Forderung nach »besonderer Autonomie« für die reichen Provinzen Lombardei, Venetien und Emilia-Romagna ersetzt: Diese Regionen wollen weniger Geld an den Zentralstaat zahlen, zum Nachteil der ärmeren Regionen des Südens. Doch diese Seite der Lega-Programmatik geht in der öffentlichen Wahrnehmung unter. Was öffentlich durchdringt, ist Salvinis Kombination von Anti-Immigrationspropaganda, einer EU-skeptischen Linie und Sozialprojekten wie der vorübergehenden Absenkung des Rentenalters. Salvini wird damit bei den ItalienerInnen immer beliebter, er baut eine Wählerbasis im ganzen Land auf.

Im EU-Wahlkampf im März 2019 besucht Salvini das umstrittene Abtreibungsgegner-Treffen World Congress of Families in Verona *(siehe auch Kapitel Gender)*. Dort verspricht er, »immer gegen die Gendertheorie zu kämpfen, denn der gute Gott hat uns [gemeint sind Mann und Frau] verschieden gemacht«.[14] Im April stellt er sich an die Spitze eines europäischen Bündnisses rechter Parteien, das zunächst als Europäische Allianz der Völker und Nationen firmiert. Hauptverbündete sind Frankreichs Rassemblement National, die österreichische FPÖ und die deutsche AfD. Bei den EU-Wahlen im Mai 2019 erreicht die Lega dann 34 Prozent – doppelt so viel wie ein Jahr zuvor bei den nationalen Parlamentswahlen. Damit liegt sie vor allen anderen Parteien, einschließlich ihrem Koalitionspartner, der 5-Sterne-Bewegung. Auch bei diesen Wahlen konnte die Lega nicht nur in ihrem Stammgebiet, dem Norden, punkten, sondern auch im Zentrum und im Süden des Landes.

Nun hat Salvini Ambitionen für Höheres. Im August 2019 kündigte er die Koalition mit der 5-Sterne-Bewegung auf und versucht, mit aller Kraft Neuwahlen zu erzwingen. Er strebt danach, Ministerpräsident zu werden. Schon lange hat er gezielt darauf hingearbeitet und sich als Führer der Nation inszeniert. Während der Frauenfußball-Weltmeisterschaft jubelt er der italienischen Mannschaft zu. Ein bemerkenswerter Schwenk und paradigmatisch für die Partei, die Separatismus gegen Nationalismus eingetauscht hat, um die Macht zu erlangen. Als junger Mann leitet Salvini im *Radio Padania,* dem damaligen sezessionistischen Sender der Lega Nord, die Sendung »Mai dire Italia« – »Sag niemals Italien« – in der regelrecht Hass auf die Nationalmannschaft geschürt wurde. Am 2. Juni 2019 besucht Salvini die Feiern zum Tag der Republik. 2013, als Salvini Sekretär der Lega war, sagte die Partei zum selben Ereignis: »Freunde, es gibt keinen Scheiß zu feiern.«[15]

Annalisa Camilli

Frankreich.
Rassemblement National:
Sturm auf den Élysée-Palast

Die Frau, die an diesem Tag von allen PolitikerInnen, die die
EU zerstören wollen, die wahrscheinlich besten Chancen hat,
ihr Vorhaben tatsächlich umzusetzen, verliert keine Minute: Es
ist genau 15 Uhr am Karsamstag 2017 in der südfranzösischen
Stadt Perpignan, als Marine Le Pen auf die Bühne des düsteren,
oberen Saals des örtlichen Kongresszentrums tritt. Sie trägt einen
schwarzen Blazer, die blonden Haare offen, in einer Woche will
sie zur Präsidentin Frankreichs gewählt werden und das Land aus
der EU führen. Aber vorher ist Ostern, und Le Pen begrüßt »die
Christen und die Juden«[1], denen sie zur »Wiederauferstehung der
souveränen Nation« zu verhelfen gedenkt.

Eine Stunde wird sie beschwören und flüstern, schreien und
flehen, drohen und warnen, eine Stunde voller Halbwahrheiten
und Übertreibungen und auch Lügen, aber im Grunde ist mit der
Begrüßung schon alles gesagt: Das weiße Frankreich gegen den
Rest der Welt, darum geht es hier.

Am Vortag war bekannt geworden, dass Pariser Untersu-
chungsrichter beim EU-Parlament die Aufhebung von Le Pens
Immunität als EU-Abgeordnete beantragt hatten, weil sie unter
Korruptionsverdacht steht. Le Pen verliert auf der Bühne kein
Wort darüber, dafür schimpft sie umso mehr auf die »Technokra-
ten und Diebe« in Brüssel.

1500 Menschen sind gekommen, um ihr dabei zuzuhören.
»Im Namen des Volkes« heißt die Wahlveranstaltung, ein ein-
zelner Nazi mit germanischer »Thor«-Tätowierung auf dem
Unterarm ist zu sehen, ansonsten zeigt das Publikum einen
Querschnitt der Bevölkerungsschichten, die JournalistInnen

sind zahlreich erschienen. »Lügenpresse« ruft hier keiner. Viele ältere Menschen sind da, für sie gibt es eine Art Ehrentribüne mit Sitzplätzen, der Rest muss stehen.

Vor der Halle buhen DemonstrantInnen des linken Gewerkschaftsbundes CGT die Rednerin und ihr Publikum aus, zahlenmäßig sind die GegnerInnen aber in der Minderheit. Bei den Regionalwahlen 2015 holte der FN hier, im Departement Pyrénées-Orientales, 44 Prozent der Stimmen, die Liste führte der EU-Abgeordnete Louis Aliot an.[2] Dieser kommt auch an diesem Tag als Einpeitscher auf die Bühne; er lässt keine Zweifel daran, dass Frankreich kurz vor dem Ende steht, davor bewahren könne es nur die »nationale Alternative« – seine Lebensgefährtin Marine Le Pen.

Immer wieder spricht Le Pen dann von der »Elite«, und jedes Mal, wenn sie einen Satz mit diesem Wort beendet, macht sie eine längere Pause als sonst, als habe sie den Namen des Leibhaftigen in den Mund genommen. Sie wolle nicht, dass die Tür der EU für die Türkei »immer weiter aufgemacht wird«, sie wolle Schluss machen damit, dass die »EU-Technokraten« Milliarden um Milliarden aus »euren Taschen stehlen«, sagt sie und richtet beide Zeigefinger in Richtung der ZuhörerInnen. Schluss mit der Dominanz der deutschen Kanzlerin Angela Merkel, die mit Niedriglohnpolitik »moderne Akkord-Sklaven« geschaffen habe, mit »barbarischer Globalisierung«, die die »französische Landwirtschaft stranguliert«, sodass kleine Bauern »aus Verzweiflung Suizid begehen«. Das Böse, hier hat es einen Namen, und dieser lautet: Europäische Union.

Le Pen lobt die Briten für deren Ja zum Brexit, zum Austritt aus der EU. »Leben in Europa? Ja!«, sagt sie. »Aber ohne die EU.« Die Trikoloren, die blau-weiß-roten Fahnen Frankreichs, werden in die Höhe gehalten. »Entweder wir sind souverän, oder wir sind es nicht. Entweder wir sind frei, oder wir sind es nicht. Es gibt nichts dazwischen.«

Die Leute fangen an, »On est chez nous« zu rufen, den Wahlkampfslogan, der so viel bedeutet wie »Wir sind hier zu Hause, ihr nicht«. Die Besucher dieser Parteiveranstaltung klingen wie Fußballfans im Stadion, Le Pen hört eine Weile zufrieden zu, dann gebietet sie der Menge zu schweigen und schmettert ihren nicht anwesenden politischen KonkurrentInnen zu: »Es tut mir leid, Elite, aber das französische Volk ist hier bei sich zu Hause«, und dieses Haus müsse eben wieder in »seinen Besitz zurückgeführt werden«.

Nach einer Stunde glänzt ihr Gesicht, ihr national-apokalyptischer Wortschwall scheint der FN-Chefin den Atem zu rauben, aber das größte Thema kommt noch: die Flüchtlinge. »Wir sind am Ende«, schreit Le Pen ihren ZuhörerInnen zu, »wir können nicht mehr, es sind zu viele, wir können keine mehr versorgen, keine mehr reinlassen«, dann lässt sie die Menschen jubeln, bis sie selbst wieder genug Atem hat, um die Nationalhymne anzustimmen.

Am Wahlsonntag, zwei Tage später, reist Le Pen in ihren Wahlkreis nach Hénin-Beaumont. Es ist die Hochburg des Front National, die einzige Stadt Frankreichs, in der ein Bürgermeister des Front National bereits im ersten Wahlgang gewonnen hatte. Am Vormittag, als Le Pen in Hénin-Beaumont wählt, posieren Aktivistinnen der Gruppe Femen barbusig mit Le Pen-Masken in der Stadt. Sie werden sofort verhaftet. Am Nachmittag ist kein einziger Demonstrant mehr zu sehen.

Le Pen hat sich einen der ärmsten Teile Frankreichs als Wahlkreis ausgesucht. Um dessen BewohnerInnen, um die Abgehängten, kümmere sie sich, lautet die Botschaft dahinter. Vom Stadtkern führen gewundene Straßen mit winzigen Backstein-Reihenhäusern aus der Stadt heraus, die Mauern sind ergraut, vom Frisörladen blättert der wohl noch aus den 1980er Jahren stammende »Wella«-Schriftzug ab. Vor dem einzigen Kebab-Imbiss auf dem Kirchplatz hocken zwei Teenager, an der Tankstelle kaufen Männer in Jogginghosen Tabak, im einzigen geöffneten Kiosk sitzen Menschen mit roten Gesichtern vor frisch gezapften Bieren. Nur vor dem Lottoschalter ist eine lange Schlange. Die Wahl interessiert hier keinen.

Vor der Turnhalle ist das anders. Zivilpolizisten laufen zwischen den geparkten Autos umher, der Front-National-eigene Sicherheitsdienst trägt Anzug, »Ehre und Treue« ist auf ihre Krawatten gestickt – der Slogan der Fremdenlegion. Die Zufahrtsstraßen bewacht die Nationalpolizei CRS.

Pietrzak Henris Familie stammt aus Polen, er selbst hat sein Leben in Hénin-Beaumont verbracht. Früher war er Berufsschullehrer für Elektriker, seit 13 Jahren ist er Rentner. Heute hat er einen schwarzen Anzug angezogen, zum weißen Hemd trägt er eine violett glänzende Fliege. Mit einigen seiner ehemaligen SchülerInnen steht er in der Schlange. »Natürlich haben wir sie gewählt«, sagt er. »Immer schon. Und wir hier wissen ja, wie es ist, wenn der FN regiert«.

Bürgermeister Steeve Briois, ein führender FN-Politiker, höre »jedem hier zu, egal, ob Direktor oder Arbeitsloser«, sagt Henri. Auch Parteichefin Le Pen, er nennt sie wie alle hier, »Marine«, sei »supernett«. Wegen vieler Wahltermine sei sie oft in der Stadt gewesen. Dass der FN in den vergangenen zwei Jahren nichts gegen die desolate wirtschaftliche Lage in der Stadt auszurichten vermochte, trägt Henri der Partei nicht nach. »Wunder können die auch nicht bewirken«, sagt er. Egal, wen man in dieser Stadt fragt: Es sind vor allem wirtschaftliche und soziale Fragen, die die Leute offenbar bewogen haben, sich dem Front National zuzuwenden. Migranten, Islam, Terror nennt hier niemand als Grund.

Drinnen im Kongressaal ist auf acht Leinwänden das Programm des Senders France 2 zu sehen. Um 20 Uhr erscheint das Ergebnis der ersten Hochrechnung: Macron und Le Pen, statuengroß. Le Pen kommt auf fast 22 Prozent – so viele haben noch nie für den FN gestimmt. 2012 hatte Le Pen 17 Prozent geholt – ebenso viel wie das beste Ergebnis ihres Vaters. Entsprechend groß ist jetzt der Jubel. Mehr als eine Stunde vertreiben sich die FN-Anhänger dann die Zeit in der knallvollen Turnhalle mit Fähnchenschwenken. Erst um 21:03 Uhr tritt Le Pen auf die Bühne.

»Ich empfinde Demut und tiefste Dankbarkeit«, sagt sie. Es sei »ein historisches Ergebnis«. Sie nehme es als »Verantwortung, die Unabhängigkeit, den Wohlstand und die Kultur der französischen Nation zu verteidigen«. Dann spult sie die Dinge ab, mit denen sie ihre Wahlkampfreden bestritten hat: Das Volk müsse sich gegen die »wilde Globalisierung« erheben, die »unsere Zivilisation gefährdet«. Die Wahl, die die Franzosen hätten, sei einfach: Entweder werde das Land weiter von denen regiert, die die Wirtschaft deregulieren, die Grenzen für »Masseneinwanderung öffnen und Terroristen Bewegungsfreiheit geben«, sagt sie. Oder Frankreich entscheide sich für »geschützte Grenzen, Jobs, Sicherheit und seine nationale Identität«. Es gehe »um das Überleben Frankreichs«, endet sie. In der Stichwahl, zwei Wochen später, holt sie fast 34 Prozent – zu wenig für das Präsidentenamt, aber rund doppelt so viel wie das bis dahin beste Ergebnis ihrer Partei.

Und die hat schon viele Wahlkämpfe geführt. Der Front National ist eine Art Familienbetrieb. Er entsteht 1972 als Zusammenschluss nationalkonservativer und rechtsextremer Bewegungen. Treibende Kraft ist Marines Vater Jean-Marie Le Pen, ein Fremdenlegionär und Holocaustleugner, der sein linkes Augenlicht nach einer Schlägerei mit linken Studenten verloren hatte. Die Konzentrationslager seien ein »Detail«[3] des Zweiten Weltkriegs gewesen, sagte der mehrfach, er glaube an »die Ungleichheit der Rassen«[4] und erklärte Hitlers Machtergreifung für »alles in allem populär und demokratisch«[5].

Im Lauf seiner politischen Karriere wird er unter anderem wegen Beleidigung, einer Morddrohung und Körperverletzung rechtskräftig verurteilt. 1998 wird Le Pen sogar für ein Jahr das passive Wahlrecht entzogen, weil er eine sozialistische Bürgermeisterin im Wahlkampf tätlich angegriffen hatte. 1976 wird auf sein Mietshaus im 15. Arrondissement von Paris ein Bombenanschlag verübt. Verletzt wird niemand, jedoch reißen die zwanzig Kilogramm Sprengstoff einen Krater ins Treppenhaus. Der oder die Täter können nie ermittelt werden.

Von 1972 bis 2011 bleibt er Vorsitzender des FN und tritt bei fünf Präsidentschaftswahlen an. Der FN baut seine Wählerschaft unter den Arbeitern Nord- und Ostfrankreichs aus, wo das Ende der Kohle- und Stahlindustrie enorme soziale Verwerfungen nach sich zieht.

Die Partei gilt vielen Franzosen als antisemitisch und rechtsextrem. Trotzdem gelingt es dem Choleriker Le Pen, bei den Präsidentschaftswahlen 2002 über 17 Prozent der Stimmen zu holen. Seine Tochter Marine, die schon damals als Nachfolgerin ihres Vaters gehandelt wird, will mehr. Im folgenden Präsidentschaftswahlkampf 2007 fordert sie Schritte zur »Entdiabolisierung«[6] und »Modernisierung«[7] der Partei, um in der Mitte der Gesellschaft Themen national besetzen zu können. Sie will die Macht. Jahrelang kann sie sich gegen die Hardliner um ihren Vater nicht durchsetzen. Doch 2011 übernimmt Marine Le Pen den Vorsitz von ihrem Vater. Der wird 2015 nach wiederholten antisemitischen Äußerungen wegen »schwerer Verfehlungen« aus dem FN ausgeschlossen. Bei der Neuaufstellung des FN stört er nur noch.

Denn spätestens zu den Präsidentschaftswahlen 2017 ist für Marine das Ziel klar: Der Élysée-Palast, der Sitz des französischen Präsidenten. »Wir sind ursprünglich eine Protestpartei«[8], sagt Le Pen. »Es sollte kein Zweifel daran bestehen, dass wir auch eine Regierungspartei sein können.«[9] Dafür stellt sie sich unter anderem offen an die Seite der Stimmen, die behaupten: »Es besteht eine Gefahr für Juden in Frankreich. Sie sollten aufseiten jener kämpfen, die sich über die Gefahr des islamistischen Fundamentalismus im Klaren sind.«[10]

Um den Schwenk zu betonen, verändert sie sogar den Namen der Partei. Der Name Front National habe eine »epische und ruhmreiche Geschichte«[11], doch für viele Franzosen sei er auch eine »psychologische Hürde«[12]. Sie schlägt die Umbenennung in

Rassemblement National (RN) vor, auf Deutsch Nationale Versammlung. Ihr Vater nennt das »politischen Selbstmord«[13]. Doch auf dem Parteitag im Juni 2018 in Lyon wird die Umbenennung von 81 Prozent der Mitglieder bestätigt und dem Vater das Amt als Ehrenvorsitzender der Partei aberkannt. Der neue Name soll die Partei bündnisfähig machen. »Unser Ziel ist klar: Macht«[14], sagte Le Pen.

Doch der Weg dahin ist beschwerlich. 2014 weigern sich die französischen Banken, der Partei genug Geld für den EU-Wahlkampf zu leihen. Daraufhin pumpt sich Le Pen neun Millionen Euro[15] bei der russischen Bank First Czech Russian Bank (FRCB), und dieses Geschäft ist alles andere als unpolitisch. Le Pen reist im Februar 2014, kurz vor Einfädelung des Kredits, nach Moskau und trifft angeblich auch den russischen Präsidenten Wladimir Putin. Auf jeden Fall empfängt Duma-Präsident Sergej Naryschkin sie. Seither zählt die rechte Partei aus Frankreich zum Putin-freundlichen-Lager unter Europas RechtspopulistInnen.

Kurz vor der EU-Wahl 2019 verurteilt der Europäische Gerichtshof Le Pen zur Rückzahlung von 300 000 Euro[16] an das Europaparlament. Dieses wirft Le Pen und weiteren Mitgliedern des Rassemblement National vor, Mitarbeiter zwischen 2009 und 2017 als parlamentarische Assistenten bezahlt zu haben, obwohl diese in Wirklichkeit Parteiaufgaben übernommen hätten. Dabei sei ein Schaden von insgesamt sieben Millionen[17] Euro entstanden. Zu der Zahlung von 300 000 Euro wurde Le Pen bisher nur wegen der Scheinbeschäftigung ihrer früheren Kabinettschefin Catherine Griset verurteilt. Le Pen nannte das Urteil eine politisch motivierte »Stinkbombe«[18].

Viel mehr gestunken haben die kurz vor der Wahl bekannt gewordenen Verbindungen zwischen dem RN und dem australischen Rechtsterroristen Brenton Tarrant. Dieser hatte im März 2019 einen Terroranschlag auf zwei Moscheen in Christchurch in Neuseeland verübt und dabei 51 Menschen erschossen. Tarrant hatte insgesamt vier Spenden[19] an die rechtsextreme

Bewegung Génération Identitaire geleistet, das französische Pendant zu den deutschen Identitären. Die Génération Identitaire wiederum pflegt enge Verbindungen mit Le Pen und ihrer Partei. Le Pen hatte im Herbst 2018 Philippe Vardon als EU-Wahlkampfsprecher berufen. Vardon ist einer der früheren Chefs der Génération Identitaire und war jahrelang ihr Anführer in Nizza. Seit 2015 ist Vardon Regionalparlamentarier des FN/RN für Südostfrankreich. Le Pen selbst wurde von Tarrant in seinem »Manifest« genannt. Er schrieb dort mit Blick auf das Abschneiden Le Pens im zweiten Durchgang der Präsidentschaftswahl im Mai 2017: »Der mögliche Sieg einer Beinahe-Nationalistin war für mich das Anzeichen dafür, dass eine politische Lösung noch immer möglich war.«[20] Doch nachdem Le Pen gegen Macron verloren hatte, habe er beschlossen, dass der Griff zur Waffe erforderlich sei, schrieb Tarrant.

Die Causa Tarrant wird Le Pen nicht vorhergesehen haben – dass die Korruptionsvorwürfe des EU-Parlaments ihr nachhängen würden, hingegen schon. Zudem hat sie ohnehin vor allem die Macht in Paris im Blick. Und so zog Le Pen es vor, sich offiziell gar nicht für die EU-Wahl aufzustellen – was sie selbstredend nicht daran hinderte, faktisch als Spitzenkandidatin aufzutreten. Formal aber überließ sie die EU-Spitzenkandidatur des RN einem weithin unbekannten jungen Mann: Jordan Bardella, 23 Jahre alt, mit 16 Jahren in den Front National eingetreten. Wenn der Le Pen auf Reisen begleitet, hält er sich stets diskret im Hintergrund, ohne ihr das Rampenlicht streitig zu machen. Umso aggressiver und wortgewaltiger tritt er dafür im Fernsehen auf, verbreitet Fake News gemäß der Parteilinie. Anstelle eines Europaprogramms setzt das RN auf innenpolitische Themen: Bei einem Sieg werde die Partei die Flut der Flüchtlinge stoppen und Islamisten »in die Knie zwingen«[21], sagt Bardella. Er vertritt die Generation Nation – so heißt die Jugendorganisation der Partei. Der jüngste unter den EU-Spitzenkandidaten soll gezielt Jungwähler ansprechen, die dem früheren Front National bereits

2014 zum Triumph bei der Europawahl verholfen hatten. Bei den Präsidentschaftswahlen 2017 hatte Le Pen noch vom Frexit, vom Austritt Frankreichs aus der EU und vom Ausstieg aus dem Euro gesprochen. Doch weil es für beides nach Umfragen in Frankreich keine Mehrheit gibt, wirbt Bardella nun für ein »Europa der Nationen«.

Als Sohn italienischstämmiger Eltern ist Bardella ein lebender Widerspruch bei den einwanderungsfeindlichen RechtspopulistInnen. Seine Eltern hätten sich »assimiliert, arbeiten in und lieben Frankreich«[22], sagt der 23-Jährige aus Saint-Denis nördlich von Paris, das seit den Anschlägen von 2015 das Image einer Islamisten-Hochburg hat. Seine Herkunft versucht er durch geschliffenes Französisch und teure Jacketts wettzumachen. Er zählt zur Elite der extremen Rechten, kann aber darauf verweisen, in einer armen Vorstadt, einer Banlieue aufgewachsen zu sein. Regelmäßig weist er auch darauf hin, dass seine Mutter in einer Sozialwohnung lebt. »Er ist genau das, was Le Pen will: ihre Marionette«, sagt ein anderer RN-Politiker.

Die Strategie zahlte sich aus. Bei den EU-Wahlen im Mai kommt das RN auf 23,3 Prozent. Das ist zwar ein Prozent weniger als bei den Wahlen 2014, aber fast ein Prozent mehr als La République en Marche!, die Partei des Präsidenten Emmanuel Macron. Und darauf kommt es Le Pen an. Unter dem Motto »Prenez le pouvoir« (Ergreift die Macht) hatte die Rechtspopulistin die EU-Wahl zu einem »Referendum« gegen Staatschef Macron erklärt. Am Wahltag spricht sie von einem »Sieg für Frankreich und für das Volk«.[23]

Dieser Sieg soll nur eine Zwischenstation sein auf ihrem Weg in den Élysée-Palast. Der nächste Schritt sind die Kommunalwahlen 2020. In vielen französischen Städten konnte das RN mit seiner Anti-Macron-Kampagne zuletzt bis zu 40 Prozent erzielen. »Wir werden eine Reihe von Gemeinden übernehmen. Dafür sind Kommunalwahlen da«, sagt ein enger Berater Le Pens. Es gehe nun darum, ein »starkes Netzwerk« aufzubauen und die

Orte zu stärken, an denen das RN bereits etabliert ist. Kommunen könnten ein entscheidendes Sprungbrett für die Präsidentschaftswahlen im Jahr 2021 sein. Der nationale Sieg beruhe auf »lokalen Wurzeln«, sagt der Berater.

Seit den letzten Präsidentschaftswahlen rühmt sich das RN damit, »die erste Oppositionspartei in Frankreich« zu sein. Aus dem Zerfall der konservativen Republikaner will sie nun Kapital schlagen. Die einstige Regierungspartei hatte bei der EU-Wahl gerade mal acht Prozent erhalten und plagt sich seither mit einer beispiellosen Führungskrise. Das RN setzt darauf, dass einige Republikaner-Bürgermeister sich nun mit RN-Kandidaten verbünden könnten. »Unsere Strategie ist langfristig«, sagt Le Pen. Die Oppositionsarbeit von morgen sei die Grundlage der »Siege von übermorgen.«

Tristan Berteloot

Polen.
PiS: Mit dem Vorschlaghammer
gegen den Rechtsstaat

Das Treffen dauert fünf Stunden. Es wird gut gegessen und viel getrunken, billig ist es nicht. Für das Catering für rund ein Dutzend Menschen in der Pension Das grüne Schäfchen im Süden Polens bezahlt die national-konservative Partei Recht und Gerechtigkeit (PiS) eine Rechnung über rund 4000 Euro[1].

Die Pension befindet sich an der polnisch-slowakischen Grenze, einer beschaulichen Gegend im Pieninen-Gebirge. An diesem Nachmittag wird einiges besprochen: Wie kann der polnische Staat möglichst schnell nach den Vorstellungen der PiS umgebaut werden? Auf welchem Weg soll die unabhängige Justiz entmachtet, sollen Medien und Öffentlichkeit kontrolliert werden? Und am wichtigsten: Wie soll mit Kritik der Europäischen Union an den aus deren Sicht undemokratischen Umbauten umgegangen werden – durch direkte Konfrontation oder eher taktisch, indem die BürokratInnen der EU getäuscht werden?

Es ist der 6. Februar 2016. Jarosław Kaczyński, Vorsitzender der PiS-Partei, die vor vier Monaten die Parlamentswahlen in Polen gewonnen und eine Alleinregierung gebildet hat, spricht in der Pension mit dem ungarischen Ministerpräsidenten Viktor Orbán über den Aufbau einer illiberalen Demokratie. Um Kaczyński zu treffen, ist Orbán mehrere Stunden mit dem Auto aus Ungarn angereist. Die damalige polnische Ministerpräsidentin Beata Szydło von der PiS ist bei dem Gespräch nicht anwesend[2] – ein wichtiges Anzeichen dafür, dass Kaczyński, der offiziell nur einfacher Abgeordneter ist, eigenständig über das Schicksal des Landes entscheidet.

Orbán, der Ungarn seit 2010 autoritär umbaut, setzt auf einen langen Atem *(siehe Kapitel Ungarn)*. Bei der Entmachtung der demokratischen Institutionen testete er schon oft die Geduld der EU: drei Schritte vor, zwei zurück. Kaczyński hingegen entschied sich für einen schnellen Angriff auf den polnischen Rechtsstaat und die Demokratie. Einige BeobachterInnen vermuten als Grund für diese Geschwindigkeit sein hohes Alter. Der wichtigste Politiker Polens ist damals schon Mitte 60, und in Polen gehen Gerüchte um, er sei ernsthaft erkrankt. Zwei Jahre später wird er mehrere Wochen im Krankenhaus verbringen, offiziell wegen einer Knie-Operation[3].

Darüber hinaus folgt Kaczyński einer privaten Agenda. Am 10. April 2010 kam sein Zwillingsbruder Lech Kaczyński, der damalige polnische Staatspräsident, beim Absturz eines Flugzeugs in Smolensk ums Leben. Schuld an dieser Tragödie, so Kaczyński, sei der damalige Ministerpräsident Donald Tusk[4]. Sowohl Lech Kaczyński als auch Tusk hatten sich in den Tagen davor heftig über einen Besuch in Russland gestritten, schließlich flog Tusk drei Tage früher zu einer offiziellen Gedenkfeier mit dem russischen Präsidenten Wladimir Putin nach Smolensk. Die Maschine von Tusk landete sicher in Russland, jene von Lech Kaczyński stürzte drei Tage später im Landeanflug im dichten Nebel ab. Beweise dafür, dass dies ein Attentat war und kein Unglück, gibt es keine. Trotzdem sinnt Jarosław Kaczyński seitdem auf Rache für seinen verstorbenen Bruder. Der Feldzug gegen demokratische Institutionen und Medien in Polen kann auch als Vergeltung verstanden werden.

Die beiden Kaczyński-Brüder spielten in der polnischen Wendezeit Anfang der 1990er Jahre eine wichtige Rolle. Damals halfen sie Lech Wałęsa, dem berühmten Anführer der freien Gewerkschaft Solidarność, die massiv zum Fall des Eisernen Vorhangs beigetragen hatte, die Präsidentschaftswahlen zu gewinnen. Als seine Staatssekretäre versuchten sie allerdings auch, Wałęsa zu kontrollieren. Dieser ließ sich das nicht gefallen. Beide wurden aus der Regierungszentrale entlassen[5] und landeten im politischen Abseits – vorerst.

Zehn Jahre später kehrten sie auf die politische Bühne zurück. Lech Kaczyński wurde 2000 Justizminister einer liberal-konservativen Regierung. Er versprach Polen, Verbrechen und Korruption gnadenlos zu bekämpfen, und gewann damit an Popularität. Als Lech nur ein Jahr später wegen mangelnder Loyalität gegenüber dem damaligen Ministerpräsidenten Jerzy Buzek aus dem Kabinett entlassen wurde, gründete sein Bruder Jarosław die Partei Recht und Gerechtigkeit[6] (PiS) – dem Namen nach verknüpft mit der rigorosen Politik der Verbrechensbekämpfung seines Bruders. 2002 wurde Lech Kaczyński schließlich Oberbürgermeister der Hauptstadt Warschau.

Schon nach der Jahrtausendwende war klar, dass es Jarosław Kaczyński nicht nur um innere Sicherheit geht. Die dritte polnische Republik – nach dem Fall des Eisernen Vorhangs – betrachtete er als korruptes Gebilde, das von ehemaligen BeamtInnen der kommunistischen Geheimdienste politisch und wirtschaftlich beeinflusst werde. Die von liberalen Eliten propagierte Distanz zu Begriffen wie »Nationalstolz« oder »nationale Ehre« fand er verräterisch, ebenso die Bemühungen einer Generation von HistorikerInnen, die jüngste Geschichte neu aufzuarbeiten, um dunkle Flecken innerhalb der polnisch-jüdischen Beziehungen aufzuklären.

2005 feierte die PiS einen Doppelerfolg. Im Herbst gewann Lech Kaczyński[7] zuerst die Staatspräsidentschaftswahlen, danach sein Bruder die Parlamentswahlen. Ein Jahr später, als Jarosław Kaczyński Ministerpräsident wurde, war Polen das einzige Land der Welt, in dem Zwillingsbrüder an der Macht waren. Schon nach einem Jahr jedoch scheiterte die Kaczyński-Regierung. Die Koalition aus PiS, der populistischen Bauernpartei Samoobrona (Selbstverteidigung) und der rechtsnationalen Liga der Polnischen Familie überstand die internen Spannungen nicht.[8] Donald Tusk, der Vorsitzende der Bürgerplattform, folgte Kaczyński als Ministerpräsident.

Der Flugzeugabsturz im russischen Smoleńsk war ein Wendepunkt nicht nur im privaten Leben von Jarosław Kaczyński. Sein Zwillingsbruder wollte in Russland eine Gedenkstätte der von den Sowjets während des Zweiten Weltkriegs ermordeten 20 000 polnischen Soldaten besuchen. Die russischen Fluglotsen am Flugplatz in Smolensk hätten den polnischen Piloten des Präsidentenflugzeugs die Landung wegen des Nebels verbieten müssen; die Piloten hätten aus demselben Grund nicht landen dürfen. Doch der politische Druck war enorm: Lech Kaczyński wollte in Katyn seinen Wahlkampf vor den Staatspräsidentenwahlen starten. Deswegen nahm er die Elite des Landes in seinem Flugzeug mit. An Bord mit ihm und seiner Frau waren 94 PassagierInnen und Mitglieder der Flugzeugbesatzung, darunter zahlreiche Abgeordnete aller Parteien, die Armeeführung, der Chef der Nationalbanken[9] und viele mehr. Das ganze Land trauerte mit Kaczyński und den Familien der anderen Opfer.

Bei der vorgezogenen Präsidentschaftswahl trat Jarosław Kaczyński als Nachfolger seines verstorbenen Zwillingsbruders an, konnte jedoch keine Mehrheit von sich überzeugen. Kaczyński begann zu behaupten, sein Zwillingsbruder sei infolge einer Verschwörung ermordet worden – sowohl Russland als auch Tusk warf er diesen Mord mehrfach vor.[10] Vor dem Hintergrund der Aufklärung der Smolensker Katastrophe begann Kaczyński ab 2010 eine tief gehende Konsolidierung des rechten Lagers in Polen. In fast jeder Ortschaft entstanden Klubs, die offiziell unabhängig von der PiS-Partei waren, ihr ideologisch aber sehr nahestanden. Deren Mitglieder glaubten nicht nur daran, dass Russland den polnischen Präsidenten ermordet habe, sondern waren auch mit den Lebensumständen in der Dritten Polnischen Republik nicht zufrieden und gaben die Schuld der regierenden PO-Partei, der Bürgerplattform.

Die Unzufriedenheit hatte durchaus ihre Gründe. Zwar war durch den Beitritt zur EU 2004 die polnische Wirtschaft stark gewachsen.[11] Die durch Mittel des EU-Fonds geförderten Investitionen hatten das Antlitz des Landes deutlich und in jedem

Bereich verändert. Doch nicht die gesamte Bevölkerung hatte davon profitiert. Menschen in der polnischen Provinz etwa fühlten sich vernachlässigt. So wurden zwar endlich Schnellzüge auf polnischen Schienen eingeführt – diese verbanden aber nur die Metropolen. In derselben Zeit wurden die Verbindungen zu kleineren Städten aus finanziellen Gründen gestrichen. Fehlende öffentliche Verkehrsmittel oder Schließungen von Ämtern und Polizeirevieren führten in den ländlichen Regionen zu wachsender Wut gegenüber den Regierenden. Kaczyński versprach, diesen Enttäuschten ihre Würde zurückzugeben – nicht nur durch den Zugang zur Infrastruktur. Er betonte, Polen müsse in Europa »von den Knien aufstehen«[12]. Er behauptete, die PO-Regierung hätte sich der deutschen Regierung untergeordnet und würde die polnischen Interessen in Brüssel nicht vertreten.

Für viele WählerInnen war es jedoch noch wichtiger, dass Kaczyński versprach, dass Familien ab dem zweiten Kind für jedes weitere 500 Złoty (125 Euro) monatlich Kindergeld[13] erhalten sollten. Die vergangenen 30 Jahre waren für Polen eine Zeit der großen Anstrengungen und des Sparens gewesen, und dieses Geldversprechen lockte viele. Kaczyński hatte dabei Glück: Polen war in einem guten wirtschaftlichen Zustand. Die polnische Wirtschaft hatte Konjunktur, die Arbeitslosenquote war auf historischem Tiefstand. Nun bestärkte eine Regierung der Dritten Republik zum ersten Mal in deren Geschichte die Bevölkerung darin, gut genug zu sein – und gab Geld, statt es zu nehmen.

Der Wahlkampf um das Parlament 2015 fiel zudem ausgerechnet in eine Zeit, in der besonders viele Flüchtlinge aus dem Nahen Osten und Afghanistan nach Europa kamen. Kaczyński nutzte auch diese Gelegenheit und warnte die WählerInnen, die Aufnahme muslimischer Flüchtlinge könne nicht nur Terror verursachen, sondern auch Epidemien, weil Flüchtlinge Parasiten und Seuchen mitbrächten.[14]

Zwar will sich Kaczyński nicht offen in die rechte Ecke stellen lassen – instrumentalisiert aber Begriffe und Themen wie Migration, Vaterland, katholische Kirche und Familie auf gerissene Art und Weise, um rechte WählerInnen anzusprechen und sich damit die Macht zu sichern.

Seine politischen Vorstellungen lassen sich auf einen historischen Punkt zurückverfolgen: Er will die Verhältnisse der 1960er Jahre wiederherstellen, als aus seiner Sicht alles noch seine Ordnung hatte. Die Bevölkerung war homogen, die Frauen blieben zu Hause und hüteten die Kinder, die Kirche hatte große Macht. Die Jugend wagte nicht zu protestieren, Globalisierung spielte noch gar keine Rolle. Dieses Versprechen einer Zeitreise in die Vergangenheit ist attraktiv für Menschen, die die heutige komplexe Welt nur schwer verstehen können und sich von ihr bedroht fühlen. So verspricht die PiS den Wiederaufbau eines traditionellen Polen, das einerseits höchstmodern, andererseits aber tief in der Vergangenheit und dem katholischen Glauben verwurzelt sein soll.

Großzügige Versprechen, nationalistische Botschaften und die Verbreitung von Angst ebneten Kaczyński den Weg zum Wahlsieg im Oktober 2015. Deshalb, aufgrund der Zersplitterung der polnischen Linken und durch eine niedrige Wahlbeteiligung von nur 50 Prozent[15] konnte die Partei trotzt einem Wahlergebnis von 38 Prozent die Mehrheit im Parlament erreichen. In Polen werden die Stimmen derjenigen, die es nicht ins Parlament geschafft haben, dem Gewinner zugeschlagen. Das war der zweite große Erfolg 2015.

Im Mai wurde Andrzej Duda von der PiS zum neuen Staatspräsidenten gewählt. Dem jungen, unerfahrenen Kandidaten war es besser gelungen, eine aktive Wahlkampagne zu führen und junge frustrierte PolInnen auch in ländlichen Gebieten für sich zu gewinnen als seinem unbeweglichen, zu siegessicheren Gegner Bronisław Komorowski[16] von der liberal-konservativen Bürgerplattform.

»Keine Rache, kein Treten nach denjenigen, die gefallen sind!«[17], rief Kaczyński nach der Verkündung des Sieges seiner

Partei am Wahlabend in der Parteizentrale in Warschau. Neben ihm stand Beata Szydło, die Chefin der Kampagne und künftige Ministerpräsidentin. Beide versuchten, der polnischen Bevölkerung zu versichern, die PiS würde eine versöhnliche Politik machen und die Besiegten fair behandeln. Demut, Arbeit, Mäßigung, Besonnenheit – so stellte Szydło einen Monat später ihr Regierungsprogramm im Parlament vor.[18]

Dann aber geschah, worüber Kaczyński nicht sprach und was kaum jemand erwartet hatte: Von Umbauten des Staates war nie die Rede gewesen. Jetzt aber schränkte er die Macht des Parlaments ein. Er grenzte die Opposition von der Leitung des Parlaments aus und schuf ein Monopol der PiS. Die Tagungszeiten wurden dem Lebensrhythmus des Vorsitzenden angepasst. Kaczyński steht spät auf und geht spät schlafen – also beginnt die Arbeit im Parlament nicht in der Frühe, sondern vormittags, und geht manchmal bis drei Uhr morgens. Die Debatten kürzte er auf ein Minimum, in Ausschüssen gibt es manchmal nur noch 30 Sekunden Redezeit.[19] Die wichtigsten Gesetze wurden innerhalb einer Woche in Sejm und Senat, den beiden Kammern der polnischen Nationalversammlung, durchgepeitscht und sofort von Präsident Duda unterzeichnet, der sich als Gefolgsmann Kaczyńskis versteht. Die Qualität der legislativen Arbeit des Parlaments sank seitdem dramatisch.

Auch der öffentlich-rechtliche Rundfunk wurde im Sinne der PiS umstrukturiert, was mit zahlreichen Entlassungen verbunden war *(siehe Kapitel Medien)*. JournalistInnen, die nicht als loyal gegenüber der PiS galten, mussten gehen, mehr als 200 Personen waren von diesen Kündigungen betroffen.[20] Manche PiS-PolitikerInnen kündigten zudem an, auch die privaten Medien an die kurze Leine nehmen zu wollen.[21] Die staatlichen Medien stehen nun unter Regierungs- und Parteikontrolle und dienen als Propagandainstrumente. Regierende werden als diejenigen gelobt, die sich um den Wohlstand Polens kümmern, die Opposition wird als halbstarke Verräterbande dargestellt. Die EU, Angela Merkel, oder der französische Staatspräsident Emmanuel Macron wurden schon mehrfach direkt angegriffen.

Das staatliche Fernsehen unterstützte die PiS-Partei bei den folgenden Wahlkämpfen. Dadurch sind Fairness und Chancengleichheit der kandidierenden Parteien infrage gestellt.[22] Die Hetze, die unter anderem von den staatlichen Medien betrieben wird, hatte bereits tragische Konsequenzen: Der Bürgermeister von Gdańsk, Paweł Adamowicz von der Bürgerplattform, wurde von staatlichen Medien immer wieder als Verräter und Krimineller verhöhnt. Im Januar 2019 wurde er während einer öffentlichen Wohltätigkeitsveranstaltung von einem ehemaligen Häftling ermordet, der sich an der Bürgerplattform rächen wollte.[23]

Nicht nur die Medien, auch das Verfassungsgericht wurden von der PiS-Regierung auf Linie gebracht. Dieses wird nun von einer früher unbekannten Richterin geführt, die während ihres Dienstes in einem Gericht auf regionaler Ebene in Posen sehr schlechte Bewertungen von ihren Vorgesetzten bekommen hatte.[24] Unter ihrem Vorsitz arbeitet das Verfassungsgericht sehr langsam, hat aber noch nie ein von der PiS verabschiedetes Gesetz als verfassungswidrig erklärt.

Die PiS versuchte zudem, das Oberste Gericht des Landes, das Pendant zum deutschen Bundesgerichtshof, zu kontrollieren. Aufgrund breiter öffentlicher Proteste und einer Intervention der EU-Kommission konnte sich die PiS damit aber bisher nicht durchsetzen. Wegen des Bruchs der Rechtsstaatlichkeit hat die EU auch ein Verfahren wegen der Verletzung der Werte der EU gegen Polen eingeleitet. Doch das kümmert Kaczyński kaum; er ist ohnehin überzeugt, dass die EU zerfallen wird. Möglicherweise hätte eine Kürzung der Fördergelder für Polen mehr Wirkung. Diese Maßnahme wurde auch im diesjährigen Europawahlkampf diskutiert und bleibt ein Thema im Europäischen Parlament.

Bei den Kommunalwahlen im Oktober 2018 hatte die PiS in fast keiner Großstadt eine Mehrheit erzielen können. Und auch bei den EU-Wahlen im Mai 2019 zeigte sich, dass die PiS ihren

Rückhalt fast ausschließlich in den ländlichen Regionen hat. Sie siegte in Dörfern und verlor in den Städten – am Ende reichten die Stimmen für die PiS aber, um sieben Punkte vor der vereinigten Opposition zu liegen. Die Partei hatte ihren WählerInnen im Wahlkampf noch mehr Geld vom Staat versprochen und Kampagnen gegen Schwule und Lesben geführt. Diese homophobe Linie schockierte die Stadtbevölkerung, kam auf dem Land aber gut an.

Doch zugleich haben sich die großen zivilgesellschaftlichen Protestwellen gegen die Einschränkung von Frauenrechten oder die Gleichschaltung der Justiz abgeschwächt. Im Herbst 2019 werden die PolInnen bei einer Parlamentswahl über die Zukunft ihres Landes abstimmen. Bisher zeigen alle Umfragen, dass die PiS auch vier Jahre nach Erlangung der absoluten Mehrheit die Wahl gewinnen wird. Zwar gibt es in Polen im Gegensatz zu Ungarn noch eine parlamentarische Opposition. Aber die war bislang zu schwach, um etwas gegen die PiS auszurichten. Es ist zu befürchten, dass sich auch diesmal nichts ändern wird.

Bartosz T. Wieliński

Schweiz.
SVP: Scharfmacher im Sauberland

Der schmucklose Hotelsaal ist bis auf den letzten Platz gefüllt. Über hundert Personen – viele davon männlich und im fortgeschrittenen Alter – sind an diesem Sonntagabend im Mai 2019 in die kleine Gemeinde Volketswil östlich von Zürich gekommen, um einen der prominentesten Vertreter der Schweizer Volkspartei (SVP) live zu erleben: Nationalrat und *Weltwoche*-Chefredakteur Roger Köppel. Das Thema der Veranstaltung: »Stopp der Plünderung des Mittelstandes«.

Eine Dame mit schütterem Haar blättert in der neuesten Ausgabe von Köppels Magazin, das auf allen Tischen liegt. Ob dies hier eine Werbeaktion für das Blatt oder eine Politveranstaltung ist, lässt sich nicht ganz ausmachen. Mit leichter Verspätung betritt Köppel die Bühne; die Funktionskleidung, in der er eingetroffen ist, hat er noch schnell gegen Hemd und Chinohose getauscht. Zum Empfang ertönt verhaltener Applaus. Auf einem Banner strahlt das obligatorische Schweizerkreuz.

Köppels Vortrag ist ein Potpourri rechtspopulistischer Ressentiments, durchzogen von altbekannten Parolen. Drei große Gefahren will der 54-Jährige für den Wohlstand des Landes ausgemacht haben: den »Klimapolitikschwindelhokuspokusvoodoo«, die »massenhafte Zuwanderung« sowie den Rahmenvertrag zwischen der Schweiz und der EU. Die Medien? »Sind Partei im politischen Kampf.« Die EU? »Führt Krieg gegen die Schweiz.« Die Regierung in Bern? »Will den Bürgern das Stimmrecht wegnehmen.« Köppel gibt sich volksnah, tigert immer wieder durch den Raum; hier und dort ein paar Herrenwitze, Breitseiten gegen linke Politiker, zwischendurch etwas Hetze gegen AusländerInnen. Rassistisch sei man aber nicht, betont er, das dürfe man sich auch nicht einreden lassen. Man hänge nämlich keiner Blut-und-Boden-Ideologie an, wie sie beispielsweise im Nachbarland Deutschland anzutreffen sei. »Bei uns gibt es keine brennenden Asylzentren.« Zum Schluss ruft er: »Zeigen sie Jean-Claude Juncker, dass nicht Greta Thunberg in der Schweiz das letzte Wort hat, sondern wir Schweizer!«[1] Das Publikum applaudiert, diesmal deutlich lauter.

162 solcher Auftritte will Köppel in den kommenden Wochen und Monaten absolvieren. In allen 162 Gemeinden des Kantons Zürich. Von A wie Adlikon mit 569 EinwohnerInnen bis Z wie Zürich mit fast 410 000. Ende Oktober wird in der Schweiz gewählt. Dann will der umtriebige Politiker von der großen in die kleine, einflussreichere Parlamentskammer wechseln.

Seine Partei steht zurzeit gehörig unter Druck. Bei mehreren Lokalwahlen hat sie empfindlich verloren, in einigen kantonalen Sektionen ist Streit ausgebrochen. Nicht nur die GegnerInnen der SVP gehen inzwischen davon aus, dass deren Dominanz nach der Wahl Geschichte sein könnte. Sollte sich das bewahrheiten, ginge ein Kapitel der jüngeren Schweizer Geschichte zu Ende. Ein Kapitel, das Anfang der neunziger Jahre begann und in dem die SVP den öffentlichen Diskurs nicht nur weitestgehend bestimmte, sondern auch stetig nach rechts verschob. Ein Kapitel, in dem sie zum Vorbild für diverse rechte Parteien auf dem ganzen europäischen Kontinent wurde. Eine rechte Avantgarde. Wie konnte es dazu kommen?

Klar ist: So weit rechts wie heute stand die SVP nicht immer. Ihre Geschichte beginnt Anfang des zwanzigsten Jahrhunderts in einem Milieu aus protestantischen Bauern und kleinbürgerlichen Gewerbetreibenden. Bis heute zählen sie zu den treuesten AnhängerInnen der Partei. In den dreißiger Jahren entsteht aus diesem Milieu die Bauern-, Bürger- und Gewerbepartei, aus der 1971 – just in dem Jahr, in dem die Frauen nach langem Kampf endlich das Wahlrecht erhalten – durch einen Zusammenschluss mit zwei kleineren Parteien wiederum die SVP hervorgeht. Der Titel »Volkspartei« deutet die Ambitionen bereits an: Man will sich eine möglichst breite WählerInnenschaft erschließen, experimentiert mit neuen Themen wie Ökologie und KonsumentInnenschutz. Das funktioniert jedoch nur bedingt. Bis ein Mann die politische Bühne betritt, der bei der Partei für einen ideologischen und organisatorischen Wandel sorgt und damit ihren Siegeszug einleitet. Sein Name ist Christoph Blocher.[2]

Aufgewachsen ist Blocher mit zehn Geschwistern in einer protestantischen Pastorenfamilie, während des Jurastudiums agitiert er gegen die 68er-Bewegung. Später bringt er es als Manager des Konzerns Ems-Chemie zu großem Reichtum. Sein Vermögen, das auf mehrere Milliarden Franken geschätzt wird, verdient Blocher unter anderem mit der Zerschlagung von Industriebetrieben. Vor diesem Hintergrund übernimmt er 1977 das Präsidium der Zürcher SVP. Er krempelt die Sektion komplett um, setzt auf straffe Hierarchien statt Mitbestimmung. Ein paar wenige Vertraute statt einer breiten Basis. Blocher ist geprägt von einem fanatischen Antikommunismus, der in der Schweiz damals viele umtreibt.[3] Er unterstützt zudem offen das südafrikanische Apartheidsregime, seine Firma macht mit dem staatlichen Rüstungskonzern Südafrikas Geschäfte.[4]

Unter Blochers Führung wird die SVP erfolgreich wie nie. Durch Vermögen und die millionenschweren Geldspritzen anderer Geldgeber – Autoimporteur Walter Frey[5] und Privatbankier Thomas Matter[6] etwa – erhöht sich die finanzielle Schlagkraft der Partei deutlich. Und damit auch die politische. Trotz dieser Finanzierung schafft sie es bis heute, sich als Vertreterin des «kleinen Mannes» zu inszenieren. Und auch von gesellschaftlichen Verschiebungen profitiert die Partei, etwa von der Ausdehnung der »Agglo-Schweiz« und dem Bedeutungsverlust der Industriearbeiterschaft, wie der Historiker Jakob Tanner festhält.[7]

Um sich auch national Gehör zu verschaffen, setzt die Partei seit Anfang der 1990er Jahre verstärkt auf das direktdemokratische Mittel der Volksinitiative. Was einst entwickelt worden ist, um Minderheiten zu schützen, nutzt sie immer wieder, um elementare Grundrechte zu schwächen. Im Visier: Asylsuchende, AusländerInnen, SozialhilfeempfängerInnen. Die Partei der Milliardäre schießt gegen die Schwächsten der Gesellschaft. Und weil es in der Schweiz kein Verfassungsgericht gibt und das Parlament kaum einschreitet, werden mehrere Initiativen umgesetzt, die gegen geltendes Recht verstoßen: so etwa die »Minarettinitiative«, die den Bau von Minaretten verbietet.

Die Asyl- und Migrationspolitik ist eines der beiden Steckenpferde der Partei. Begriffe wie »Asylmissbrauch« und »Masseneinwanderung« durchziehen Parteiprogramme und Medienmitteilungen. 1996 bringt die SVP eine Initiative »gegen die illegale Einwanderung« zur Abstimmung. Sie zielt darauf ab, illegal Eingereisten grundsätzlich kein Asyl zu erteilen, und wird von der Bevölkerung mit knapper Mehrheit abgelehnt.[8]

Das andere große Thema der SVP ist die Abgrenzung von der EU. 1992 wird dabei zum Schicksalsjahr: Nach dem Ende des Kalten Kriegs taugt der Antikommunismus nicht mehr als Feindbild, das Verhältnis der EU wird deshalb zur alles bestimmenden Frage. Christoph Blocher trägt mit seinem außerparlamentarischen Kampfverband Aktion für eine unabhängige und neutrale Schweiz (AUNS) wesentlich dazu bei, dass der Beitritt des Landes zum Europäischen Wirtschaftsraum EWR an der Urne abgeschmettert wird – wenn auch äußerst knapp: 14 000 Stimmen machen schließlich den Unterschied aus.[9] Wer sich dem EWR öffne, säge am Wohlstand, lautet damals Blochers Argument. Nach der Abstimmung stürzt die Schweiz in eine Rezession, deren Ende erst die bilateralen Verträge und der damit einhergehende freie Personenverkehr mit der EU einläuten. Das Feindbild EU ist bis heute geblieben.

»Die SVP verknüpft eine nationalistische und exklusionistische Agenda in der Migrations- und Europapolitik mit neoliberalen Positionen in der Wirtschafts- und Steuerpolitik, die nicht zuletzt eine populistische Staatskritik und Anti-Establishment-Haltung zum Ausdruck bringen«, schreibt der Historiker Damir Skenderovic.[10] Über die Jahre wird die Partei in ihrer Rhetorik immer aggressiver – und immer erfolgreicher. Sie verdoppelt ihren WählerInnenanteil, liegt Ende der neunziger Jahre schon bei mehr als zwanzig Prozent und damit auf gleicher Höhe wie die SozialdemokratInnen. Ihr größter Erfolg ist aber, dass die bürgerlichen Parteien, insbesondere die liberale FDP, immer stärker ihrem Kurs folgen.

Anfang der nuller Jahre steht Blochers Politkarriere auf dem Höhepunkt: 2003 wird er in den Bundesrat – die siebenköpfige Landesregierung – gewählt. Weil die SVP damit zwei Vertreter stellt, muss die sogenannte Zauberformel, die die Vertretung der Parteien in der Regierung bestimmt, geändert werden. Blocher wird Justizminister – und treibt als solcher eine immer repressivere Asylpolitik voran. Mit ihrem Slogan »Blocher stärken! SVP wählen«[11] triumphieren die RechtspopulistInnen bei den Wahlen im Jahr 2007, werden mit rund dreißig Prozent die stärkste Partei des Landes.

Dass die SVP den zweiten Bundesratssitz behält, scheint gewiss. Doch dann passiert etwas, womit nur wenige gerechnet haben: Blocher verliert gegen seine Parteikollegin Eveline Widmer-Schlumpf, die gegen den Willen der SVP kandidiert, in der Folge mitsamt ihrer Fraktion aus der Partei ausgeschlossen wird und die Bürgerlich-Demokratische Partei (BDP) gründet. Der Polit-Coup, den Linke und Christdemokraten eingefädelt haben, hallt bis heute nach. Die Angst vor Blocher und seiner Partei ist fürs Erste verflogen. Die RechtspopulistInnen können sich umgekehrt erst recht als Oppositionelle geben: wir gegen die unverfrorene »Classe politique«.

Vor der Wahl hatte Blocher angekündigt, bei einer Niederlage ins Medienbusiness einzusteigen. Dem lässt er Taten folgen und schickt sich an, die Schweizer Medienlandschaft umzukrempeln. 2006 hat Blochers politischer Ziehsohn Roger Köppel die *Welt-*

woche gekauft – unterstützt von rechtskonservativen Financiers wie dem Investor Titto Tettamanti, der den dazugehörigen Verlag schon ein paar Jahre vorher übernahm. »Man muss die Ideen säen. Säen, säen, säen. Mit der *Weltwoche* haben wir eine Lücke gestopft, die Lücke der rechten Opposition«, erklärt Tettamanti einmal.[12] Schon vor dem Kauf hatte Köppel als Chefredakteur das Wochenblatt umgepflügt: Er tauschte praktisch die gesamte Redaktion aus und führte das Blatt nach rechts. Blocher wiederum wird nun Mitbesitzer der rechtsbürgerlichen *Basler Zeitung*. Haben die Medien mit einer auf Blocher fixierten Berichterstattung den Aufstieg der SVP gefördert, kann die Partei nun mit eigenen Medien ihre Themen auf die Agenda setzen und Kampagnen fahren.

Diese Strategie geht fürs Erste auf: 2009 wird die «Minarettinitiative» angenommen.[13] Das Plakat der antimuslimischen Kampagne – Minarette, die wie Raketen aus dem Boden schießen, neben einer voll verschleierten Frau – wird zur Vorlage für Europas RechtspopulistInnen. Sie finden auch am Schäfchenplakat Gefallen, das für die sogenannte »Ausschaffungsinitiative« designt wird und weiße Schafe zeigt, wie sie ein schwarzes außer Landes treten. Die Initiative verlangt, dass in der Schweiz lebende AusländerInnen schneller ausgewiesen werden können, wenn sie bestimmte Delikte begehen. Die NPD kopiert das Plakat ebenso wie die italienische Lega. Auch beim rechtsradikalen Aufmarsch in Chemnitz im Sommer 2018 ist das schwarze Schaf gesichtet worden.

Ihr größter Erfolg seit der EWR-Abstimmung gelingt der SVP am 28. Februar 2014: Die sogenannte »Masseneinwanderungsinitiative« wird haarscharf angenommen. Das Resultat stellt den freien Personenverkehr mit der EU und die bilateralen Verträge insgesamt infrage. Internationaler Applaus von rechts ist der SVP, die die Initiative lanciert hat, gewiss. »Die Schweiz sagt Nein zur Masseneinwanderung, bravo! Schickt die Europäische Union jetzt Panzer?«, lässt Marine Le Pen, Vorsitzende des französischen Front National, umgehend verkünden.[14] Am nächsten Tag folgen Glückwünsche aus der NPD, einige Wochen später schwingt ein Mitglied der Lega im EU-Parlament die Schweizer Flagge. Die direktdemokratische Schweiz wird einmal mehr zum europaweiten Vorbild für Rechtsaußen.

Was für ein anderes Bild nur zwei Jahre später, am 28. Februar 2016: An diesem Sonntag wird über die SVP-»Durchsetzungs-initiative« abgestimmt. Sie bemängelt die lasche Umsetzung der »Ausschaffungsinitiative« und verlangt die automatische Ausweisung von in der Schweiz aufgewachsenen AusländerInnen schon bei geringen Straftaten. Im Kanzlei Club im Zürcher Kreis Vier, dem wohl linkesten Quartier der ganzen Schweiz, hat sich am frühen Nachmittag eine bunte Gruppe zusammengefunden: Studentinnen und ältere Herren, Lokalprominenz ebenso wie bürgerliche Politiker und VertreterInnen der Gewerkschaften. Die Umgebung zieren Plakate, auf denen ein simples »Nein« steht – in allen vier Landessprachen. Zur Veranstaltung eingeladen hat der Dringende Aufruf. In einer Graswurzel-Kampagne hat die Gruppe innerhalb weniger Tage mehr als eine Million Franken gesammelt, um die Werbedominanz der SVP im öffentlichen Raum zu brechen. Überhaupt hat sich in den Wochen zuvor eine Art Aufstand der Zivilgesellschaft ereignet: Verschiedene Gruppen, darunter auch die junge liberale Bewegung Operation Libero, und ungezählte Einzelpersonen haben die »Nein«-Parole verbreitet. Ein Nein zu einer der extremsten Vorlagen der SVP, die es je gegeben hat. Ein Nein aber auch zu einer Partei, die eine immer internationalere Gesellschaft wie die Schweiz spalten will. Wo die Partei von »kriminellen Ausländern« sprach, riefen ihre GegnerInnen das Rechtsstaatsprinzip ins Bewusstsein.

Als das Schlussergebnis bekannt gegeben wird, bricht im Kanzlei Club ohrenbetäubender Jubel los. Auf den Bildschirmen, die im ganzen Raum verteilt sind, leuchtet eine Zahl auf: 58,9 Prozent. Die Initiative der SVP ist abgeschmettert. Zum ersten Mal seit Langem ist die Partei auf einem ihrer Kerngebiete, der Migrationspolitik, geschlagen.[15]

Seither scheint es für die SVP bergab zu gehen. Wo lange Jahre ein charismatischer Anführer dominiert hat, ist ein Streit um die Erbfolge entbrannt. Dass Blocher Tochter Magdalena Martullo-Blocher seinem Ziehsohn Köppel bevorzugt, ist inzwischen ein offenes Geheimnis. Die alten Hetzparolen wiederum scheinen in der Bevölkerung immer weniger zu greifen. Auch intern brechen Widersprüche auf. Viele Bauern etwa wünschen sich einen anderen Kurs, weil sie die Klimaerwärmung schon deutlich spüren. In Volketswil spricht Roger Köppel dennoch weiter vom »Klimaschwindel«. Hier zeigt sich sinnbildlich auch ein anderes Problem der Partei: das Alter ihrer WählerInnen. Über die Jahre sind sie mit der SVP mitgealtert, unter den Jungen ist der Anteil jener, die die Rechte wählen, gering. Was das für die Wahlen im Herbst bedeutet, wird sich zeigen.

Anna Jikhareva

II. PROGRAMME

EU-Politik: Das Europa, das sie wollen

Wer der EU zusetzen will, der könnte zum Beispiel bei ihrem doppelten Parlamentssitz anfangen. In einer kafkaesken Routine packen die mehr als 700 Abgeordneten einmal im Monat die wichtigsten Akten in große Truhen, die aussehen, als enthielten sie Munition. Maximal 30 Kilo dürfen sie wiegen, wenn die parlamentseigenen Packer anrücken. Diese laden sie in LKWs und fahren die Kisten in das 440 Kilometer südöstlich von Brüssel gelegene Straßburg.

Rund 3000 ParlamentsmitarbeiterInnen reisen dem Konvoi hinterher. Drei Nächte und vier Tage bleiben sie meist in Straßburg, dann geht es zurück. Etwa 290 Tage im Jahr steht der Parlamentssitz in Straßburg leer. Die Umzüge kosten mindestens 109 Millionen Euro im Jahr und verursachen im selben Zeitraum Schätzungen zufolge etwa 20 000 Tonnen CO_2.[1]

Es wirkt wie eine Steilvorlage für Tiraden gegen »Eurokraten« und »Brüsseler Eliten«. Tatsächlich kam kaum eine der Kampagnen rechtspopulistischer Parteien vor der Wahl 2019 ohne das aggressiv vorgetragene Versprechen aus, den »Bürokratenaustall« Brüssel richtig auszumisten. Zum antibürokratischen Affekt kommt die Kritik am supranationalen Charakter des politischen Projekts EU und die Behauptung, Europapolitik setze sich über den »Volkswillen« hinweg. Kurzum: Eine mindestens skeptische Einstellung gegenüber der EU ist ein wichtiger gemeinsamer Nenner der Rechtsparteien.

Zerstören oder Reformieren: Wohin mit der EU?

Die Entwicklung der EU kannte lange nur eine Richtung: mehr Integration – also mehr Macht für Brüssel. Beendet ist das keineswegs. Wenn es nach der Kommission geht, soll es künftig zum Beispiel eine europäische Grenzpolizei, gern auch eine europäische Armee und eine echte Asylbehörde geben. Die Rechtsparteien wollen jedoch das Gegenteil – Brüssel soll Macht abgeben. Wie viel genau, ist allerdings nicht ganz klar. Vor allem in den osteuropäischen Staaten, aber auch insgesamt sind die Zustimmungsraten zur EU in der Bevölkerung groß[2]. Gleichzeitig leben die Rechtsparteien von Angriffen auf die Brüsseler Eliten.

Um WählerInnen nicht zu verschrecken, hat man sich offenbar auf eine zumindest graduelle verbale Abrüstung geeinigt. Marine Le Pen, Chefin des französischen Rassemblement National, sprach noch 2016 davon, die EU »zerstören« zu wollen – mit dem französischen Präsidentschaftswahlkampf verschwanden diese Töne[3]. »Wir wollen die EU an Haupt und Gliedern reformieren, aber nicht zerstören«, brachte AfD-Chef Jörg Meuthen die Linie während der Gründungspressekonferenz der neuen Rechtsfraktion Europäische Allianz der Völker und Nationen (EAPN) im April 2019 in Mailand auf den Punkt.[4]

Die Formel, auf die sich alle einigen, ist das »Europa der Vaterländer«, ein altes Konzept des französischen Präsidenten Charles de Gaulle. Es steht für die Kooperation souveräner Nationalstaaten, die lediglich das gemeinsam regeln, was die Länder einzeln nicht oder nur schlecht bewältigen können. Das Gegenmodell wären etwa die bei Rechten als Schreckensszenario beliebten »Vereinigten Staaten von Europa«, die alle anderen Parteien angeblich anstreben.

Wenn es um die konkrete Architektur der EU geht, tun sich zwischen den Vorstellungen der rechten Parteien allerdings durchaus Unterschiede auf. Die Idee einer europäischen Verteidigungsunion etwa, wie sie Deutschland und Frankreich seit einiger Zeit mit Nachdruck verfolgen, fand auch beim polnischen PiS-Präsidenten Jarosław Kaczyński Anklang. Sie versetze die EU in die Lage, sich gegen Supermächte wie China, die USA, und – aus polnischer Perspektive besonders relevant – gegen Russland zu behaupten. Damit das noch besser funktioniert, könnte Kaczyński sich auch eine gemeinsame Außenpolitik vorstellen. »Wir müssen der Sicherheit Vorrang einräumen und den Aufbau einer gemeinsamen europäischen Armee beginnen«[5], sagte auch der ungarische Ministerpräsident Viktor Orbán.

Mit der AfD hingegen ist das nicht zu machen. Sie lehnt die Vergemeinschaftung der Außen- und Sicherheitspolitik und den europäischen Auswärtigen Dienst ebenso ab wie die Schaffung einer europäischen Armee. Darin ist sie sich mit der FPÖ und dem RN einig. Auch die italienische Lega-Regierung ist der Europäischen Interventionsinitiative, eine von Frankreich initiierter Vorstufe der geplanten Europäischen Verteidigungsunion, nicht beigetreten.

In einer anderen Frage geht die AfD noch weiter als die meisten anderen rechten Parteien: Während etwa die FPÖ es bei der Forderung belässt, die Anzahl der Europaabgeordneten um die Hälfte zu reduzieren, wollen die deutschen RechtspopulistInnen das EU-Parlament komplett abschaffen. Auf einem Bundesparteitag im sächsischen Riesa im Januar 2019 schaffte die Partei das Kunststück, sowohl ihre Kandidaten für das Europaparlament aufzustellen als auch die Forderung nach dessen Abschaffung zu beschließen.

Der Bundesvorstand war eigentlich für eine Variante gewesen, die statt des Europaparlaments eine maximal 100-köpfige Europäische Versammlung ohne Rechtsetzungskompetenz vorsah. Doch vielen Delegierten ging das nicht weit genug. Deshalb heißt es nun im Wahlprogramm: »Das undemokratische EU-Parlament mit seinen derzeit privilegierten 751 Abgeordneten wollen wir abschaffen.«[6] Rechtsetzungskompetenz sehe die Partei ausschließlich bei den Nationalstaaten, eine »Intensivierung der zwischenstaatlichen Zusammenarbeit der Mitgliedsländer« werde aber befürwortet. Allzu laut vertrat die AfD diesen Teil ihres Programms allerdings nicht im Wahlkampf. In ein Parlament einzuziehen, das man eigentlich abschaffen will – es gibt einfacher zu vermittelnde Positionen.

In der Kritik am doppelten Parlamentssitz sind sich die meisten rechten Parteien einig, den Standort in Straßburg zu streichen, ist eine beliebte Forderung. Mit dem französischen RN allerdings ist das nicht zu machen. Die Partei, die die EU gern als Brüsseler Diktatur beschimpft, hält die Streichung von Straßburg als Parlamentssitz für einen Schritt zu einem »supranationale Europa mit einer einzigen Hauptstadt in Brüssel, einer Stadt der Lobbys und der nicht gewählten, allmächtigen Kommission«, heißt es in einer Erklärung der RN-Delegierten im Europaparlament, die im Oktober 2018 veröffentlicht wurde[7]. Kurzum: Teufelszeug.

Der Streit ums Geld

Doch die Vorstellungen zur Architektur der EU unterscheiden sich zwischen den rechten Parteien nicht nur in der Frage, in wie vielen Städten die Parlamentarier tagen sollen. Der Streit fängt schon beim Geld an. Die EU ist eine Umverteilungsmaschine, 17 der 28 EU-Staaten profitieren finanziell davon. Die besonders EU-kritisch regierten Länder Ungarn und Polen etwa bekamen 2017 zusammen fast 12 Milliarden Euro mehr aus Brüssel, als sie eingezahlt haben[8].

Bei den rechten Parteien in den Nettozahlerländern kommt das gar nicht gut an. Geht es etwa nach der FPÖ, soll Schluss sein mit der EU-internen Umverteilung: Die wirtschaftlichen Ungleichgewichte der einzelnen Volkswirtschaften versuche die EU durch indirekte Ausgleichszahlungen wettzumachen, heißt es in ihrem *Handbuch freiheitlicher Politik*[9]. Diese seien »abzulehnen«. Auch die AfD kritisiert, die EU versuche, durch Umverteilung gleichwertige Wirtschaftsbedingungen herzustellen. »Dieses Ziel hat sich als unerreichbar herausgestellt«, heißt es im Europawahlprogramm der Partei[10]. Die mit im Schnitt 65 Milliarden Euro jährlich[11] ausgestatteten sogenannten Kohäsionsfonds, aus denen etwa der Schienenausbau oder umweltfreundliche Energieprojekte subventioniert werden, will sie ersatzlos streichen.

Die rechten Parteien in den von den Fonds begünstigten Ländern wie Bulgarien, Estland, Griechenland, Kroatien, Lettland, Litauen, Polen, der Slowakei und der Tschechischen Republik dürften das kaum mittragen.

Ähnlich verhält es sich mit dem Euro. Die AfD beklagt, die Europäische Zentralbank (EZB) pumpe aus den reichen EU-Staaten »jeden Tag« Milliardensummen an Not leidende Staaten, etwa durch zu billige Kredite – nach Meinung der Partei ist das »illegal«. Tatsächlich profitieren alle Staaten von den EZB-Transfers, deutsche Banken ganz besonders. Außerdem, so behauptet die AfD, bereite die EZB die »schleichende Abschaffung« des Bargelds vor. Auch wenn die AfD schon lange nicht mehr nur eine Anti-Euro-Partei ist, will sie nach wie vor die »Transferunion« aufkündigen und die »nationale Währung wieder einführen«.

Im Europawahlprogramm des Rassemblement National steht hingegen, dass der »Euro, wie er heute funktioniert, eindeutig den Interessen Deutschlands auf Kosten der meisten anderen Länder der Eurozone dient«[12]. Den Ausstieg aus dem Euro fordert die Partei aber nicht mehr, seit Analysten festgestellt haben, dass die »Euroxit«-Drohungen Le Pen im Wahlkampf 2017 geschadet haben. Auch die FPÖ will nur noch die »Fehlinterpretation« des Euro durch die EZB beenden.

Italiens Innenminister Salvini hat lange davon gesprochen, dass er den Euro loswerden will. Doch am Tag der Regierungsübernahme der Lega wurde die »Basta Euro«-Parole – »Schluss mit dem Euro« – an der Parteizentrale übermalt. Nachdem er sich im Streit mit der EU-Kommission durchgesetzt hat und das Land satte 2,4 Prozent des Haushalts an neuen Schulden aufnehmen durfte, ist von einem Euro-Ausstieg Italiens erst recht nichts mehr zu hören. Denn der würde die Schulden für Italien völlig unkalkulierbar machen – und Salvinis Regierung würde wohl nicht nur für ihre Sozialprogramme das Geld ausgehen.

Der österreichische Konservative Sebastian Kurz war während des Haushaltsstreits als österreichischer Kanzler auch EU-Ratsvorsitzender. Er habe für Italiens Ausgabepläne »kein Verständnis«, erklärte er, damals in einer Koalition mit der FPÖ. »Wir werden sicherlich nicht für die Schulden und populistischen Wahlversprechen anderer bezahlen.«[13] Die EU sei »nicht gewillt«, dieses Risiko zu übernehmen. AfD-Fraktionschefin Alice Weidel twitterte schlicht: »Die spinnen, die Römer!«[14]

Dexit, Öxit, Frexit – oder doch nichts?

Auf dem Europaparteitag der AfD im Januar 2019 war die Frage nach der Haltung zum EU-Parlament nicht das einzige heikle Thema. Wichtiger war noch: Welche Rolle spielt die Forderung nach dem »Dexit« für die AfD? Ein Leitantrag verlangte, die Partei müsse sich für einen EU-Austritt Deutschlands einsetzen, sollten sich ihre europapolitischen Vorstellungen nicht »innerhalb einer Legislaturperiode« durchgesetzt haben[15]. In der Parteispitze ging diese Forderung vielen zu weit. Fraktionschef Alexander Gauland warnte in seiner Rede, angesichts des chaotisch verlaufenden EU-Austritts der Briten könne eine Dexit-Forderung WählerInnen abschrecken.

Das Brexit-Desaster beeinflusste vor der Europawahl auch die Haltung anderer rechter Parteien zu einem EU-Ausstieg ihres eigenen Landes. Schon 2018 nahm die FPÖ Abstand davon, ein Referendum über diese Frage zu fordern– zumindest als Ultima Ratio hatte die Partei zuvor jahrelang einen »Öxit« propagiert. Mit Blick auf den beginnenden Europawahlkampf strich im Januar 2019 auch das RN den »Frexit« aus seinem Programm. In anderen Ländern ließ sich Ähnliches beobachten, so legte etwa der Chef der rechtspopulistischen Schwedendemokraten Ende Januar 2019 in einem Gastbeitrag für die schwedische Zeitung *Aftonbladet* dar, warum seine Partei künftig nicht mehr auf den »Swexit« setze[16].

Die AfD schrieb den »Dexit« nach einer hitzigen Debatte auf dem Parteitag in Riesa schließlich ins Parteiprogramm – allerdings ohne konkrete Frist. Er werde notwendig, sollten sich die Vorstellungen der AfD in Bezug auf die EU nicht »in angemessener Zeit« umsetzen lassen, steht dort nun stattdessen.[17]

Wenn auch nur aus Wählerstimmen-Kalkül, so haben sich die genannten Parteien in der Austrittsfrage den rechten Regierungen in Polen und Ungarn angenähert, für die ein EU-Austritt ihrer Länder ebenso wenig infrage kommt wie für die italienische Lega.

In Polen wäre mit einer solchen Forderung nichts zu gewinnen: Die Zustimmungsraten zur EU-Mitgliedschaft des Landes sind hoch. Das weiß die PiS. Sie vertritt zwar auch EU-skeptische Positionen, diese treten jedoch in den Hintergrund, sobald Wahlen näher rücken. PiS-Chef Jarosław Kaczyński hat den Brexit öffentlich bedauert und klargestellt, sein Land werde in der EU verbleiben. Seine Partei spricht immer wieder davon, dass die EU reformiert werden müsse – wie genau diese Reformen auszusehen haben, bleibt allerdings unklar. Am ehesten schwebt der PiS die EU als eine Art loser Staatenbund vor: Angelegenheiten von europäischer Bedeutung sollten von der EU entschieden werden, während interne Fragen der Nationalstaaten in deren Entscheidungsgewalt bleiben. Dem EU-Parlament kommt in diesem Szenario eher die Rolle einer Vertretung der nationalen Parlamente zu, momentan hat Brüssel nach Ansicht der PiS zu viel Macht.

In Viktor Orbáns Fidesz wird bei jeder Gelegenheit auf die Brüsseler Bürokratie geschimpft, regelrechte Dämonisierungskampagnen gegen die EU gehören zum politischen Alltag. Gleichzeitig aber sind die Sitze der Partei im EU-Parlament sowohl wichtige Bühne als auch Versorgungsposten. Angesichts der proeuropäisch eingestellten ungarischen Bevölkerung positioniert sich auch Orbán immer wieder als »Vollbluteuropäer« – wobei selbstverständlich die Politik seiner Partei als Vorbild für alle anderen europäischen Länder gelten müsse.

Die Brüsseler Bürokratie als gemeinsames Feindbild, das Europa der Vaterländer als gemeinsame Parole – für den Wahlkampf reichen diese gemeinsamen Nenner der europapolitischen Vorstellungen. Für die tatsächliche politische Zusammenarbeit der rechten Parteien im EU-Parlament allerdings könnten die großen Unterschiede, die sich in fast allen europapolitischen Fragen auftun, sobald es konkret wird, noch zu einem Problem werden.

Medien: Der Propagandakrieg

»Journalisten sind sowieso die größten Huren auf dem Planeten«, sagt Heinz-Christian Strache in jener verhängnisvollen Nacht auf der spanischen Insel Ibiza und greift noch einmal zu seinem Glas Wodka-Red-Bull. Der damalige Vorsitzende der größten Oppositionspartei Österreichs erzählt einer vermeintlichen russischen Oligarchennichte im Sommer 2017, dass er in seinem Land ein Mediensystem errichten wolle, wie es Viktor Orbán in Ungarn errichtet hat. Er rät der angeblich reichen Russin, sich in die auflagenstärkste österreichische Tageszeitung einzukaufen und die FPÖ von dort aus an die politische Spitze zu pushen. Im Gegenzug, verspricht Strache, werde sie staatliche Aufträge erhalten, sobald die FPÖ an der Regierung sei.

Das sogenannte Ibiza-Video, das das Gespräch auf mehr als sechs Stunden dokumentiert, wird im Mai 2019 veröffentlicht, als Strache längst Vizekanzler ist. Es zeigt das Sittenbild eines Rechtspopulismus, wie man es in dieser Form noch nie gesehen hat. Und es zeigt, wie gezielt RechtspopulistInnen quer durch Europa daran arbeiten, die mediale Hegemonie in ihren Ländern zu übernehmen.

Denn die RechtspopulistInnen handeln auch gegenüber den Medien immer häufiger nach ähnlichen Mustern. Die politische Situation in den einzelnen Ländern mag unterschiedlich sein, doch die Strategie zur Übernahme der medialen Meinungshegemonie ist dieselbe: zuerst aus der Opposition heraus eine als »alternative Nachrichten« getarnte mediale Propagandawelt aufbauen; einmal an der Regierung, wird der öffentlich-rechtliche Rundfunk unter Kontrolle gebracht; und parallel dazu geht es unabhängigen Medien an den Kragen, wie Strache es im Fall der österreichischen *Kronen Zeitung* signalisiert.

In sieben Schritten, die durchaus auch parallel ablaufen können, kann man das Vorgehen erklären.

Erster Schritt: Errichte dein eigenes Medienimperium

Als der ungarische Premierminister Viktor Orbán 2002 aus seiner Sicht überraschend die Wahl verlor, fand er schnell einen Schuldigen: die unabhängigen Medien, die zu kritisch über seine Partei Fidesz berichtet hätten. Also baute sich Orbán aus der Opposition heraus eine mediale Hausmacht auf. Eine zentrale Rolle spielten dabei Fidesz-nahe Oligarchen, die in Zeitungen und in private Rundfunksender investierten. Sie beherrschen heute den ungarischen Medienmarkt.

Ähnlich wie Orbán hat es die FPÖ begründet, weshalb sie seit mittlerweile zehn Jahren gezielt in parteinahe Medien investiert, indem sie selbst Medien aufbaut, etwa den Youtube-Kanal *FPÖ-TV,* und indem die Partei ihr nahestehende Medien durch Inserate subventioniert. »Wir haben aus einer gewissen kommunikativen Not heraus versucht, eine Tugend zu machen«, sagte der damalige FPÖ-Generalsekretär Herbert Kickl 2018 rückblickend in einem Interview.[1] Da gibt es zum Beispiel lang gediente blaue Medien wie *Zur Zeit,* eine 1997 vom FPÖ-Politiker Andreas Mölzer gegründete Wochenzeitung. Das Blatt beschimpfte den Fußballer David Alaba rassistisch, höhnte den Gründer des Life Ball – eine Benefizveranstaltung für HIV-Infizierte und Aids-Kranke – Gery Keszler eine »Berufsschwuchtel« und forderte vor Kurzem, »antiautochthon eingestellten Gruppen« das Wahlrecht zu entziehen und das »Arbeitshaus«, in dem früher von Armut betroffene Menschen aus der Öffentlichkeit entfernt wurden, wieder einzuführen. Der Artikel sei »aus Versehen« in das Blatt gerutscht, erklärte die Chefredaktion fast zwei Wochen später.[2]

Die eng mit der FPÖ verbundene Onlineplattform *unzensu-riert.at*, deren Geschäftsführer Walter Asperl Angestellter des FPÖ-Parlamentsklubs ist, hetzt gegen Muslime, Flüchtlinge und Homosexuelle. Das in Oberösterreich erscheinende Magazin *Info-Direkt* ist wiederum Scharnierstelle zwischen FPÖ und den rechtsextremen Identitären. Dort finden sich Artikel wie »Schluss mit dem Gutmenschenterror«[3] oder »Der Informationskrieg beginnt jetzt«[4]. In letzterem Artikel ist zu lesen, 2016 sei das Jahr gewesen, in dem die »Systemmedien« »waidwund geschossen wurden«. Des Weiteren meint *Info-Direkt:* »Jetzt ist die Zeit, im Informationskrieg richtig anzugreifen, um die Meinungshoheit des Mainstreams zu durchbrechen.« Das gelingt den rechtsextremen ZeitungsmacherInnen mithilfe der FPÖ, die in *Info-Direkt* Inserate mit Slogans wie »Die Islamisierung gehört gestoppt« schaltet.

Zwischen österreichischen und deutschen Medien herrscht ein reger Austausch. Von dem, was die FPÖ im Medienbereich im vergangenen Jahrzehnt aufgebaut hat, profitiert etwa die AfD. Deren Bundestagsfraktion hat im Jakob Kaiser-Haus, Raum 6630, im Berliner Regierungsviertel schon länger ihr eigenes Aufnahmestudio eingerichtet. Es besteht aus einem kleinen Raum mit blauer Stellwand samt Schriftzug der AfD-Fraktion, einem Greenscreen für Videoaufnahmen, einer Kamera und Scheinwerfern. In Kooperation mit dem AfD-Newsroom sollen hier die Nachrichten entstehen, mit denen die AfD die Deutschen künftig von der »Tagesschau« zu den AfD-News locken will.

Das Rüstzeug für diese Attacke auf die öffentlich-rechtlichen Nachrichten stammt aus Wien. Hier war Joachim Paul, AfD-Landtagsabgeordneter in Rheinland-Pfalz, der laut *taz*-Recherchen früher auch für ein Blatt der neonazistischen NPD geschrieben hat,[5] eine Zeit lang »Mädchen für alles« bei *unzensuriert.at,* das im Haus einer deutschnationalen Burschenschaft im achten Bezirk sitzt.[6] Zurück in Deutschland, startete der AfDler Paul den Onlinesender *AfD Rheinland-Pfalz.* Auch die Bundes-

AfD setzt auf bewegte Bilder. Sie kündigte im April 2018 an, ihre Parteikommunikation künftig im Wesentlichen über ihren eigenen AfD-Newsroom im deutschen Bundestag steuern zu wollen. Vorbild ist dabei *FPÖ-TV*, jener Internetsender, den die FPÖ in Österreich 2012 gestartet hat. Seit Kurzem gibt es mit *FPÖ-TV Direkt* auch eine Nachrichtensendung fürs Handy.

Neben Joachim Paul gibt es weitere personelle Verflechtungen zwischen den Medien der deutschen und österreichischen Rechten. So hat der Online-Chefredakteur der oberösterreichischen Zeitschrift *Wochenblick*, ebenfalls ein FPÖ-nahes Blatt, zuvor bei *Blaue Narzisse* und *Sezession* gearbeitet, zwei neurechten Medien aus dem AfD-Umfeld. Chris Ares, nationalistischer Rapper aus Deutschland (»Du mein Deutschland – Lied für Chemnitz«), ist ebenso Autor von *Info-Direkt* wie deutsche Identitäre.

Bei dem von den Identitären organisierten Kongress »Verteidiger Europas« 2016 in Linz trat Jürgen Elsässer, Chefredakteur des deutschen *Compact*-Magazins, als Redner auf.[7] *Zur Zeit* hatte dort genauso einen Infostand wie *Compact, unzensuriert. at, Alles roger?* und die neurechte *Sezession*, deren Macher Götz Kubitschek persönlich mit zehn Kisten voller Magazine im Kofferraum anreiste.[8] Später interviewte *Info-Direkt* Paul Hampel, den heutigen außenpolitischen Sprecher der AfD. Manuel Ochsenreiter, ein extrem rechter Publizist aus Deutschland, gegen den die Berliner Staatsanwaltschaft wegen des Verdachts ermittelt, einen Brandanschlag in der Ukraine finanziert zu haben, schreibt wiederum als »Nahost-Experte« im *Wochenblick*, warum Syrien sicher genug ist, um Menschen dorthin abzuschieben. *Wochenblick*-Chefredakteur Christian Seibert verwahrt sich freilich gegen den Vorwurf, sein Magazin sei rechtsextrem. Bei der Berichterstattung über Migration »verzerrt der Mainstreamjournalismus die Wahrheit, und wir wollen einen Kontrapunkt setzen«, sagt er.[9]

In Frankreich geht Marine Le Pens Rassemblement National (RN) ähnliche Wege. 2017 gründete der Pressesprecher von Le

Pens Nichte Marion Maréchal *L'Incorrect,* ein Hochglanzmagazin für ein junges Publikum. Die Blattlinie ist klar: »Ziehen wir 1968 den Stecker raus!«[10] *L'Incorrect* ist nicht das einzige Medium unter Einfluss des RN. Die Bandbreite extrem rechter Medien ist speziell online in Frankreich mittlerweile so groß, dass sogar ein eigener Begriff geprägt wurde: »Fachosphère«, eine Faschistensphäre im Netz. Da wäre zum Beispiel *Fdesouche,* eine Abkürzung für François Desouche, wobei »Francois« für einen typischen französischen Vornamen steht und »desouche« für »aus Abstammung«. *Fdesouche* ist eine Online-Nachrichtenplattform; wie *unzensuriert.at* hetzt sie offen gegen MigrantInnen und andere Minderheiten und wurde so zu einer der beliebtesten Plattformen der französischen Fachosphère.

Nach Angaben der Analyseseite *Alexa* waren in Frankreich 2016 sieben der zehn meistgelesenen politischen Websites der radikalen Rechten zuzuordnen.[11] Ihr Einfluss erstreckt sich mittlerweile auch auf konservative Traditionsmedien. Die Tageszeitung *Le Figaro* etwa hat Éric Zemmour als Kolumnisten, einen Star der Rechten, den Le Pen am liebsten als Kulturminister sehen würde. Zemmour sagt öffentlich, Arbeitgeber hätten das Recht, Araber oder Schwarze abzulehnen. Der französischen Fernsehmoderatorin Hapsatou Sy, deren Mutter aus dem Senegal stammt, sagte er, ihr Vorname sei »eine Beleidigung für Frankreich«.[12]

Zweiter Schritt: Schüre mit Fake News und Hetze Ängste

RechtspopulistInnen helfen einander medial länderübergreifend aus. Am 20. März 2018, kurz vor den ungarischen Wahlen, blickte das öffentlich-rechtliche Fernsehen Ungarns nach Deutschland. In einem Bericht klagt ein Obdachloser, dass er seine Wohnung habe aufgeben müssen, weil in seiner Nachbarschaft Migranten angesiedelt wurden. Eine Frau erzählt, Hamburg sei so gefährlich, dass sie ihr Haus nur mit Pfefferspray bewaffnet verlasse.

Die angeblichen PassantInnen waren AfD-PolitikerInnen. Aufgedeckt wurde der Schwindel von Márta Orosz, einer aus Ungarn stammenden Journalistin, die in Deutschland beim investigativen Recherchezentrum *Correctiv* arbeitet. Orosz wies nach, dass im ungarischen Staatsfernsehen mindestens siebenmal AfD-PolitikerInnen als vermeintliche BürgerInnen von der Straße zu Wort gekommen waren, ohne dass deren Parteizugehörigkeit im Fernsehen genannt wurde.[13] Orosz hat früher selbst als Deutschland-Korrespondentin für den ungarischen Rundfunk gearbeitet. Als jedoch der zuständige Redakteur in Budapest aus ihrem Bericht über die Deutschland-Wahl 2017 einfach den Satz »in den Reihen der AfD finden sich auch Rechtsextreme« herausschnitt, stellte sie ihre Arbeit dort ein.[14]

Zu Jahresbeginn 2016 verkaufte das ungarische Staats-TV Bilder sexueller Gewalt auf dem ägyptischen Tahir-Platz im Jahr 2012 als Aufnahmen von der Kölner Silvesternacht.[15] Zu Pfingsten 2018 erfuhren die UngarInnen in den staatlichen Nachrichten, dass die deutsche Stadt Essen sich wegen des muslimischen Fastenmonats Ramadan in »Fasten« umbenennen müsse. Einen entsprechenden Bericht gab es in Deutschland tatsächlich – allerdings auf einer Satireplattform.[16] Auch die rechtsextremen BlattmacherInnen aus Frankreich gingen auf Reisen: Im Oktober 2018 erschien in *L'Incorrect* ein Bericht über die dramatischen Zustände in Wien, das so »globalisiert« sei, dass in manchen Vierteln kein Deutsch gesprochen werde. »Willkommen in der zweiten türkischen Stadt nach Istanbul!«, schreibt *L'Incorrect* vom Viktor-Adler-Markt in Wien. »Um uns herum schieben Frauen im Hidschab ihre Kinderwagen.«

In Ungarn strahle hingegen »auch im Herbst die Sonne«. Denn das Land sei »alles andere als eine furchtbare Diktatur, wie dies die westlichen Medien darstellen«.[17] Österreichische Rechtsaußen-Medien berichten wiederum, dass Auslandsungarn »wegen der Masseneinwanderung« aus Deutschland und Schweden flüchteten (*unzensuriert.at*),[18] Angela Merkel »zuwanderungsverrückt« sei (*Info-Direkt*)[19], oder es wirbt für Ungarns Minister-präsidenten Orbán, weil dieser »Osterschinken für das Internet kocht« (*Wochenblick*).[20]

Dritter Schritt: Diffamiere deine Kritiker

Anfang September 2018: AfD-Rechtsaußen Björn Höcke, AfD-Sprecher und Fraktionschef in Thüringen, ist im oberbaye-rischen Peiting zu Gast. Er steht auf der Bühne, hält die aktuelle *FAZ* hoch und liest die Schlagzeile vor: »Teile der AfD werden vom Verfassungsschutz beobachtet«. Eine »Falschmeldung« sei das, ruft Höcke in den Saal. Die Landesverbände der AfD-Ju-gendorganisation, um die es hier geht, seien formaljuristisch nicht Teil der AfD. Doch natürlich kann man die Junge Alterna-tive als Teil der AfD bezeichnen, die Schlagzeile ist korrekt. Aber Höcke geht es ohnehin um mehr: »Tagespresse zu lesen ist Le-benszeitverschwendung«, sagt er in Peiting. Und: »Ich empfehle: Kündigen Sie Ihre Zeitung!«[21]

Diese Verleumdung der »Mainstreammedien« zeugt von Dop-pelmoral: Natürlich weiß die AfD, dass sie auf die klassischen Medien nicht verzichten kann. Ein Titel in der *Bild* zu ihrem Lieblingsthema »Gewalt von Migranten« ist Gold wert. Ein Auf-tritt von Jörg Meuthen in der ARD-Talksendung »Hart aber fair«, ein Gastbeitrag von Alexander Gauland in der *FAZ*, ein Interview mit Alice Weidel in den »Tagesthemen« – unbezahlbar. Trotzdem tut die AfD alles, damit die Menschen das Vertrauen in die etab-lierten Medien verlieren.

Laut der Forsa-Jahresumfrage vertrauten 2018 nur noch 40 Prozent der Befragten der Presse insgesamt.[22] Als die Flücht-lingszahlen in den 1990er Jahren nach oben schnellten, stimm-ten die rechtsextreme Kleinpartei Republikaner, die *Bild* und der *Spiegel* denselben Sound an, schrieben von der »Asylantenflut« oder druckten Bilder einer überfüllten Arche. Viele glauben, dass die großen Medien so den Pogromen jener Zeit den Weg mit bereiteten. Als 2015 die Flüchtlinge kamen, war der Tonfall jedoch zunächst ein anderer. Die Medien trugen die Willkommenskultur mit. Sogar *Bild*-Chef Kai Diekmann ersetzte sein privates Profilbild auf Twitter durch ein »Refugees Welcome«-Logo.

Für die Rechten war das »Volksverrat«. Merkel hätte, so deren Lesart, ihre Flüchtlingspolitik niemals so lange durchhalten können, wenn die Medien sie dabei nicht gestützt hätten. Auf den islamfeindlichen Pegida-Demos beschimpfen die RednerInnen oft gleich zu Beginn die Medien, beim gemeinsamen Skandieren von »Lügenpresse« kommt Stimmung auf. Kamerateams müssen heute teils mit Sicherheitsleuten zum Dreh fahren.

Die AfD bedient sich vielfältiger Mittel, um ihren Teil zur Delegitimierung der Medien beizutragen. Mal werden manche, mal pauschal alle Medien als »Lügenpresse« diffamiert. Mal wird die Presse insgesamt von Parteitagen ausgeschlossen, mal einzelne nicht genehme JournalistInnen nicht akkreditiert. Auch kommt es vor, dass AfD-PolitikerInnen vom Podium aus einzelne JournalistInnen auf Pressekonferenzen oder AfD-Veranstaltungen gezielt angehen. Verbale Attacken auf Journalisten gehören mittlerweile zum Wahlkampfrepertoire der AfD. So postete etwa die AfD-Fraktion Hochtaunuskreis im August 2018: »Bei uns bekannten Revolutionen wurden irgendwann die Funkhäuser sowie die Presseverlage gestürmt und die Mitarbeiter auf die Straße gezerrt. Darüber sollten die Medienvertreter hierzulande einmal nachdenken, denn wenn die Stimmung endgültig kippt ist es zu spät!«[23]

Auch in Österreich wird mit Attacken auf die Presse Wahlkampf gemacht. Es ist der Abend des 23. April 2019, im öffentlich-rechtlichen Rundfunk ORF laufen die Fernsehnachrichten. Zu Gast ist Harald Vilimsky, Generalsekretär der FPÖ und Spitzenkandidat seiner Partei für das EU-Parlament. Schon bei der zweiten Frage des Moderators Armin Wolf eskaliert Vilimsky das Interview. Wolf hat ein Bild eingeblendet, das auf der Website des Jugendverbands der steirischen FPÖ zu sehen ist. Unter dem

Slogan »Tradition schlägt Migration« zeigt es ein weißes Paar, das von karikaturenhaft überzeichneten, fratzenhaften Figuren mit langen Nasen umringt ist, die muslimische Personen lächerlich machen sollen. Wolf stellt es einer antisemitischen Karikatur des nationalsozialistischen Hetzblatts *Der Stürmer* gegenüber.

Vilimsky reagiert aggressiv: Permanent, klagt er, versuche Wolf schon in den sozialen Medien, »Stimmung gegen uns zu machen – für einen ORF-Moderator ist das nicht das Beste«. Noch in der Sendung droht Vilimsky ihm offen: Dieser Vergleich sei etwas, »das nicht ohne Folgen bleiben kann«.[24] Die Drohung beschäftigt in den Tagen danach Österreichs Medien und Politik, Vilimsky fordert wiederholt Wolfs Entlassung. Und der oberste Gremienchef des öffentlich-rechtlichen Rundfunks, ORF-Stiftungsratsvorsitzender Norbert Steger (FPÖ), springt Wolf nicht bei – sondern unterstützt seinen Parteifreund Vilimsky. Wolf, empfiehlt Steger, solle doch am besten für ein Jahr eine Auszeit nehmen.

In Polen wiederum beschuldigte die unter der Kontrolle der PiS-Regierung stehende Staatsanwaltschaft den Satiriker Antoni Szpak, das polnische Volk beleidigt zu haben. Sein Verbrechen? Als Polens Präsident Andrzej Duda dem Gründer des erzreligiösen katholischen Senders *Radio Maria* für dessen Unterstützung der PiS dankte, kommentierte der Satiriker Szpak dies mit »nur in einem blöden, spießigen Land kann es zu einer solchen Paranoia kommen«.[25] Deshalb wolle ihn die Staatsanwaltschaft wegen »Beleidigung des polnischen Volkes vor Gericht stellen«, berichtete die *Süddeutsche Zeitung* damals.[26]

Auch gegen den bekannten Journalisten Tomasz Piątek, Kolumnist der *Gazeta Wyborcza*, ging der polnische Staat vor. Er hat ein vielbeachtetes Buch über merkwürdige Verbindungen zwischen Polens Verteidigungsminister Antoni Macierewicz, der russischen Mafia und den Geheimdiensten veröffentlicht. Daraufhin prüfte die Militärstaatsanwaltschaft, ob Piątek versucht hatte, Gewalt gegen den Verteidigungsminister auszuüben. Das Verfahren wurde eingestellt.[27] Während er in seiner Heimat fürchten musste, vor Gericht gestellt zu werden, erhielt Piątek in Leipzig den renommierten »Preis für die Freiheit und Zukunft der Medien«. »Trotz immer schwierigerer Bedingungen für JournalistInnen lässt sich Tomasz Piątek auch durch Drohungen in seiner investigativen Arbeit nicht einschüchtern«, lautete die Begründung der Jury.[28]

In Ungarn laufen die politischen Kampagnen der Fidesz zum Teil besonders hart. »Orbán will mich seelisch brechen«, erklärte Gábor Vona, damals Vorsitzender der rechtsextremen ungarischen Jobbik-Partei, der angetreten war, um Orbáns absolute Mehrheit zu beenden.[29] Fidesz-nahe Medien streuten das Gerücht, Vona sei homosexuell. Speziell in ländlichen Regionen würden konservative Wähler niemals einen schwulen Kandidaten wählen.

Wer zu kritisch über Orbán und seine Leute berichtet, landet auf schwarzen Listen. Im April 2018 veröffentlichte die regierungsnahe ungarische Zeitung *Magyar Idök* die Namen angeblich regierungsfeindlicher JournalistInnen, darunter zahlreiche AuslandskorrespondentInnen.[30] Die Wochenzeitung *Figyelő* veröffentlichte wiederum unter dem Titel »Die Leute des Spekulanten« die Namen von 200 angeblichen »Söldnern« des ungarischstämmigen US-Milliardärs George Soros. Auf der Liste war auch die Redaktion des Nachrichtenportals *Direkt36.hu*. Es hatte zuvor Korruptionsfälle aus Orbáns Regierungsumfeld aufgedeckt.[31]

Ein »Soros-Netzwerk« hat das verschwörungstheorienfreundliche, FPÖ-nahe Magazin *Alles roger?* auch in Österreich ausgemacht. Köpfe dieses Netzwerkes seien der frühere Bundeskanzler und SPÖ-Chef Christian Kern, Bundespräsident Alexander Van der Bellen, der frühere Kanzler Wolfgang Schüssel (ÖVP), aber auch verschiedene österreichische Sänger sowie Bankiers oder Medien wie die »linke Stadtzeitung *Falter*« und natürlich NGOs. In derselben Ausgabe, in der *Alles roger?* den »Soros-Geheimplan« auf dem Cover hatte, ließ sich der damalige Innenminister Herbert Kickl von der FPÖ interviewen, und sein Ministerium suchte per Bezahlinserat BewerberInnen für den Polizeidienst.[32]

Vierter Schritt: Nütze Facebook als Verstärker

Die neurechten Hetzmedien funktionieren am besten in Kombination mit Facebook. Teilte der frühere FPÖ-Chef Heinz-Christian Strache einen Beitrag von *unzensuriert.at, Wochenblick* oder einer ähnlichen Seite, erreichte dieser mit einem Klick knapp 800 000 Facebook-Follower.[33] Die offizielle FPÖ-Facebook-Seite erreicht 126 000 User.

Besonders gut klappt dieses virtuelle Pingpong im Zusammenspiel mit dem Boulevard. In einem Interview mit dem Monatsmagazin *Fleisch* erklärte der damalige *krone.at*-Chefredakteur Richard Schmitt: »Wir sind da in einer Auseinandersetzung mit Medien, die der rechte Rand installiert hat, mit *unzensuriert.at* und anderen Seiten.« Er bestätigte auch, wie sehr seine Onlinenachrichten von der hohen Facebook-Reichweite der FPÖ profitierten: Wenn der damalige FPÖ-Chef Strache einen normalen Bericht von *krone.at* auf Facebook teile, »dann merken wir, das haut die Quote auf das 1,5-Fache hoch. Und umgekehrt kriegt er natürlich auch mehr Traffic, wenn wir ihn pushen.«[34]

Nach Straches wegen des Ibiza-Videos erzwungenen Rücktritt müssen allerdings seine Nachfolger einspringen. Diese sind in den sozialen Netzwerken weniger erfolgreich unterwegs. Der neue FPÖ-Chef Norbert Hofer hat auf Facebook derzeit 340 000 Fans, der Ex-Innenminister und FPÖ-Einpeitscher Herbert Kickl gar nur 80 000. Da hilft es, dass Strache die Partei trotz seines Rücktritts weiter auf Facebook pusht.

In Deutschland hat AfD-Chefin Alice Weidel von der Führungsriege ihrer Partei auf Facebook die meisten FollowerInnen: 247 000 Menschen haben ihre Seite abonniert. Bei Parteichef Meuthen sind es 117 000, bei Beatrix von Storch 96 000. Die französische RN-Chefin Marine Le Pen hat sogar 1,5 Millionen Facebook-FreundInnen, Italiens Innenminister und Lega-Chef Matteo Salvini 3,7 Millionen.

Salvini hat die Onlinestrategie seiner Lega auf Facebook ausgerichtet. Die frühere Tageszeitung der Partei, *La Padania,* wurde 2014 eingestellt, das Lega-Radio *Padania* sendet nur im Internet. Alles läuft über das Facebook-Profil des Chefs. Dort hält er politische Reden, während seine vierjährige Tochter durchs Bild tapst, er hüpft in Badehosen in den Pool einer Mafia-Villa, die von der Polizei beschlagnahmt worden ist, oder er verkündet seinem Millionenpublikum per Videobotschaft: »Ihr bezahlt mich. Nur euch gegenüber bin ich verantwortlich.«[35] Über JournalistInnen spricht der Lega-Chef weniger freundlich. Die Zeitung *Corriere della Sera* zitierte ihn 2013 mit dem Ausspruch, seine Partei werde »dem einen oder anderen schäbigen, kriecherischen Journalisten einen Arschtritt geben«.[36]

Salvinis Verbündeter Strache geht einen Schritt weiter. Er macht öffentlich Werbung für die rechtsextreme Medienparallelwelt. Beim politischen Aschermittwoch der AfD in Bayern 2017 sagte er als Ehrenredner: »Egal, welche Tageszeitung ich kaufe, egal, welchen Fernsehsender ich aufdrehe, überall die gleichgeschaltete Berichterstattung.«[37] Da sei es doch nachvollziehbar, dass immer mehr Menschen »alternative Medien« bevorzugen würden.

Fünfter Schritt: Behindere JournalistInnen bei der Arbeit

In Deutschland schließt die AfD immer wieder JournalistInnen von Parteiveranstaltungen aus, weil sie aus ihrer Sicht zu kritisch berichten. Davon betroffen waren unter anderem die *Frankfurter Allgemeine Zeitung,* der *Spiegel* und die öffentlich-rechtlichen Sender ARD und ZDF. Selbst Kritik von ganz rechts außen gefällt der AfD-Spitze nicht. Bei einem Treffen der extremen Rechten Europas, das in Deutschland stattfand, hieß es Anfang Januar 2017 wegen zu kritischer Berichterstattung über die AfD auch für das rechtsextreme *Compact*-Magazin »bitte draußen bleiben«.

In Österreich hieß es für die Wochenzeitung *Falter* am Abend der Wien-Wahl 2015 am Eingang des FPÖ-Wahlzelts »Eintritt verboten«. Pressefreiheit bedeute, dass sich die FPÖ aussuche, welche JournalistInnen von ihrer Wahlveranstaltung berichten dürfen, erklärte der damalige FPÖ-Generalsekretär Kickl.[38] Als Innenminister holte sich Kickl den früheren *unzensuriert.at*-Chef Alexander Höferl als Kommunikationschef ins Ministerium. Wie Pressefreiheit seitdem dort verstanden wurde, zeigte eine Mail, in dem der Sprecher des Ministeriums die Landespolizeistellen aufforderte, den »kritischen« Medien *Standard, Kurier* und *Falter* nur die gesetzlich nötigen Informationen zur Verfügung zu stellen.[39]

Ein solches Vorgehen hat natürlich Auswirkungen. In der jährlichen Rangliste der Pressefreiheit, die von der Organisation Reporter ohne Grenzen (ROG) erstellt wird, war Österreich bisher stets im unbedenklichen Bereich zu finden. 2019 aber stürzt das Land massiv ab – von Platz 11 auf Platz 16. Damit verliert es seine Einstufung als Land mit guter Pressesituation. »Das ist alarmierend. Ich bin schockiert darüber, in welche Richtung sich die Pressefreiheit in einem Land wie Österreich entwickelt hat«, sagte Rubina Möhring, Präsidentin von Reporter ohne Grenzen Österreich.[40] Die massive Verschlechterung erkläre sich vor allem durch die direkten Angriffe auf JournalistInnen durch die Politik. Vor allem seit Beginn der Koalition von ÖVP und FPÖ seien diese häufiger geworden, so ROG. Aus Angst vor persönlichen Angriffen folgten Selbstzensur und weniger kritische Berichterstattung. »Die Effekte des neuen Feindbildes Journalist sind tiefgreifend und vermutlich langanhaltender als die Regierung selbst«, schreibt ROG.[41]

Sechster Schritt: Schaffe dir einen »Staatsfunk«

Schon seit der Regierungsübernahme 2010 hat Viktor Orbán die öffentlich-rechtlichen Medien in Ungarn neu organisiert und zum Staatsfunk umgebaut. Fernsehsender, Radioanstalten und die staatliche Presseagentur verloren ihre Eigenständigkeit. Alle

Nachrichten werden heute zentral produziert und an verschiedene Plattformen verteilt. Eine einzige Redaktion beliefert fünf Fernsehkanäle, vier Radiosender und bietet gratis Agenturberichte an. Die private ungarische Konkurrenzagentur ging deshalb pleite. Heute gibt es in ungarischer Sprache nur Agenturberichte der staatlichen Presseagentur MTI. Die Folge: Nachrichten bestehen vor allem aus Lob für die Regierung und Neuigkeiten aus der angeblichen Migrantenhölle Westeuropa. Zusätzlich stellt MTI seit 2011 ihre Berichte ungarischen Privatsendern kostenlos zur Verfügung.[42] Für kommerzielle Sender ist das ebenso eine Win-win-Situation wie für die Regierung: Die Privaten sparen sich eine eigene Nachrichtenredaktion, und die Regierung kann ihre Propaganda so noch besser im ganzen Land streuen.

Auch in Polen begann der Krieg gegen die öffentlich-rechtlichen Medien bereits wenige Wochen, nachdem die PiS 2015 die Regierung übernommen hatte. Im Parlament kann sie auf eine absolute Mehrheit zählen. Das öffentlich-rechtliche Fernsehen TVP und der Rundfunk Polskie Radio wurden zum ersten Opfer: Ein Gesetz, das der Regierung die volle Kontrolle über die Staatsmedien übertrug, wurde innerhalb weniger Sitzungstage verabschiedet und trat sofort in Kraft. Seit Januar 2016 sind die öffentlich-rechtlichen Medien in Polen deshalb nur noch Hülsen: Mehr als 200 JournalistInnen wurden aus Rundfunk und Fernsehen entlassen oder zum Rücktritt gezwungen. Stattdessen wurden MitarbeiterInnen von kleineren Fernsehsendern und Internetportalen eingestellt, die mit der PiS verbundenen sind. In Nachrichtensendungen loben sie die Arbeit der »guten Regierung«, die das Land wieder aufrichten wolle.

Als im Frühjahr 2017 bis zu 50 000[43] Menschen in Warschau friedlich gegen die von der PiS geplante Justizreform, die einer Entmachtung der unabhängigen Justiz gleichkam, protestierten, berichtete das Staatsfernsehen nur von »Aggression und Grobheit« auf Warschaus Straßen, davon, dass »die Verteidiger der Pädophilen« demonstrierten, von einem »Putschversuch der Opposition«, davon, dass »die Freunde von George Soros versuchen, die polnische Regierung zu stürzen«, und dass diese »Straßenrevolte ein Versuch sei, islamistische Migranten nach Polen zu holen«.[44]

Was in Ungarn und Polen bereits abgeschlossen ist – statt öffentlich-rechtlicher Sender gibt es dort nur noch Propagandakanäle der Regierung –, hat in Italien erst so richtig begonnen. Seit Oktober 2018 hat der öffentlich-rechtliche Rundfunk Rai einen neuen Chef. Als »Todesstoß für die Unabhängigkeit und Selbstverwaltung des öffentlich-rechtlichen Rundfunks« bezeichnete die italienische Mediengewerkschaft FNSI diese Personalentscheidung.[45] Denn Marcello Foa ist nicht nur mit Lega-Chef Salvini befreundet und verfügt über einen guten Draht zu den PopulistInnen der Fünf-Sterne-Bewegung, die mit der Lega das Land regieren. Foa fiel in der Vergangenheit auch auf, weil er in seinem Blog auf *Il Giornale* Schwule als abnormal bezeichnete, Impfungen für Kinder als gefährlich und sogenannte »Mainstreammedien« als Lügner.[46] Als »Putin-Anhänger, Salvini-Anhänger und alles andere als gemäßigt« charakterisierte die liberal-konservative Zeitung *La Stampa* den neuen Rai-Chef.[47] Beifall gab es dagegen von den PopulistInnen der Fünf-Sterne-Bewegung. »Wir beginnen jetzt eine echte kulturelle Revolution der Rai, um uns von den Parasiten zu befreien«, jubelte Italiens Vizepremier Luigi Di Maio.[48]

In Österreich hatte die FPÖ ebenfalls große Pläne, den öffentlich-rechtlichen Rundfunk umzubauen. Als sie noch in der Regierung war, wollte sie durchsetzen, dass der ORF direkt aus dem Staatshaushalt finanziert werden soll Dann hätte der ORF-Chef jedes Jahr bei der Regierung anklopfen und um eine Finanzierung bitten müssen. Unabhängigkeit sieht anders aus. Der Plan scheiterte jedoch, weil die Regierung im Mai 2019 vorzeitig auseinanderfiel.

Siebenter Schritt: Zerstöre deine KritikerInnen finanziell

Bis zum Frühjahr 2016 wurde die *Gazeta Wyborcza* an polnischen Gerichten gern gelesen. Das Qualitätsblatt ist nicht nur kritisch, sondern gehört auch zu den größten Tageszeitungen im Land. Doch kaum war die rechtspopulistische PiS an der Macht, befahl das Justizministerium den Gerichten, die Abos zu kündigen. Kurz darauf strichen auch andere Ministerien die *Wyborcza* von den Abolisten. Parallel dazu erhielt die Zeitung keine Inserate von staatsnahen Unternehmen mehr. Später waren es private Firmen, die sich in der *Wyborcza* nicht mehr zu inserieren trauten. Schließlich ist es ein offenes Geheimnis, dass es keine staatlichen Aufträge für Unternehmen gibt, die kritische Medien fördern. Die *Gazeta Wyborcza* musste wegen der entgangenen Einnahmen JournalistInnen kündigen.

In Ungarn wurde die größte unabhängige Tageszeitung *Népszabadság* zuerst von einem Firmenkonstrukt eines Orbán-Getreuen übernommen und dann eingestellt. Mit der Übernahme des Verlages, der *Népszabadság* herausgab, konnten Orbáns Vertraute nicht nur eine kritische Tageszeitung vom Markt nehmen. Zum Verlag zählten auch ein Dutzend Regionalmedien, die in ländlichen Regionen beliebt sind. In diesen Medien wurden die ChefredakteurInnen rasch durch regierungsfreundliche JournalistInnen ersetzt. Welche Auswirkungen dies hatte, zeigte ein Onlineportal vergangenes Jahr. Es veröffentlichte alle Titelblätter dieser Regionalzeitungen an einem Tag. Auf allen waren dasselbe Bild von Orbán und der identische Artikel abgedruckt.

Laut einer im Mai 2019 veröffentlichten Studie der ungarischen Medienexpertin Agnes Urban im Auftrag des deutschen Europaabgeordneten der Grünen, Sven Giegold, werden 78 Prozent der ungarischen Nachrichtenmedien von Orban kontrolliert.[49] Im Frühjahr 2018 verschwand auch die unabhängige Tageszeitung *Magyar Nemzet* vom ungarischen Medienmarkt. Die Zeitung, 1938 gegründet, hatte die Nazi-Besatzung in der Illegalität und die Zensur durch das kommunistische Regime überlebt. Als sich der ungarische Unternehmer und *Magyar Nemzet*-Besitzer Lajos Simicska 2015 mit Orbán überwarf, wurde *Magyar Nemzet* zu einer wichtigen regierungskritischen Stimme im Land. Nachdem Orbán im Frühjahr 2018 die Parlamentswahlen zum dritten Mal gewonnen hatte, stellte Simicska die Unterstützung für die Zeitung ein.

Der ungarische Onlinenachrichtendienst *Origo* wurde hingegen umgedreht statt abgestellt. Im Juni 2014 erfuhr der Chef dieser äußerst erfolgreichen Nachrichtenplattform von seiner Kündigung. »Umstrukturierungsmaßnahmen« lautete die Begründung des Eigentümers, einer ungarischen Tochterfirma der deutschen Telekom. Im Dezember 2015 verkaufte die Telekom das Onlineportal an das Fidesz-nahe Unternehmen New Wave Media. *Origo* hatte zuvor einem hochrangigen Fidesz-Politiker Aufenthalte auf Steuerkosten in Luxushotels nachgewiesen. Dass es mit solchen Enthüllungsgeschichten vorbei ist, hat nicht nur mit ungarischer Politik, sondern wohl auch mit deutschen Wirtschaftsinteressen zu tun. Denn kurz nach dem Verkauf von *Origo* bekam die Telekom Mobilfunkfrequenzen und einen milliardenschweren staatlichen Auftrag zum Ausbau des Breitbandnetzes. Und der neue Inhaber, ein enger Freund Orbáns, brachte *Origo* auf Regierungslinie. So oder ähnlich erging es zahlreichen Medienunternehmen.

Heute zeigt *Origo* andere Inhalte. Ein Video zum Beispiel, auf dem eine alte Frau in einer Kirche von Muslimen mit »Allahu akbar«-Rufen niedergeschlagen wird. »Europa 2017 – wollen wir das wirklich?« lautete die Überschrift. Wie das unabhängige Nachrichtenmagazin *HVG* aufdeckte, handelte es sich bei dem Video aber um keine muslimische Attacke in Europa, sondern um einen Raubüberfall in einer amerikanischen Kirche zwei Jahre zuvor. Das Video ist Hunderttausende Male geklickt worden. Es steht noch immer online – und es ist eine bewusste Falschmeldung.[50]

In Polen ist es derzeit um die Medienvielfalt noch etwas besser bestellt, weil zahlreiche Medien ausländischen Verlagen gehören. Aber auch hier plant die Regierung schon länger gravierende Änderungen. Derzeit arbeitet das polnische Kultusministerium zudem an einem neuen Mediengesetz, das die privaten Medien in Polen wieder in polnische Hände überführen soll. Das würde bedeuten, dass beispielsweise der Axel-Springer-Verlag, Besitzer mehrerer Pressetitel in Polen, per Gesetz dazu gezwungen würde, die Anteile seiner Medien an polnische Unternehmen zu verkaufen. Nach ungarischem Vorbild ist zu vermuten, dass diese Unternehmen mit der Regierung verbunden wären: Der erzwungene Ausverkauf wäre eine feindliche Übernahme.

In Deutschland und Österreich ist man von solchen Entwicklungen noch weit entfernt. Aber auch in Österreich hat sich während der Regierungszeit der FPÖ die Medienpolitik geändert. Statt kritischer, unabhängiger Medien erhielten plötzlich einschlägige rechtsextreme Blätter wie *Wochenblick* oder *Alles roger?* staatliche Inseratengelder. Der öffentlich-rechtliche ORF zeigte, wie der damalige Vizekanzler Strache im Fitnesscenter seine Muskeln stählte und der damalige Verkehrsminister Norbert Hofer im Privatflugzeug in die Lüfte aufsteigt. Und im November 2018 wollten die Freiheitlichen im Parlament eine ganz besondere Ehrung durchführen: Da sollte W3, jener Verlag, der die rechtsextreme Zeitschrift *Zur Zeit* herausgibt, den »Medienpreis« des freiheitlichen Dinghofer-Instituts erhalten.[51] Die Preisverleihung mussten die Freiheitlichen auf Druck der Opposition und des Koalitionspartners, der konservativen Volkspartei, kurzfristig absagen. Aber von einer Regierungspartei, die eine Zeitung ehrt, die den österreichischen Fußball-Nationalhelden und FC-Bayern-Star David Alaba rassistisch beschimpft und die den Massenmörder Adolf Hitler einen »Sozialrevolutionär« nannte[52] – von einer solchen Regierungspartei könnten sogar die RechtspopulistInnen in Polen und Ungarn noch lernen.

Migration:
Mit den Flüchtlingen zur Macht

Wie weit es her ist mit der der »biblischen Invasion«[1] und der »Völkerwanderung«[2] nach Europa, von der die AfD, Marine Le Pen, Matteo Salvini und Viktor Orbán so gern reden – dazu gibt es Zahlen. Sie werden regelmäßig im Februar für das zurückliegende Jahr verkündet. Auch 2019 tritt der Chef der EU-Grenzschutzagentur Frontex, Fabrice Leggeri, dazu in Brüssel vor die Kameras. Die EU stehe in dieser Frage »gerade keiner brennenden Krise gegenüber«,[3] sagt er. 150 114 Menschen haben seine BeamtInnen 2018 dabei registriert, wie sie nach Europa einreisten, ohne die dafür nötige Erlaubnis zu haben. Die Zahl liegt etwa um ein Drittel niedriger als im Vorjahr. Das bedeutet einen Rückgang im dritten Jahr in Folge, nachdem in den Jahren 2015 und 2016 insgesamt etwa 1,5 Millionen Menschen in die EU gekommen waren.

»Keine brennende Krise« – man darf nicht vergessen, dass Leggeri einer Behörde vorsteht, die umso stärker gefragt ist, je größer das Migrationsproblem eingeschätzt wird. Dann bekommt sie mehr Geld, mehr Personal, mehr Rechte. Und das will sie, so wie jede Behörde. Wenn also Leggeri eine solche Entwarnung gibt, ist die Lage undramatisch.

Etwa acht Wochen nach Leggeris Auftritt beginnt der EU-Wahlkampf. Was dort zu hören ist, hat mit dem nüchternen Befund des Frontex-Chefs nichts zu tun. Rechte PolitikerInnen zeichnen ein apokalyptisches Zerrbild der Migration. Orbán erklärt, durch die Brüsseler Migrationspolitik stehe »die Existenz unserer christlichen Zivilisation« auf dem Spiel.[4] Der AfD-Spitzenkandidat Jörg Meuthen behauptet, der sozialdemokratische

Spitzenkandidat Frans Timmermans wolle »komplett offene Grenzen und eine totale Auflösung der Nationalstaaten«.[5] Salvini sagt, die EU schaffe durch die ungesteuerte Zuwanderung einen »islamischen Staat der Angst«.[6] Marine Le Pen behauptet, wenn die Linken die EU-Wahl gewinnen, »wird Europa ein islamisches Kalifat werden«.[7] Und in Polen behauptet der PiS-Vorsitzende Jarosław Kaczyński, muslimische Flüchtlinge würden in seiner katholischen Heimat umgehend »Scharia-Zonen« einführen und könnten Cholera, Ruhr und »alle Arten von Parasiten und Bakterien, die in den Organismen dieser Menschen harmlos sind«,[8] nach Polen einschleppen.

Damit nicht genug, werden Flüchtlinge und Migranten immer wieder als Vergewaltiger hingestellt. Im Juni 2019 bringt der AfD-Abgeordnete Martin Hohmann diese Behauptung gar in Verbindung mit dem politischen Mord an dem Kasseler CDU-Landrat Walter Lübcke: »Der Massenzustrom nach der illegalen Grenzöffnung mit seinen vielen Morden und Vergewaltigungen ist notwendiges Glied in der Ursachenkette, die zum Tod von Walter Lübcke führte.«[9]

Diese Art xenophober Panikmache ist eine zentrale Säule rechtspopulistischer Agitation. Kein Wahlkampf, kaum eine Rede, die nicht mit Hetze gegen ZuwandererInnen bestritten wird. Doch dass sich die EU damit so sehr unter Druck setzen lässt, hat vor allem mit dem Scheitern ihres Bemühens um eine gemeinsame Migrationspolitik zu tun. Schon sehr lange, bevor die RechtspopulistInnen Erfolg hatten, hat sie sich auf diesem Gebiet ganz von selbst in eine schwierige Lage gebracht. Wo Offenheit und Kooperation gefragt waren, ließ sie sich durch nationale Egoismen lähmen. Die Rechten haben dies erkannt und es darauf angelegt, die Uneinigkeit auf die Spitze zu treiben. Und das ist bis heute eine ihrer wirksamsten Waffen im Kampf um die Macht – und gegen Brüssel. Die Wege von Matteo Salvini und Viktor Orbán zeigen dies besonders deutlich.

Der Verrat an Italien

Von Anfang 2013 bis Mitte 2018 kamen etwa 681 000[10] Flüchtlinge und MigrantInnen über das Mittelmeer nach Italien. Ginge es in Europa gerecht zu, hätte sich das Land gemäß seiner Größe und Wirtschaftskraft – rund ein Neuntel der EU – um etwa 75 000 von ihnen kümmern müssen, und das in fünfeinhalb Jahren. Hätte ein italienischer Bürgermeister unter solchen Umständen Sitzblockaden oder gar einen Hungerstreik veranstaltet, damit seine Kommune keine weiteren Flüchtlinge zugewiesen bekommt – wie manche Lega-Kommunalpolitiker es taten – man hätte ihn für einen Nazi gehalten oder für verrückt erklärt. Doch Brüssel konnte eben keinen gerechten Ausgleich herstellen.

Die Lage für Italien ist durch eine fundamentale Unwucht im europäischen Asylrecht bestimmt, die auf die seit dem 1. März 2003 geltende Verordnung 343/2003 zurückgeht, landläufig bekannt als Dublin II. Sie besagt im Kern: Das Land, über das Flüchtlinge oder MigrantInnen in die EU kommen, ist für sie zuständig. Gehen sie trotzdem in ein anderes EU-Land, werden sie zurückgeschoben. Die Staaten an den EU-Außengrenzen verlieren dabei. Die Regierung in Rom fordert deshalb einen Ausgleich – erfolglos. Nach 2010 brach das Asylsystem außer in Italien vor allem in Griechenland und Malta zusammen. Die Folgen für die Aufnahmesituation der Flüchtlinge waren katastrophal. Länder wie Deutschland hielten gleichwohl an dem Verfahren fest. »Dublin II bleibt unverändert, selbstverständlich«,[11] sagte der damalige deutsche Bundesinnenminister Hans-Peter Friedrich (CSU) 2013. Das System habe sich »bewährt«.

Im Juni 2017 wurde Italien noch sozialdemokratisch regiert und nahm Flüchtlinge auf. Aber es forderte immer lauter Entlastung. Italiens EU-Botschafter Maurizio Massari drohte mit der Schließung der italienischen Häfen für Schiffe mit Flüchtlingen. Diese sollten künftig andere EU-Häfen ansteuern und außerdem andere EU-Staaten deutlich mehr Flüchtlinge aus Italien aufnehmen. Es war die bislang höchste Eskalationsstufe eines seit über einem Jahrzehnt währenden Streits, in dem die EU Italien konsequent im Stich gelassen hatte. Die Antwort darauf aus Berlin, Paris, Brüssel, Amsterdam und Madrid kam wenige Tage später auf dem EU-Gipfel in Tallinn. Sie lautete: Nein.

Kurz zuvor hatte ein hoher EU-Beamter in Berlin einer Gruppe von JournalistInnen erläutert, wie die EU sich den weiteren Umgang mit den Klagen Italiens vorstelle: Bis auf Weiteres werde alles beim Alten bleiben. Für anderes gebe es »keine Mehrheit«.[12] 2018 schließlich räumte die Lega bei den Parlamentswahlen ab. Salvini wurde Innenminister und lässt seither keinen Zweifel daran, dass er sich zu noch Höherem berufen fühlt.

Dabei war der Kommission schon früh klar, welche Sprengkraft die Migrationsfrage hat. Entschärfen können hätte sie zum Beispiel eine Harmonisierung der MigrantInnen- und Asylpolitik zur Schaffung von halbwegs ähnlichen Aufnahmebedingungen. Genau deshalb verhandelte die EU schon seit dem vergangenen Jahrzehnt über ein Gemeinsames Europäisches Asylsystem, kurz CEAS. Dessen erste Stufe wurde 2012 beschlossen und trat ein Jahr später in Kraft. Doch weder hatten sich die Mitgliedstaaten auf vergleichbare Aufnahmebedingungen einigen können noch auf eine einheitliche Anerkennungspraxis und schon gar nicht auf eine Verteilung jenseits des Dublin-Systems. So blieb der Anreiz zum »Race to the Bottom«: dem Versuch, es den Flüchtlingen im eigenen Land möglichst schlecht gehen zu lassen, auf dass sie weiterziehen. Dieser Wettbewerb der Härte ist ein Lebenselixier der RechtspopulistInnen, denn niemand ist dabei glaubwürdiger als sie.

Die unerwünschte Lastenteilung

Was Italien immer verlangt hat, war ein System kollektiver Lastenteilung. An Vorschlägen dafür mangelte es nicht. Der am längsten diskutierte stammte von der Kommission selbst. Sie schlug schon 2016 vor, die Ankünfte in den einzelnen EU-Staaten kontinuierlich mit dem Anteil abzugleichen, den jeder Staat gemäß Einwohnerzahl und Wirtschaftskraft – dem sogenannten »Fair Share« – leisten müsste. Immer dann, wenn dieser Anteil in einem Staat um 50 Prozent überschritten wird, sollte ein Umverteilungsmechanismus in Kraft treten: Die Flüchtlinge sollten so lange auf Staaten verteilt werden, die ihr Soll nicht erfüllen, bis die Zahl der Flüchtlinge in dem Ausgangsland wieder bei unter 150 Prozent des Solls liegt. So würde also nur eine starke Überlastung teilweise abgefangen.

Legt man die Ankünfte im Jahr 2017 zugrunde, lag Deutschland bei 169 Prozent seines »Fair Shares«, Österreich bei 171 Prozent, Italien und Malta bei 322 Prozent und Griechenland gar bei 509 Prozent.[13] Sie alle hätten in jenem Jahr von einem solchen Mechanismus profitiert. Ungarn oder Großbritannien hingegen verzeichneten nur Ankünfte in Höhe von jeweils rund einem Drittel ihres fairen Anteils. Sie hätten entsprechend umverteilte Flüchtlinge aufnehmen müssen. Dabei kam die Kommission diesen Staaten mit ihrem Vorschlag noch entgegen: Jedes EU-Mitglied hätte das Recht gehabt, sich dem Mechanismus für zwölf Monate zu entziehen. Danach allerdings wären 250 000 Euro Strafzahlung je abgelehntem umzuverteilenden Flüchtling fällig geworden – zu zahlen als Ausgleich an die übermäßig belasteten Staaten. 21 der 28 EU-Staaten wären mit diesem System nicht länger so bequem weggekommen wie zuvor. Der Kommissionsvorschlag fand keine Mehrheit.

Auch das Parlament hatte sich Gedanken über die europäische Solidarität in Sachen Flüchtlingen gemacht. Es regte 2017 an, nicht erst in Krisenzeiten umzuverteilen, sondern schon dann, wenn in Staaten mehr als 100 Prozent des »Fair Shares« ankommen. Staaten, die dies verweigern, sollten EU-Subventionen gestrichen werden. Auch dies fand im Europäischen Rat keine Mehrheit.

Bis zum Herbst 2014 hatte auch Deutschland zu den Staaten gehört, die jeden Vorstoß in Richtung Lastenausgleich verhinderten. So lange nämlich funktionierte das Dublin-System halbwegs, und nur wenige Flüchtlinge gelangten bis ins Zentrum der EU. Danach aber winkte vor allem Italien immer mehr Flüchtlinge durch, die dann etwa in Deutschland Asylanträge stellten. Seither wäre Deutschland einer der Profiteure eines Umverteilmechanismus – und war, oh Wunder, plötzlich für eine Dublin-Reform: »So wie die Lage jetzt ist, kann sie nicht weitergehen«,[14] sagte der damalige deutsche Innenminister Thomas de Maizière (CDU) im Oktober 2014. Er forderte eine Quotenregelung. Die Aussage seines Vorgängers Friedrich, Dublin habe sich »bewährt«, galt nur so lange, wie es Deutschland in den Kram passte.

Orbáns große Stunde

Doch als die Deutschen sich umentschieden hatten, war der Zug schon abgefahren. In der Zwischenzeit hatten die osteuropäischen Staaten begonnen, eine Front gegen die EU zu bilden. Sie lehnten bereits damals alles ab, was ihnen mehr Flüchtlinge beschert hätte. Der ungarische Ministerpräsident Viktor Orbán machte dies zum zentralen Punkt seiner Politik. Brüssel wolle Ungarn zwingen, Muslime aufzunehmen, und so seine christliche Kultur zerstören – von dieser Behauptung lebt er bis heute. Ebenso wie Salvini gewann er vor allem durch die Angriffe auf die Migrationspolitik Brüssels Statur. Doch während Italien geschlossene Grenzen und einen Verteilmechanismus will, will Orbán geschlossene Grenzen und *keinen* Verteilmechanismus. Damit wurde er zum Wortführer der Visegrád-Gruppe, zu der neben Ungarn auch Polen, Tschechien und die Slowakei gehören. So setzen die Rechten die EU unter Druck – bis heute.

Im Frühjahr 2015 erreichte der Streit um die Umverteilung auf einem vorläufigen Höhepunkt. Über 137 000[15] Menschen waren im ersten Halbjahr irregulär in die EU eingereist – mehr als je zuvor im gleichen Zeitraum. Vor allem die Länder an den Außengrenzen drängten auf eine Reform des Dublin-Systems. Zwar einigten sich die Mitgliedstaaten am 26. Juni auf eine Quote zur Verteilung von Asylsuchenden. Doch diese sollte nur auf freiwilliger Basis gelten – und auf insgesamt 60 000 Menschen beschränkt bleiben. Die Dublin-Regelung blieb in Kraft.

Der belgische Ministerpräsident Charles Michel sagte nach den Verhandlungen, er habe »ein für Europa unwürdiges Spektakel erlebt«.[16] Vor allem osteuropäische und baltische Staaten, aber auch Großbritannien hatten sich gegen eine für alle verbindliche Quote gewehrt. Orbán hingegen sagte, man dürfe »weder der Versuchung schöner Worte erliegen, noch dem Mitgefühl«.[17] Er lehnte nicht nur die Umverteilung ab, sondern setzte auch die Dublin-Richtlinie in Ungarn »auf unbestimmte Zeit« aus. Zu erwarten sei derzeit »keine Flüchtlingswelle, sondern eine Völkerwanderung«[18], begründete er seinen Schritt. Sein Land sei nicht bereit, Flüchtlinge aufzunehmen, die in Griechenland EU-Boden betreten hätten: »Ungarn grenzt nicht an Syrien. In Griechenland sind die Flüchtlinge bereits in Sicherheit.«[19]

Weil die Ankunftszahlen vor allem in Griechenland den Sommer über weiter stark anstiegen, beschloss die EU im September 2015 eine Verdoppelung der Quote: 120 000[20] Menschen sollten in den folgenden zwei Jahren aus Italien und Griechenland umverteilt werden. Orbán warf der deutschen Bundeskanzlerin Angela Merkel (CDU), die er für die treibende Kraft hinter dem Beschluss hielt, daraufhin »moralischen Imperialismus«[21] vor. Doch vermutlich kam ihm die Entscheidung sehr gelegen. Denn so vermochte er sich endgültig als Anführer einer osteuropäischen Front gegen Brüssel aufzustellen. Ungarn sollte 1294 Schutzbedürftige aufnehmen, die Slowakei 902. Beide Länder sowie Tschechien und Rumänien (die 2691 beziehungsweise 4180 Menschen aufnehmen sollten) stimmten gegen den Beschluss. Polens liberal-konservative Regierung trug ihn zwar mit, wurde aber wenige Wochen später abgewählt. Der slowakische Regierungschef Robert Fico sprach von einem »Diktat«,[22] Tschechiens Staatschef Miloš Zeman von einem »Fehler«.[23] Orbán behauptete später, die EU-Kommission und der Europäische Rat hätten sich mit dem Beschluss dem »Soros-Plan angeschlossen«[24] *(siehe Kapitel Verschwörungstheorien)*.

Im Dezember 2015 reichten die Slowakei und Ungarn Klage vor dem Europäischen Gerichtshof ein. Gabor Kaleta, der Sprecher von Ungarns Justizministerium, sagte: »Es genügt nicht zu protestieren, es muss gehandelt werden.«[25] Seine Regierung schaltete in überregionalen Tageszeitungen ganzseitige Anzeigen, in denen auf schwarzem Hintergrund stand: »Die Quote erhöht die Terrorbedrohung.«[26] Flüchtlinge wurden als Bedrohung der inneren Sicherheit dargestellt: »Wir wissen nicht, wer sie sind und was ihre Absichten sind«, hieß es, und »Wir wissen nicht, wie viele versteckte Terroristen unter ihnen sind«.[27]

Im September 2017 wies der EuGH die Klagen der Slowakei und Ungarns ab. Beide Länder müssten Flüchtlinge aus Griechenland und Italien aufnehmen. Der EU-Beschluss sei rechtmäßig und verbindlich, eine Umverteilung als vorübergehende Maßnahme sei zulässig, um Griechenland und Italien zu entlasten. Ungarn, Polen und Tschechien weigerten sich trotzdem, den Beschluss umzusetzen. Drei Monate später verklagte die EU-Kommission sie deshalb per Vertragsverletzungsverfahren beim Europäischen Gerichtshof. »Ich habe viel versucht, die drei Mitgliedstaaten davon zu überzeugen, zumindest ein bisschen Solidarität zu zeigen«,[28] sagte der für Migrationsfragen zuständige EU-Kommissar Dimitris Avramopoulos. »Zu meinem Bedauern musste ich den nächsten Schritt tun.«[29]. Die Visegrád-Gruppe blieb unbeeindruckt. »Nichts wird geändert«,[30] sagte der polnische Außenminister Witold Waszczykowski. Ungarns Außenminister Péter Szijjártó erklärte im Europaparlament: »Kein Druck wird uns dazu bringen, in der Migrationspolitik nachzugeben.«[31]

Bis Juli 2019 nahmen Polen und Ungarn keinen einzigen Flüchtling über den Mechanismus auf, Tschechien 12, die Slowakei 16.[32] Die EU war an der Migrationsfrage grandios gescheitert.

Zu lange hatte sie nach dem Willen Deutschlands, Frankreichs und Großbritanniens am Dublin-System festgehalten. Zu zaghaft und vor allem viel zu spät kamen Korrekturen.

Für die 120 000 Flüchtlinge, die umverteilt werden sollten, sagten die EU-Staaten nur 98 225[33] Aufnahmeplätze zu – nahmen aber bis zum Ende der Frist im Oktober 2018 gerade einmal 34 705[34] Menschen aus Italien und Griechenland tatsächlich auf. Es war nur knapp ein Viertel dessen, was beschlossen worden war. Die Kommission vermochte dieser Verweigerung nichts entgegenzusetzen. Den politischen Schaden hatte sie trotzdem: Die italienische Lega konnte weiter behaupten, Brüssel lasse das Land allein – und Orbán, Brüssel wolle Ungarn muslimische Flüchtlinge aufzwingen.

Dem steht die Tatsache entgegen, dass die Flüchtlingszahlen seit 2016 durch die stetig ausgebaute Abschottung der Außengrenzen immer weiter zurückgehen. Das schwächt Orbáns zentrales politisches Angebot: den Schutz vor der angeblichen Masseneinwanderung. Umso wichtiger ist da die Dämonisierung Brüssels mit der Behauptung, die Kommission würde genau diese wieder in Gang bringen, wenn er sie nicht daran hindere. Andere Rechtsparteien teilen diese Linie: »Das angestrebte Gemeinsame Europäische Asylsystem lehnen wir mit Nachdruck ab«,[35] heißt es im EU-Wahlprogramm etwa der AfD. Aufnahmequoten weist die Partei als einen »schweren Eingriff in die nationale Souveränität«[36] zurück. Und auch die »Resettlement« genannte Umsiedlung von Schutzbedürftigen aus Drittstaaten stoße auf »unseren entschlossenen Widerstand«.[37]

Die Zukunft des Asyls: Freiwillige Aufnahme im Mikro-Maß

Das klingt eindeutiger, als es ist. Denn gerade beim letzten Punkt könnten sich schon in naher Zukunft gewisse Parallelen zwischen den Plänen des konservativen und des rechten Lagers herauskristallisieren. Tatsächlich verfolgen beide mittlerweile ein recht ähnliches Ziel: geschlossene Grenzen, Aufnahme und Schutz nur noch für wenige, handverlesene Flüchtlinge. »Vulnerabilität«, Verletzlichkeit, ist das humanitäre Zauberwort, das den höchst restriktiven Charakter dieses Ansatzes der freiwilligen Aufnahme verschleiert.

Im Juli 2018 erklärte Dänemarks damaliger Regierungschef Lars Løkke Rasmussen, man sollte abgewiesene AsylbewerberInnen an einem »nicht sonderlich attraktiven«[38] Ort in Europa außerhalb Dänemarks unterbringen. Auch die damalige AfD-Vorsitzende Frauke Petry hatte 2016 vorgeschlagen, abgelehnte AsylbewerberInnen nach australischem Vorbild »auf zwei von der UN geschützte Inseln außerhalb Europas«[39] zu schicken.

Noch viel verlockender aber scheint den PopulistInnen die Vorstellung, Flüchtlinge schon lange vor einer möglichen Ablehnung außerhalb Europas einzuquartieren. Rasmussen sagte, idealerweise müssten Asylanträge außerhalb Europas gestellt – und die Einreise erst nach Bewilligung erlaubt werden. Genau so sah es auch Österreichs damaliger FPÖ-Innenminister Herbert Kickl. Er wollte die Möglichkeit, auf dem Boden der EU Asyl zu beantragen, praktisch abschaffen. Asylanträge sollten in Flüchtlingslagern »von außerhalb der Europäischen Union gestellt werden«[40] – »das wäre eine Vision«, fand Kickl. In diesen Lagern solle »eine Art fliegender Kommission«[41] jene Flüchtlinge auswählen, die am schutzbedürftigsten seien. Er sehe darin keinen Widerspruch zur Genfer Flüchtlingskonvention: »Ich kann nirgendwo diesem Text entnehmen, dass Europa auch zuständig sein muss für die Asylanträge von Menschen, die aus Regionen kommen, die tausende Kilometer von uns entfernt sind.«[42] Letztlich könne man nicht weltweit »jeden Verfolgten retten«,[43] und auch angesichts der Bevölkerungsentwicklung Afrikas werde man dann »immer vor der Frage stehen: Wen nehmen wir?«.[44]

Kickl musste im Sommer 2019 nach dem Ibiza-Skandal seinen Posten räumen. Aber das dänisch-österreichische Gedankenspiel war inzwischen weit in den politischen Mainstream vorgedrungen. Den überraschenden Wahlsieg der dänischen SozialdemokratInnen im Juni 2019 erklärte der ehemalige deutsche SPD-Außenminister Sigmar Gabriel damit, dass seine dänische GenossInnen die Ideen ihres rechten Konkurrenten Rasmussen zur Auslagerung des gesamten Asylverfahrens aus der EU heraus abgekupfert hätten. Im Unterschied zur deutschen Schwesterpartei habe sich die dänische Sozialdemokratie »konsequent den Herausforderungen der MigrantInnen gestellt« und wolle die Asylverfahren »überhaupt nicht in Europa durchführen, sondern nach Möglichkeit bereits unter Beteiligung der Vereinten Nationen in sicheren Zentren außerhalb Europas«.[45]

Gabriel wies zu Recht darauf hin, dass die Idee schon 2004 von dem damaligen deutschen SPD-Innenminister Otto Schily aufgebracht worden – und seither nie ganz aus der politischen Debatte verschwunden war. Über bloße Gedankenspiele kam sie vor allem deshalb nicht hinaus, weil erstens kein afrikanischer Staat solche »Zentren außerhalb Europas« bei sich haben wollte und zweitens auch der UNHCR, der diese wohl betreiben müsste, sie ablehnte. »Das ist ganz sicher keine schnelle Lösung. Es wäre ein sehr weiter Weg, bevor Kooperationen möglich sind, die im Einklang mit internationalem Recht stehen«,[46] sagte der damalige Direktor des europäischen UNHCR-Büros Vincent Cochetel 2015.

Doch weil seit 2016 immer weniger Flüchtlinge kommen, kann sich der UNHCR mittlerweile die Beteiligung an solchen Asyl-Lagern wohl durchaus vorstellen, auch wenn noch kein Standort dafür in Sicht ist. Das Resettlement genannte Programm zur Umsiedlung gibt es schon lange. Doch bis heute ist es lediglich eine Ergänzung zum individuellen Zugang zum Asyl. Genau den aber betrachtet die EU in erster Linie als ordnungspolitisches Phänomen »irregulärer Einreise« – und die soll erklärtermaßen konsequent unterbunden werden.[47] Als humanitären Ausgleich favorisiert die EU ebenso wie etwa der deutsche Bundesinnenminister Horst Seehofer die freiwillige Aufnahme per Resettlement.[48] Grenzen zu, Flüchtlinge in Lager in den Transitstaaten, dort trifft der UNHCR eine Vorauswahl, danach filtern die europäischen Beamten noch einmal – mit einem solchen Modell höchst selektiver Aufnahme könnten sich Rechte und Konservative gleichermaßen anfreunden.

Nach aller Erfahrung findet die freiwillige Aufnahme jedoch nur in mikroskopischen Dosen statt. Noch nie, auch nicht vor 2010, als praktisch keine Flüchtlinge nach Zentraleuropa kamen, gab es die Bereitschaft, in nennenswertem Umfang Kontingente bereitzustellen. Das ist heute nicht anders. Ganze 55 860[49] Flüchtlinge konnte der UNHCR 2018 weltweit per Resettlement unterbringen – nicht einmal 0,1 Prozent der fast 66 Millionen Flüchtlinge auf der ganzen Welt. Wenn dieses Modell an Stelle der individuellen Schutzsuche trifft, gehen die allermeisten Flüchtlinge auf der Welt leer aus.

Genau darauf läuft es hinaus. Immer eindeutiger wird die freiwillige Aufnahme gegen den individuelle Schutzanspruch ausgespielt. Dies zeigte sich etwa, als Italiens Innenminister Salvini Ende April 2019 Flüchtlinge aus Libyen nach Italien evakuieren ließ. »Sie fliehen vor dem Krieg mit einem vom Innenministerium organisierten humanitären Korridor, denn so kommt man nach Italien, nicht mit Booten oder Schiffen oder Menschenhändlern. Es ist ein Beweis dafür, dass die Türen Italiens weit offen sind für Frauen, Kinder und Jugendliche, die wirklich dem Krieg entkommen sind.«[50]

Misstrauen gegen Frontex

Ein solches Szenario würde erfordern, die Außengrenzen tatsächlich zu schließen. Die EU und die konservativen Parteien setzen dabei vor allem auf die EU-Grenzschutzagentur Frontex. Die soll von derzeit 1500 eigenen BeamtInnen bis 2027 auf 10 000 ausgebaut werden. Frontex soll eigene Ausrüstung wie Schiffe oder

Flugzeuge anschaffen können, statt auf Ressourcen der EU-Staaten angewiesen zu sein.

Die Rechtsparteien allerdings trauen der Agentur nicht. Für sie hat Frontex in den letzten Jahren versagt – schließlich, so ihre Lesart, haben es über 1,5 Millionen Flüchtlinge in die EU geschafft, die nicht hätten kommen dürfen. Jordan Bardella, Spitzenkandidat des Rassemblement National, nannte die Grenzschutzbehörde bei einem Wahlkampfauftritt »Empfangsdame für Migranten«.[51] Auch die AfD schreibt, die Frontex-Praxis, auf See aufgegriffene Menschen in die EU weiterzutransportieren »und damit Hilfsdienste für Schleuser zu verrichten, ist absurd und verkehrt den Zweck einer Agentur für Grenzschutz in sein Gegenteil«.[52]

Die Rechten wollen deshalb keine EU-Supra-Grenzpolizei, sondern setzen auf europaweit koordinierte, nationale Abschottung, die in der Summe eine »Festung Europa«, wie es AfD-Chef Jörg Meuthen nennt, schaffen soll.[53] Die EU habe sich auf Hilfe bei Abschiebungen »sowie bei Verhandlungen über Rückführungsabkommen mit den Herkunftsstaaten zu beschränken.[54] Für die Sicherung der Außengrenzen seien in erster Linie die betroffenen Staaten national selbst zuständig, »wie dies von Ungarn beispielhaft vorgelebt wird«.

EU-Freizügigkeit

Die FPÖ rief 2015 als politisches Ziel eine »Negativzuwanderung« aus – also mehr Aus- als Einwanderer.[55] Eine weitere FPÖ-Wortneuschöpfung sind die sogenannten »Gastarbeitslosen«. Damit bezeichnet sie ArbeitsmigrantInnen, die ihren Job verloren haben. »Wenn Ausländer länger als eine gewisse Zeit hier ohne Beschäftigung sind und damit aus Gastarbeitern Gastarbeitslose werden, dann sollte man sie in ihre Herkunftsländer zurückschicken«, forderte der damalige FPÖ-Generalsekretär Herbert Kickl

2016.[56] Die AfD schaute sich diese Politik der Freiheitlichen ab. In ihrem Wahlprogramm 2017 forderte die Partei für Asylbewerber eine »Minuszuwanderung von über 200 000 Personen pro Jahr«.[57]

Im Mai 2018 stellte FPÖ-Chef Strache, damals bereits Vizekanzler, die Personenfreizügigkeit infrage – einen der Grundpfeiler der EU: »Wenn ich erkenne, dass das den Ländern in Osteuropa zum Teil nicht dienlich ist, zum Teil aber auch bei uns dazu führt, dass ein Verdrängungsprozess stattfindet – wenn Menschen, die gut qualifiziert sind und zu viel verdienen, in die Arbeitslosigkeit gedrängt werden, weil sie von günstigeren Arbeitskräften ersetzt werden – dann sind das Bereiche, wo man darüber diskutieren muss: Ist das eine g'scheite Regelung oder sollte man nicht darüber nachdenken, hier zumindest zum Teil regulierende Lösungen zu finden, wie man das im Interesse aller besser macht?«, erklärte er bei einer Veranstaltung im EU-Haus in Wien.[58] Eine Woche später und nach massiver Kritik der EU-Kommission behauptete Strache, er habe die Personenfreizügigkeit nie infrage gestellt, er sei lediglich gegen Denkverbote.[59]

In Hochlohnstaaten wollen die rechten Parteien wie AfD und FPÖ die Entsendung niedrig entlohnter ausländischer Arbeitskräfte unterbinden, was auch das Ziel der 2018 beschlossenen Reform der EU-Entsenderichtlinie ist. Die Niedriglohnstaaten sehen darin jedoch teils eine Gefahr für ihren Wettbewerbsvorteil. Ungarns EU-Emissär Tibor Stelbaczkys etwa nannte die Reform, nach der unter anderem LKW-FahrerInnen zu gleichen Bedingungen wie ihre KollegInnen im Einsatzland arbeiten sollen, »eindeutig protektionistisch«.[60] Polen und Ungarn klagten.[61]

Zudem beschloss Österreich eine sogenannte Indexierung der Familienbeihilfe. Damit sollen ausländische Familien, deren Kinder in der Heimat leben, das Kindergeld nur noch angepasst an die dort üblichen Lebenshaltungskosten bekommen. Dies hat deutliche Kürzungen zum Beispiel für ungarische und slowakische Familien zur Folge. Die Maßnahme verstößt nach Auffassung der EU-Kommission gegen europäisches Recht. Sie leitete im Januar 2019 ein Vertragsverletzungsverfahren gegen Öster-reich ein. Die AfD hingegen applaudierte. »Die Bundesregierung muss sich an Österreichs Seite stellen, um Kindergeldtourismus zu stoppen«,[62] sagte Bundessprecher Jörg Meuthen.

Von außerhalb der EU wollen Lega, FPÖ, Rassemblement National, AfD und fast alle anderen rechten Parteien, wenn überhaupt, nur wenige ausgewählte Fachkräfte auf die nationalen Arbeitsmärkte lassen. Zwar erkennen die meisten Parteien an, dass qualifizierte Zuwanderung in gewissem Ausmaß erforderlich sein könnte, warnen aber vor Lohndumping. In Polen sieht man das allerdings anders. Hier fehlen Hunderttausende Arbeitskräfte, im Jahr 2030 könnten es nach verschiedenen Studien rund vier Millionen[63] sein. Dabei hat die rechtspopulistische PiS-Regierung allein 2017 insgesamt 597 000[64] Arbeitserlaubnisse an BürgerInnen von Nicht-EU-Staaten erteilt – das waren fast 60 Prozent[65] sämtlicher in dem Jahr EU-weit erteilten Arbeitserlaubnisse. Die meisten Visa gingen an UkrainerInnen, rund eine Million befinden sich im Land. Doch weil diese nun oft nach Westeuropa weiterziehen, hat das Arbeitsministerium in Warschau begonnen, ArbeiterInnen von den Philippinen anzuwerben. Der stellvertretende Arbeitsminister Stanisław Szwed verwies auf die »kulturelle Nähe«[66] beider Länder – »insbesondere durch die katholische Konfession«. Auch mit Vietnam und Nepal sind Anwerbeabkommen in Arbeit.

Der »Beschützer für ganz Europa«

Die, die von dem Versprechen leben, Europa zu schließen, versammeln sich im Mai 2019 auf einer Bühne vor dem Mailänder Dom. Fast die gesamte Führungsspitze von Europas Rechtsparteien ist an diesem Tag gekommen und empfiehlt Matteo Salvini, den »Beschützer für ganz Europa«,[67] als neuen Präsidenten der EU-Kommission. Davon freilich ist Salvini an diesem Tag weit entfernt. Und trotzdem: Die nach dem Brexit drittgrößte Volkswirtschaft der EU wird von einem Populisten mitregiert, der die Union ungefähr so sehr verachtet wie die MigrantInnen, die über das Meer kommen.

Die Rechten haben es vermocht, Migration zu dämonisieren und damit ihr zentrales Versprechen – Zuwanderungsstopp – für viele Menschen attraktiv zu machen. So weit ist es gekommen, weil der Rest der EU die Pro-EuropäerInnen in Italien verraten und dadurch geschwächt hat. Das Vertrauen, das nötig gewesen wäre, um Europa enger zusammenzubringen, hätte auf dem Feld der Migration durch kollektive Lastenteilung erarbeitet werden müssen. Der Preis wäre überschaubar gewesen. Das Gegenteil ist geschehen. Den Rechten hat das Macht gegeben. Sie haben heute eine Situation geschaffen, in der sie ihre Auffassung, dass MigrantInnen eher sterben sollen als dass sie unerlaubt diesen Kontinent erreichen, umsetzen können. Paradoxerweise sind sie gleichzeitig auf ebendiese MigrantInnen angewiesen. Nur so bleibt ihr Versprechen greifbar und konkret. Für ihr Projekt einer antiliberalen, renationalisierten politischen Ordnung ist das Migrationsthema auch strategisch von großem Wert. Denn auf diesem Feld vermögen die Rechten die EU heute in einer der für sie wichtigsten Frage zu blockieren, dauerhaft bloßzustellen und zu schwächen. Die ist daran auch selbst schuld. Deutschland hat dabei eine tragende Rolle gespielt.

Gender: Auf dem Kreuzzug

Luftballons in Blau und Rosa wehen über den Köpfen der Menschen, Kreuze ragen vereinzelt in den Himmel. Tausende haben sich bei strahlendem Sonnenschein an einem Sonntag im März 2019 in der norditalienischen Stadt Verona zu einem »Marsch für die Familie« versammelt. Es ist die Abschlussveranstaltung des World Congress of Families, der sich für die »natürliche Familie« aus Mann, Frau und möglichst vielen Kindern stark macht. Auf ein Plakat, das ein Mann trägt, ist ein Herz gemalt, in dem zwei goldene Eheringe ineinander verschränkt sind. Priester in schwarzen Gewändern und Nonnen sind gekommen, und vor allem Paare, viele mit Babys und kleinen Kindern.

Doch der World Congress of Families ist nicht so harmlos, wie Luftballons und Herzplakate vermuten lassen: Er ist das größte Treffen der globalen Gemeinde sogenannter LebensschützerInnen, das jährlich Station an einem anderen Ort macht. Seine Mission für die »natürliche Ehe und Familie« bedeutet zugleich beharrliche Lobbyarbeit gegen die Ehe für alle, gegen Schwangerschaftsabbrüche und gegen reproduktive Rechte von Frauen und Lesben, Schwulen, Bi-, Trans- und Intersexuellen (LSBTI).

TeilnehmerInnen des Kongresses forderten in den vergangenen Jahren Gefängnisstrafen für Frauen, die Abtreibungen haben, und verglichen Homosexualität mit Seuchen und Homosexuelle mit der islamistischen Terrorgruppe Boko Haram[1]. In Verona, sagt der US-amerikanische Kongressgründer Allan Carlson, seien an diesem sonnigen Tag die Gleichgesinnten zusammengekommen, um ihr Weltbild gegen ihre »Feinde«[2] zu verteidigen. Gegen die gelte es, einen »Krieg«[3] zu gewinnen.

Zum ersten Mal fand der Kongress 1997 statt. Beheimatet ist er in der US-amerikanischen religiösen Rechten, veranstaltet wird er von der International Organization for the Family mit Sitz im US-Bundesstaat Illinois und in Washington D.C. Sein globales Netzwerk wächst. Längst reichen die Verbindungen der Erzkonservativen hin zu russischen OligarchInnen, in den Vatikan und nach Europa. Neben rund 1000 Evangelikalen und KatholikInnen aus Brasilien, Nigeria oder Russland,[4] neben hochrangigen WürdenträgerInnen, VertreterInnen privater Organisationen und des Adels nehmen wie schon in den vergangenen Jahren auch in Verona VertreterInnen rechter Parteien am Kongress teil. Und nicht nur das: Der als christlich-fundamentalistisch geltende italienische Familienminister der Regierungspartei Lega, Lorenzo Fontana, ist Schirmherr des Kongresses.

Zwei Monate nach dem World Congress of Families fand im Mai 2019 die Europawahl statt. Schon der Titel des Kongresses ist eine Kampfansage an die Werte der Europäischen Union: »The Wind of Change: Europe and the global Pro-Life Movement«. Auch Mitglieder des Europäischen Parlaments sind als RednerInnen nach Verona geladen – zunächst sogar der damalige italienische Präsident des EU-Parlaments und Weggefährte Silvio Berlusconis, Antonio Tajani, der sich in der Vergangenheit bereits dezidiert gegen Schwangerschaftsabbrüche und die Ehe für alle ausgesprochen hat. Doch nach Protesten in EU-Parlament und Zivilgesellschaft verschwand Tajani kommentarlos wieder von der RednerInnenliste.

Andere Mitglieder des Parlaments sind jedoch vor Ort: der Franzose Nicolas Bay etwa, Generalsekretär der französischen Partei Rassemblement National und heute neben Jörg Meuthen Vizefraktionschef der ID-Fraktion im EU-Parlament, und Elisabetta Gardini von der italienischen rechtskonservativen Forza Italia, zudem weitere RegierungsvertreterInnen wie die ungarische Fidesz-Familienministerin Katalin Novák oder Vertreter der polnischen PiS. Auch der Dresdner AfD-Politiker Maximilian

Krah ist gekommen, heute ebenfalls Mitglied des EU-Parlaments. Aus Verona twittert er stolz ein Foto von sich und dem italienischen Lega-Chef und Innenminister Matteo Salvini.

Denn gleich, ob es um Mutterrolle oder Familienbild, um Sexual- oder Gleichstellungspolitik geht – die Rechten verfolgen eine strikt antifeministische Agenda. Positionen von völkisch-nationalistischen PolitikerInnen und der sogenannten Lebensschutzbewegung zu Körperpolitik und Religion gehen häufig Hand in Hand. Sie fordern: keine Einwanderung, vor allem keine muslimische, um den christlichen Glauben nicht zu gefährden; die Beschneidung der Rechte von LSBTI; und den Zugriff auf den weiblichen Körper, um dem Land Kinder zu schenken und es wehrhaft zu machen.

Der Kampf gegen »Gender-Gaga«

Diese Art Antifeminismus hat nicht nur konkrete Konsequenzen für Frauen und LSBTI, sondern zugleich eine Wirkung, die darüber hinausgeht: Sie schafft ein Scharnier zwischen verschiedenen gesellschaftlichen Milieus. Anfeindungen gegen alle, die konservative Geschlechter- und Familienmodelle hinterfragen, wurden neben den Forderungen, Migration zu beschränken oder unmöglich zu machen, in den vergangenen Jahren zu einem unverzichtbaren Teil der rechten politischen Agenda. Als Kampfbegriffe haben »Gender-Gaga« oder »Gender-Ideologie« Eingang in den Diskurs gefunden – und nicht nur in den rechten, sondern auch und gerade in den konservativen Mainstream.

Denn Antifeminismus und Anti-Gender machen rechte Positionen gesellschaftsfähig, wie etwa die Schweizer Genderforscherin Franziska Schutzbach schreibt: Sie seien zum Katalysator geworden, mit dem rechte Weltanschauungen und Positionen anschlussfähig werden und zum Teil bis in die Mitte der Gesellschaft vordringen.[5] »So verschieden die inhaltlichen Positionen sein mögen, beim Feindbild Feminismus oder Gender kann man sich offenbar verständigen«, so Schutzbach.[6]

Warum das so ist, erklärt etwa die ungarische Genderforscherin Andrea Petö. Erstens, so Petö, sei das Thema Gender in der Lage, die Gefühle von Menschen anzusprechen[7]. »Gender-Ideologie« werde als Bedrohung konstruiert – als ob sie eine totalitäre Weltsicht sei. Und zweitens werde für ein breites Publikum eine Übereinkunft geschaffen, was entgegen der Perspektive der »Ideologen« gesellschaftlich normal und legitim sei: nämlich die sogenannte traditionelle Ehe und Familie sowie der positive Bezug auf Heimat, Nation und religiöse Werte.

Dabei propagieren rechte Parteien auch ein aus ihrer Sicht traditionelles Männerbild. Der europäische Mann müsse wehrhaft sein, wird behauptet, um sich gegenüber den vielen jungen und starken MigrantInnen durchsetzen zu können[8]. Der derzeitige Vorsitzende der AfD-Fraktion im Thüringer Landtag und Landessprecher der AfD Thüringen, Björn Höcke, formuliert das so: »Das große Problem ist, dass Deutschland, dass Europa ihre Männlichkeit verloren haben. Ich sage: Wir müssen unsere Männlichkeit wiederentdecken. Denn nur, wenn wir unsere Männlichkeit wiederentdecken, werden wir mannhaft. Und nur, wenn wir mannhaft werden, werden wir wehrhaft.«[9]

Ein Vorteil für die Rechten: Wer Feminismus oder progressive Geschlechterrollen ablehnt oder entwertet – anders als etwa NationalistInnen oder RassistInnen –, erscheint nicht auf Anhieb eindeutig rechts. Dabei hat es Petö zufolge einen ähnlichen Effekt, auch auf dieser Ebene pauschale Feindbilder zu konstruieren: die »Delegitimierung von demokratischen Grundprämissen wie Egalität, Inklusion, Menschenrechten, Minderheitenschutz und Antidiskriminierung«[10]. Die Angriffe auf genderpolitische Errungenschaften sind dabei nicht nur Teil eines jahrhundertealten Antifeminismus, sondern zugleich »ein grundlegend neues Phänomen«, so Petö. »Sie sind ein Angriff auf den Liberalismus und damit indirekt auf die Demokratie.«[11]

In den vergangenen Jahren haben Attacken unter anderem auf emanzipatorische Rechte von Frauen und LSBTI, auf Feminismus, auf Sexualaufklärung, die von GegnerInnen gern als »Frühsexualisierung« gebrandmarkt wird, oder auch gegen das Studienfach Gender Studies stark zugenommen. Der Kampf gegen die Gender Studies etwa ist in Ungarn weit fortgeschritten und machte im August 2018 Schlagzeilen. Nach jahrelangen Kampagnen gegen das Studienfach schaffte die dortige Regierung es schließlich ganz ab. Die ungarische Regierungspartei Fidesz sei überzeugt, Geschlecht sei biologischer Natur und kein gesellschaftliches Konstrukt – deswegen dürfe man darüber auch nicht reden oder lehren, sagte Kanzleramtschef Gergely Gulyás.[12]

In welche Richtung sich Familienpolitik in Ungarn entwickelt, kann bildlich illustriert werden: Im November 2018 enthüllte Familienministerin Novák ein Denkmal. Es ist die Bronzefigur einer jungen Frau, die von Glück erfüllt auf zwei kleine Kinder blickt. Der Junge hält ein Auto in der Hand, das Mädchen hat die Haare artig zum Zopf gebunden. »Gewidmet denen, die kleine Kinder erziehen«[13], steht auf dem Monument. Der Muttermythos wird hochgehalten – einen Vater sucht man vergeblich.

Zwar ist Abtreibung in Ungarn bisher erlaubt, doch den »Schutz des Lebens von der Empfängnis an« hat Orbáns Fidesz-Partei seit 2012 in der Verfassung festgeschrieben.[14] Frauengruppen befürchten deshalb, es könne jederzeit zu Einschränkungen von Schwangerschaftsabbrüchen kommen.

In Polen will die PiS eines der ohnehin restriktivsten Abtreibungsgesetze Europas noch weiter verschärfen. Ein Schwangerschaftsabbruch ist in dem Land nur dann möglich, wenn das Leben der Mutter in Gefahr ist, sie vergewaltigt wurde oder das Kind eine schwere Behinderung haben würde. Für ungewollt schwangere Frauen bleibt nur, auf verbotene und gefährliche Abbrüche in Hinterzimmern auszuweichen oder ins Ausland zu fahren. 2017 hatten Polinnen 1061[15] legale, aber zwischen 80 000 und 200 000 illegale Abbrüche.[16]

Käme der Gesetzesentwurf durch, müssten Frauen auch Kinder austragen, die keine Überlebenschance haben. Diese Kinder könnten dann »getauft und beerdigt werden, und sie könnten einen Namen tragen«, sagte der PiS-Vorsitzende Jarosław Kaczyński.[17] Doch bisher wurden die Pläne wegen Protesten der Bevölkerung nicht umgesetzt – Massendemonstrationen von Frauen, die schwarz gekleidet durch die Straßen zogen, stoppten sie vorerst.

Anfang 2016 führte die PiS mit dem Programm »Familie 500+« zudem ein Kindergeld von etwa 125 Euro ab dem zweiten Kind ein – viel Geld in einem Land mit einem Durchschnittslohn von knapp 1000 Euro im Monat. Kritik gab es, weil das Gesetz vor allem Alleinerziehende mit nur einem Kind benachteilige, in der Mehrheit Frauen. Danach gefragt, was sie einer solchen alleinstehenden Mutter raten würde, sagte PiS-Sprecherin Beata Mazurek: »Ich würde sie ermutigen, ihre familiäre Situation zu stabilisieren und mehr Kinder zu bekommen, damit sie vom Programm profitieren kann.«[18]

Auch auf den Diskurs über reproduktive Rechte in Österreich und Deutschland hat die rechte Gegenreaktion Einfluss: Das FPÖ-Handbuch nennt die Gebärmutter den »Ort mit der höchsten Sterbewahrscheinlichkeit in unserem Land«[19], PolitikerInnen der Partei kämpfen gegen eine vermeintliche Abtreibungsindustrie. Und die AfD verknüpft das Thema gleich ganz offen mit Einwanderung. Im Programm fordert sie »mehr Kinder statt Masseneinwanderung«[20], im ARD-Mittagsmagazin wird die AfDlerin Christine Anderson deutlich: »Man benötigt mindestens 2,2 Kinder pro Frau, um das Volk aufrechterhalten zu können«, sagte sie. »Mit 1,4 funktioniert es halt nicht.«[21]

In Frankreich ist in den vergangenen Jahren eine Bewegung von GegnerInnen des aus den 1970er Jahren stammenden Abtreibungsrechts entstanden, darunter viele junge Menschen, die sich die »Überlebenden« nennen. Dort war zudem die Bewegung der La Manif pour tous stark, die in verschiedene weitere europäische Länder überschwappte – in Deutschland hieß der Ableger wörtlich übersetzt »Demo für alle«. Die »Überlebenden« und die La Manif pour tous kämpfen gegen die Sexualaufklärung in Kindergärten und Schulen, gegen Rechte von homosexuellen Paaren und für die »natürliche« Ehe und Familie. »Alle zusammen für die Familie« und »Die Familie braucht dich« lauten die Slogans, die auf Plakaten der Demos getragen werden – genau wie beim World Congress of Families.

Wie sich Rechte und christlich-fundamentalistische Gruppen verbünden

Beim Kongress tun sich Rechte und christlich-fundamentalistische Gruppen zusammen: Die Rechten versuchen den Sprung ins bürgerliche Milieu, die FundamentalistInnen sichern sich über die Anbindung an institutionelle parlamentarische Politik Macht und Einfluss. Lange Jahre pflegte der Kongress Allianzen mit der rechten Politik eher still, und noch immer geben sich die OrganisatorInnen parteipolitisch flexibel: »Wer unsere Werte vertritt, ist uns willkommen«, sagte Kongresspräsident Brian Brown, ein ehemaliger Quäker, der zum katholischen Christentum konvertiert ist, 2018.[22]

Doch seit einigen Jahren geht der Kongress in die Offensive und sucht unverhohlen die Nähe zu rechten Regierungen in Europa. »Durch den Rechtsruck in Europa sehen sich die OrganisatorInnen im Aufwind«[23], sagt Neil Datta vom Europäischen Parlamentarischen Forum für Bevölkerung und Entwicklung, einem Netzwerk von ParlamentarierInnen, das sich mit reproduktiven Rechten beschäftigt.

Ein entscheidender Schritt auf diesem Weg war im Mai 2017 der World Congress of Families in Budapest. Zwar fanden auch zuvor schon Kongresse in europäischen Städten statt – doch nie zuvor war die Verflechtung zur Regierung so eng wie in Ungarn. Denn Viktor Orbáns Fidesz-Regierung war nicht nur Gastgeber, sondern sponserte den Kongress, und das ungarische Sozialministerium half, ihn zu organisieren. MinisterInnen der Partei hielten Ansprachen, Orbán persönlich die Eröffnungsrede.

Dabei positionierte sich Orbán als Verteidiger christlicher Werte – und rechtfertigte so seine Politik gegen Flüchtlinge und MigrantInnen. Er beschwor ein Untergangsszenario: 2015, sagte er, sei Europa »belagert« worden – von Hunderttausenden illegalen MigrantInnen, die über die Balkanroute gekommen waren. Nun, 2017, sei die Maschinerie, die diese Bewegung in Gang gehalten hätte, vorerst gestoppt: »Uns wurde ein wenig Zeit gegeben, unsere Politik zu reorganisieren.« Sein Plan, um das, wie er sagte, alte, schwache Europa gegen die jungen Einwanderer stark zu machen: »Die Geburtenrate erhöhen.«[24] Dafür führte Orbán unter anderem eine Gebärprämie ein: Je mehr Kinder eine Frau auf die Welt bringt, desto mehr Geld bekommt sie. Das Ziel der »Vereinbarung mit Ungarns Frauen« ist, die Geburtenrate von derzeit durchschnittlich knapp 1,5 Kindern pro Frau bis 2030 auf 2,1 zu steigern. Der »Aktionsplan zum Schutz der Familie« sollte noch im Sommer 2019 in Kraft treten und jeder ungarischen Frau unter 40 Jahren bei der ersten Eheschließung einen Kredit in Höhe von zehn Millionen Forint, umgerechnet gut 30 000 Euro gewähren. Nach der Geburt des ersten Kindes muss dieser drei Jahre nicht zurückgezahlt werden, nach dem zweiten Kind wird ein Drittel, nach dem dritten Kind der gesamte Kredit erlassen. Frauen, die noch mehr Kinder gebären, sollen nie wieder Einkommensteuer zahlen müssen.

Spätestens seit 2017, als Orbán Gastgeber des World Congress of Families war, zeigen rechte PolitikerInnen aus ganz Europa Präsenz beim Kongress. Da war, mehrfach, der Franzose Fabrice Sorlin, der 2007 als Kandidat für den Front National im südfranzösischen Pessac antrat. Zu jener Zeit war er auch Anführer von Dies Iræ, einer mittlerweile aufgelösten nationalistisch-katholischen Gruppe in Bordeaux, später Präsident der Alliance France-Europe Russie, einer Lobbyorganisation, die daran arbeitet, dass sich der russische Staat und die europäischen Rechte annähern. Heute lebt er in Moskau.

Auf dem Kongress in Budapest war auch Beatrix von Storch, Spitzenfrau der AfD, evangelische Christin und Bundestagsabgeordnete, die schon mal erklärte, Abtreibung sei »kein Menschenrecht«. Zu dieser Zeit war ihr Cousin Paul von Oldenburg Lobbyist der ultrakonservativen katholischen Organisation Tradition, Familie und Privateigentum (TFP). Als das polnische Parlament 2016 in erster Lesung für ein fast vollständiges Verbot von Abtreibungen stimmte, schrieb von Oldenburg: »Die TFP Polen war federführend an dieser Initiative beteiligt. Auf dem Weg zurück zu einer Kultur des Lebens.«[25] Weitere TeilnehmerInnen aus Deutschland waren Tobias Teuscher und seine Frau Maria Teuscher-Hildingsson – er während der vergangenen Legislaturperiode für die AfD im EU-Parlament tätig, sie Generalsekretärin der Föderation der katholischen Familienverbände in Europa und Mitglied des antifeministischen, europaweiten Netzwerks Agenda Europe.

Italien war das erste westeuropäische Land, das die Verbindungen zum Kongress ebenso eng pflegt wie Ungarn. Seit Juni 2018 regiert dort die populistische Koalition aus 5-Sterne-Bewegung und der rechten Lega. Einig war man sich, was den Kongress angeht, in dieser Koalition allerdings nicht: Während sich PolitikerInnen der 5-Sterne von der Veranstaltung distanzierten, hieß die Lega die sogenannten LebensschützerInnen mit offenen Armen willkommen. Unter anderem diesem Disput der Koalitionäre dürfte zu verdanken sein, dass das Büro des parteilosen italienischen Ministerpräsidenten Giuseppe Conte, das auf der Webseite des Kongresses zunächst als Schirmherr angekündigt war, zurückzog – Lega-Familienminister Fontana sprang ein. Und Innenminister Salvini posierte lächelnd mit dem Kongressvorsitzenden Brian Brown und dem Logo des Kongresses, einem stilisierten Mann in Blau und einer Frau in Rot, für die Kameras. Dass der Kongress ausgerechnet in Verona Station macht, muss dabei als strategischer Coup der sogenannten Pro-Life-Bewegung gesehen werden: Die Stadt hat sich als eine Art Labor für antifeministische Politik bewährt. Was hier funktioniert, so der Gedanke, kann exportiert werden.

Verona: Keimzelle der italienischen Rechten

Rückblende: Ein halbes Jahr, bevor die Menschen mit Luftballons und Herzplakaten durch Verona ziehen, tagt der veronesische Stadtrat im Palazzo Barbieri, der mit seinen neoklassischen Säulen an einen römischen Tempel erinnert. Antrag 434 steht auf der Tagesordnung: »Zur Verhinderung von Abtreibung und zur Unterstützung der Mutterschaft«. Eingebracht hat ihn Alberto Zelger, Stadtrat der Lega. Dass Abtreibungen in Italien legalisiert wurden, ist 40 Jahre her.

Von den Rängen des Saales aus verfolgen rund zwanzig Frauen die Sitzung. Sie tragen rote Umhänge und weiße Kopfbedeckungen. Es ist die Kluft der Frauen aus dem dystopischen Roman *Die Geschichte der Magd* der kanadischen Schriftstellerin Margaret Atwood. Der Roman zeigt eine Zukunft, in der Frauen als Gebärmaschinen versklavt werden. Seit diese Geschichte 2017 große Erfolge als Fernsehserie feierte, ist das Kostüm zum Symbol des Kampfs für Frauenrechte geworden und wird von AktivistInnen weltweit getragen.

Mit ihrer Aktion erregen die Aktivistinnen der Gruppe Non una di meno (Nicht eine weniger) Aufmerksamkeit in ganz Italien. Ein halbes Jahr später werden sie auch für die Proteste gegen den Kongress verantwortlich sein. Doch die Verabschiedung des Antrags zur Verhinderung von Abtreibung können sie nicht verhindern: Der Stadtrat nimmt ihn mit 21 zu 6 Stimmen an.

Dass das ausgerechnet in Verona passiert, ist kein Zufall. Die 250 000-Einwohner-Stadt in Norditalien nahe Venedig ist traditionell besonders eng mit der katholischen Kirche verbunden.

Und mit dem Faschismus: Mussolini wählte Verona 1943 für die Neugründung seiner Partei, in den 1970er und 1980er Jahren waren hier rechtsterroristische Gruppen zu Hause. Die venezianische Lega, Keimzelle der heutigen landesweiten Partei, hatte stets enge Beziehungen sowohl zur außerparlamentarischen extremen Rechten als auch zu katholischen TraditionalistInnen.

Nun, nach Verabschiedung des Antrags zur Verhinderung von Abtreibung im Oktober 2018, nennt sich Verona offiziell »Stadt für das Leben« – und stellt sich damit an die Spitze eines landesweiten Kreuzzugs gegen Schwangerschaftsabbrüche. In vielen Gegenden Italiens weigern sich ÄrztInnen aus Gewissensgründen ohnehin schon, Abtreibungen durchzuführen. Nach einer Studie des Gesundheitsministeriums sind es 70 Prozent aller ÄrztInnen, in einigen Regionen sogar um die 90 Prozent.[26] Verona geht nun den offiziellen Weg, um Abbrüche weiter zu erschweren.

Katholische Organisationen wie das Gemma Projekt, die Frauen daran hindern wollen, ihre Schwangerschaft abzubrechen, unterstützt die Stadt nun mit öffentlichen Geldern. Zudem wird ein regionales Projekt ins Leben gerufen, das ungewollt schwangere Frauen ermutigt, die Kinder auszutragen und zur Adoption freizugeben. Vor allem aber befürchten AktivistInnen und GynäkologInnen, dass auch die öffentlichen Krankenhäuser weiter unter Druck geraten, keine Abtreibungen mehr vorzunehmen.

»Abtreibung ist kein Recht, es ist ein abscheuliches Verbrechen« – so begründet der Lega-Stadtrat Zelger seinen Antrag. »Es bedeutet, ein Kind im Bauch der Mutter zu töten.«[27] Eine Position, die Italiens Familienminister Fontana teilt. Denn auch personell ist die Stadt eng mit der Landesregierung verwoben: Fontana, Vize-Chef der Lega und Trauzeuge von Innenminister Matteo Salvini, stammt aus Verona.

Ein Bild von einer »Demonstration für die Familie« in Verona aus dem Jahr 2015 zeigt Fontana zusammen mit dem Gründer der katholischen Organisation Christus Rex, die eng mit der neofaschistischen Forza Nuova verbunden ist.[28] Der Sohn des Gründers der Forza Nuova, Alessandro Fiore, wird beim World Congress of Families ebenfalls vor Ort sein.

Nach Veronas Vorstoß beschäftigt die Debatte über Schwangerschaftsabbrüche ganz Italien. Während Zehntausende Frauen demonstrieren, kopieren rechte PolitikerInnen in Rom, Mailand oder Ferrara den Anti-Abtreibungs-Antrag und versuchen, ihn in ihren Städten ebenfalls verabschieden zu lassen. Was in Verona funktioniert, funktioniert auch anderswo – zumindest dort, wo Rechte in Stadtparlamenten sitzen.

Oder in der Regierung in Rom. In seinem ersten Interview, nachdem er im Mai 2018 Familienminister wurde, sagte Fontana, eines seiner Hauptanliegen sei, die Geburtenrate in Italien zu erhöhen und den Kampf gegen Schwangerschaftsabbrüche zu verstärken: »Ich bin katholisch, ich glaube, dass die natürliche Familie aus Vater, Mutter und Kindern besteht.«[29] Er widmet dem Thema sogar ein ganzes Buch: *Die leere Wiege der Zivilisation. An den Ursprüngen der Krise* wurde beim sogenannten »Festival des Lebens« präsentiert, das im Februar 2018 in Verona stattfand, ein gutes Jahr vor dem Kongress, und das die Stadtverwaltung finanziell förderte.

Im März 2019 schließlich ernten Fontana und Salvini weitere Früchte ihres Engagements »für die Familie«. Der World Congress of Families zieht Tausende Gleichgesinnte in die Stadt. Bevor Fontana und Salvini am Samstag selbst sprechen, wird einer der Stargäste des Kongresses auf die Bühne gebeten: die deutsche Fürstin Gloria von Thurn und Taxis, seit Jahren in sogenannten Lebensschutz-Initiativen aktiv. Im September 2018 unterstützte sie etwa die deutsche »Demo für alle«.

Recherchen der New York Times zufolge[30] ist von Thurn und Taxis mit dem ehemaligen Breitbart-Chef und Ex-Trump-Strategen Stephen Bannon befreundet und will eine Sommerschule für rechte PopulistInnen auf ihrem Schloss in Regensburg einrichten. Ihr Gespräch mit dem Kongressvorsitzenden Brian Brown dauert rund eine Viertelstunde, ihre Botschaften sind ganz im Sinne des Kongresses. »Gegen die Familie aktiv zu sein und ein völlig neues Konzept zu promoten, geht gegen die Natur«, sagt sie. Man müsse die »falsche Ideologie« bekämpfen, die die Familie zerstöre, den natürlichen Nukleus des Menschen.[31]

Während die »german princess«[32], wie Brown sie nennt, noch auf der Bühne sitzt, sammeln sich rund einen Kilometer Luftlinie entfernt mehrere Zehntausend Menschen, um gegen Positionen wie die der Fürstin zu protestieren. Zum ersten Mal in der Geschichte des Kongresses hat dieser mit starken Protesten zu kämpfen – die italienische Zivilgesellschaft ist nicht bereit, den Kongress unwidersprochen hinzunehmen.

In der Nähe zünden Frauen rote und pinke Bengalos, die DemonstrantInnen gehen unter dem Motto »Verona Città Transfemminista« (Verona, transfeministische Stadt) auf die Straße. In Hörweite des herrschaftlichen Palasts werden Sprechchöre gegen Salvini laut, während dieser auf der Bühne spricht. Schon zuvor hatte er klare Worte gefunden: Zu Hause könne zwar jeder leben, wie er wolle, sagte er. Aber solange er lebe, werde er das »Recht jedes Kindes verteidigen, Vater und Mutter zu haben«.[33] Die wahre Gefahr für Frauen, sagt er, sei nicht, dass der Kongress deren Rechte einschränken wolle. »Die eigentliche Gefahr für Frauen sind islamistische Extremisten, für die Frauen weniger als nichts wert sind und die hierher nach Italien kommen wollen.«[34]

Heute führt Salvinis Vertrauter, Lega-Mann Marco Zanni, die PopulistInnen-Fraktion Identität und Demokratie *(siehe Kapitel Der mühsame Weg zum Rechtsblock)*. Bei einer Pressekonferenz nach der Europawahl lächelt Salvini in die Kameras. Er dankt der Jungfrau Maria, Italien den Wahlerfolg der Lega beschert zu haben, hält sekundenlang einen Rosenkranz mit einem kleinen Kreuz hoch und küsst es. »Ich bin stolz darauf«, sagt Salvini, »Teil der Wiedergeburt Europas zu sein.«[35]

Wirtschaft und Soziales:
Unser Geld für unsere Leute

Als die letzten DemonstrantInnen sich am Wiener Westbahn-
hof in Bewegung setzen, sind die ersten schon am Heldenplatz
vor der Hofburg angekommen, dem Ende der gut dreieinhalb
Kilometer langen Demonstrationsroute. Der Ibiza-Skandal ist
noch weit weg an diesem 30. Juni 2018. Und trotzdem hat die
Regierungskoalition aus ÖVP und FPÖ ein Problem: Rund
100 000 Menschen demonstrieren in der Wiener Innenstadt gegen sie, es ist der erste massive Protest seit Antritt der neuen Regierung im Herbst 2017.

Eine so große Demonstration hat Österreich zuletzt vor
15 Jahren gesehen. Damals richtete sich der Protest gegen die
erste schwarz-blaue Koalition und ihre Pläne für eine Rentenreform. Heute steht erneut ein arbeits- und sozialpolitisches Thema
auf der Agenda: Die Regierung will die Arbeitszeithöchstgrenze
anheben. Österreichische Chefs sollen künftig anordnen können,
dass 12 Stunden am Tag und 60 Stunden die Woche gearbeitet
werden muss. Bisher ist das nur unter Auflagen möglich gewesen:
Die Unternehmen mussten nachweisen, dass ihnen sonst wirt-
schaftlicher Schaden droht; die Zustimmung des Betriebsrats war
vorgeschrieben.

Das Vorhaben steht im Koalitionsvertrag, die Formulierung ist
fast wortgleich aus dem Programm der österreichischen Indus-
triellenvereinigung übernommen. Das sorgt für einen Sturm der
Entrüstung bei den Gewerkschaften, bei Arbeitnehmervertretun-
gen und in der Opposition. Doch nicht nur dort: Auch bei vielen
FPÖ-WählerInnen kommt die Maßnahme, die die Regierung
wenig später im Eilverfahren durchsetzen wird, nicht gut an. Auf

der Facebook-Seite des damaligen Vizekanzlers und FPÖ-Chefs Heinz-Christian Strache geht ein veritabler Shitstorm nieder. »Was Ihre Partei jetzt betreibt, ist doch die reine Verarsche am Arbeitnehmer«[1] ist noch einer der netteren Kommentare. Aus Protest gegen die neue Regelung verlassen zwei FPÖ-Politiker ihre Partei: »Das ist keine Arbeitnehmerpolitik mehr, dafür haben uns die Menschen nicht gewählt«[2], begründet Franz Mariacher, Vorsitzender der FPÖ-ArbeitnehmerInnen in Tirol, seinen Austritt.

Innerhalb der Regierungskoalition ist es eher die in den letzten Jahren immer stärker neoliberal ausgerichtete ÖVP, die das Projekt 12-Stunden-Tag vorangetrieben hat. Doch die FPÖ trägt es mit, und bei ihr steht die Maßnahme viel stärker im Widerspruch zu dem, wie die Partei sich gern präsentiert: als Vertretung des »kleinen Mannes« nämlich, als »soziale Heimatpartei«, wie sie sich vor allem in Wahlkampfzeiten gern selbst nennt.

Doch es ist längst nicht nur der 12-Stunden-Tag, bei dem sich die FPÖ anders verhält, als man es von einer sozial ausgerichteten Partei erwarten würde. Ebenfalls im Eiltempo hat die türkis-blaue Regierung eine sozialpolitische Kürzungsmaßnahme nach der anderen verabschiedet; Ähnliches haben die ÖsterreicherInnen während der letzten ÖVP-FPÖ-Regierungszeit von 2000 bis 2005 erleben müssen. Als Oppositionspartei im Parlament stimmte die FPÖ gegen ein Gesetz zur Verhinderung von Lohndumping, gegen eine Erhöhung des Pflegegelds, gegen die bedarfsorientierte Mindestsicherung und gegen die Einführung einer Bankenabgabe,[3] die Liste ließe sich fortsetzen.

Beim genaueren Hinsehen ist das allerdings wenig verwunderlich, gibt es in der FPÖ doch einen starken neoliberalen Flügel. Vor allem aber: Der zumindest scheinbare Widerspruch zwischen marktradikalen Positionen einerseits und einer Propagierung völkischer Sozialpolitik andererseits ist, wenn auch in unterschiedlicher Ausprägung, kennzeichnend für rechte Parteien in ganz Europa.

Autoritärer Marktradikalismus:
Von oben verordnete Liberalisierung

Als in Frankreich in den späten 60er Jahren die politische Bewegung der Nouvelle Droite (Neue Rechte) entstand, die sich eine Modernisierung rechtsextremer und faschistischer Ideen als Ziel gesetzt hatte, wurde sie sogleich zum Vorbild für neurechte Strömungen auch in anderen europäischen Ländern. Überall dort erlebte der Sozialstaat in dieser Zeit seine Blüte. Vom späteren neoliberalen Umbau war noch nichts zu spüren, in der Neuen Rechten allerdings waren marktradikale Positionen schon damals en vogue. Der Sozialstaat mache die Leute faul, lautete die Devise.

Für die Neue Rechte waren die Ideen des österreichischen Theoretikers Friedrich August von Hayek attraktiv, der in den 30er Jahren zum wichtigsten Gegenspieler keynesianischer Wirtschaftstheorie aufgestiegen war. Schließlich brachten sie ein Leistungs- und Elitedenken mit sich, das zwar nicht automatisch mit rechten Ungleichheits-Vorstellungen verbunden sein muss, für diese aber Anknüpfungspunkte bietet[4].

Diese Attraktivität marktradikaler Positionen à la Hayek für die Neue Rechte lässt sich auch damit erklären, dass diese Positionen vielfach mit autoritären und antidemokratischen Politikmodellen einhergingen, wie Stefan Dietl in dem 2017 erschienenen Buch *Die AfD und die soziale Frage* herausarbeitet[5]. So ist es kein Zufall, dass ausgerechnet die chilenische Diktatur unter General Augusto Pinochet zum ersten Versuchslabor der an der Universität Chicago entwickelten neoliberalen Wirtschaftsmodelle wurde, die neben Hayek maßgeblich von Milton Friedman geprägt waren: Die radikalen Privatisierungs- und Deregulierungsmaßnahmen umzusetzen, wäre in einer funktionierenden Demokratie mit handlungsfähigen Gewerkschaften, Oppositionsparteien und einer politischen Organisierung der Bevölkerung wohl kaum gelungen.

Der neoliberale Vordenker von Hayek spielt auch heute noch eine große Rolle für neurechte Parteien: In nach ihm benannten

Stiftungen und Lobbygruppen, die wichtiger Bestandteil markt-radikaler Netzwerke sind, finden sich unter den Mitgliedern auch zahlreiche PolitikerInnen von AfD und FPÖ. In Deutschland traten 2015 aus Protest gegen die neurechte »Unterwanderung« mehr als 50 Mitglieder aus der Hayek-Gesellschaft aus, darunter die Vorsitzende und der FDP-Chef Christian Lindner. In Öster-reich ist die Vorsitzende des Hayek-Instituts, die Marktfunda-mentalistin Barbara Kolm, eine der wichtigsten BeraterInnen der FPÖ in wirtschaftspolitischen Fragen und wurde von der Partei in die Nationalbank entsandt, wo sie heute Vizepräsidentin des Generalrats ist.

Die FPÖ war bereits Vorbild, als sich in Deutschland 1994 der Bund freier Bürger daranmachte, marktradikale und rechtskon-servative Strömungen zu vereinen. Trotz seines Scheiterns gilt der Bund freier Bürger als wichtiger Vorläufer der AfD, gerade in ihrem Gründungspersonal finden sich viele Überschneidungen.[6] Die oft als deutsche Tea Party bezeichnete Zivile Koalition unter Beatrix von Storch, die langjähriges Mitglied der Hayek-Gesell-schaft ist, gilt ebenfalls als Scharnier zwischen rechten und neoli-beralen Strömungen in Deutschland.

Die marktradikale Orientierung der AfD hängt auch mit ihren engen Verbindungen zu wirtschaftlichen Interessenvertretungen zusammen. Dabei sind es keinesfalls die Großkonzerne, zu denen die Partei ein gutes Verhältnis pflegt, im Gegenteil: Obwohl ihnen die marktradikalen Positionen der AfD gefallen dürften, treten die großen deutschen Unternehmen, die vor allem exportorien-tiert arbeiten und von einer globalisierten Wirtschaft profitieren, der Partei gegenüber vorwiegend ablehnend auf. Diese Position spiegelt sich auch in der Haltung der großen Wirtschaftsverbände wie dem Bundesverband der Deutschen Industrie. Anstelle der Großkonzerne ist es der wirtschaftliche Mittelstand, dem die AfD zumindest in Teilen eng verbunden ist. Das lässt sich mit den wirtschaftlichen Konsequenzen der politischen Positionen der Partei erklären: Während exportorientierte Großunternehmen von der europäischen Freizügigkeit und einem schwachen Euro profitieren, verschärfen diese Rahmenbedingungen die Konkurrenzsituation für mittelständische, hauptsächlich für den deutschen Binnenmarkt produzierende Unternehmen. Ausländische Unternehmen werden hier ebenso als Bedrohung empfunden wie eine starke staatliche Regulierung. Wenn die AfD propagiert, die nationale Wirtschaft müsse sich ungehindert von ausländischen Interessen und staatlichen Eingriffen – es sei denn, diese Eingriffe dienen der protektionistischen Zurückdrängung ebensolcher ausländischer Interessen – entfalten können, stößt das auf Widerhall. AfD-Spitzenpolitikerinnen wie Alice Weidel oder Beatrix von Storch stehen für die Idee eines Nachtwächterstaats, der so wenig wirtschafts- und sozialpolitische Aufgaben übernimmt wie möglich – in der Vorstellung der erzkonservativen Antifeministin Beatrix von Storch ist es stattdessen die Familie, der sämtliche soziale Sicherungsaufgaben zukommen.[7]

Völkischer Antikapitalismus: Kapital nur national

Allerdings wird der Streit über die künftige wirtschaftspolitische Ausrichtung in der AfD immer heftiger. Denn gegen den marktradikalen Kurs der Anfangsjahre bringt sich die völkisch-nationalistische Strömung der Partei in Stellung, der vor allem im Flügel um den thüringischen AfD-Chef Björn Höcke organisiert ist. Dessen AnhängerInnen propagieren eine arbeitnehmerfreundliche Politik, die durch die Orientierung an einem völkischen Antikapitalismus sogenannte Modernisierungsverlierer an sich binden soll, die in der AfD-Wählerschaft immer stärker vertreten sind.

Die AfD macht damit im Zeitraffer eine Entwicklung durch, die sich bei den deutlich länger existierenden rechten Parteien in anderen Ländern Europas im Laufe von Jahrzehnten beobachten lässt. Als der Neoliberalismus während der 70er und 80er Jahre zum führenden Wirtschaftsmodell in der westlichen Welt aufstieg, brachte das einen umfassenden Abbau der sozialen Sicherungssysteme mit sich, der Prekarisierung und soziale Verunsicherung zu einem Massenphänomen werden ließ. Davon konnte die extreme Rechte profitieren, indem sie sich einen völkischen Antikapitalismus in Anlehnung an einen »nationalen Sozialismus« auf die Fahnen schrieb und damit zum Angebot für diejenigen wurde, die von immer globalisierteren und flexibilisierteren Arbeitswelten nicht profitieren können.

Zwar hatte der völkische Antikapitalismus schon beim historischen Vorbild, der NSDAP, wenig mit einer tatsächlichen Kritik an kapitalistischen Wirtschaftsmodellen zu tun. Durch die nationalsozialistische Unterscheidung in Produktiv- und Finanzkapital, in der Sprache der Nazis »schaffendes« und »raffendes« Kapital – ersteres deutsch, zweiteres international und vor allem: jüdisch – wurden alle negativen Erscheinungsformen des Kapitalismus als jüdisch markiert, deutsche UnternehmerInnen und ArbeiterInnen hingegen vereint und als dessen Gegenspieler konstruiert. Die Erzählung eines jüdisch-amerikanischen Großkapitals spielt in antisemitischen Verschwörungstheorien nach wie vor eine wichtige Rolle. Im völkischen Antikapitalismus, wie ihn in Deutschland vor allem die NPD propagiert, wird der »entfesselte« US-amerikanische oder globale Kapitalismus als Bedrohung für das deutsche Volk dargestellt, dem eine »nationale Solidarität« oder eben ein »nationaler Sozialismus« entgegengesetzt werden müsse. Mit einer solchen Argumentation haben extrem rechte Kräfte in den vergangenen Jahren immer wieder versucht, linke Globalisierungs- oder Kapitalismuskritik zu vereinnahmen, etwa im Kontext der Gipfelproteste in den 90er und 00er Jahren oder im Zuge der Bankenkrise ab 2009.

Nicht nur am extrem rechten Rand, sondern in den rechtspopulistischen Parteien Europas gibt es Strömungen, die diesen Kurs unterstützen. Björn Höcke will dem »internationalen Finanzkapitalismus« eine »organische Marktwirtschaft« entgegenstellen, mit deren Hilfe sich die »degenerierte Volkswirtschaft« vom »zinsbasierte[n] Globalkapitalismus« befreien könne.[8] Insbesondere in den ostdeutschen Landesverbänden finden solche Forderungen Anklang. Vorbild ist hier das Rassemblement National in Frankreich, für das eine vordergründig antikapitalistische Rhetorik ebenfalls ein wichtiges politisches Mittel ist.

Nationaler Protektionismus: Inländische Wirtschaft zuerst

Während der Begriff des völkischen Antikapitalismus vor allem eine ideologische Orientierung beschreibt, ist es auf realpolitischer Ebene der nationale Protektionismus, der als Gegenströmung zu solchen marktradikalen Vorstellungen begriffen werden kann, die auf eine globalisierte Welt mit internationalen Handels- und Finanzströmen zielen. So propagiert etwa der US-amerikanische Politikberater Stephen Bannon einen »economic nationalism«, den er als Gegenbewegung zu einem »libertarian globalism« verstanden wissen möchte. Letzterer habe die Interessen multinationaler Unternehmen und einer internationalen »Wirtschaftselite« über diejenigen der »einfachen Amerikaner« gestellt.[9] Die Wirtschaftspolitik Donald Trumps, in der ausländische Unternehmen mit Strafzöllen überzogen werden, um inländische Sektoren wie die Stahl- und Aluminiumindustrie zu schützen, trägt deutlich diese nationalistisch-protektionistische Handschrift.

Die Wirtschaftspolitik Viktor Orbáns in Ungarn hat zum Teil ähnliche Züge. Sie lässt sich am besten als selektiver Wirtschaftsnationalismus beschreiben: In bestimmten Sektoren, vor allem im Banken- und Finanzwesen, versucht die Fidesz-Regierung massiv, den Einfluss ausländischer Unternehmen zu verringern und stattdessen das einheimische Kapital zu stärken. So wurden Devisenkredite zurückgedrängt, der inländische Anteil im Bankensektor massiv erhöht und private Pensionsfonds, hinter denen zumeist ausländische Unternehmen stecken, praktisch enteignet.[10] Deutsche Autobauer haben hingegen nichts zu befürchten. Die ungarische Exportindustrie, in der ausländische Unternehmen ebenfalls stark vertreten sind, lässt Orbán unangetastet, ganz im Gegenteil sollen hier mithilfe von Investitionsanreizen sogar weitere Firmen aus dem Ausland gelockt werden.[11]

Exkludierende Sozialpolitik: Nur für die eigenen Leute

Orbáns Wirtschaftspolitik geht mit einer Sozialpolitik einher, die der ungarische Soziologe Andor Mihaly als regelrechten Krieg gegen die Armen beschreibt.[12] Die Bezugsdauer des Arbeitslosengelds wurde von neun auf drei Monate reduziert, für die Empfänger von Sozialhilfeleistungen eine Arbeitspflicht eingeführt, Frühverrentungen praktisch gestrichen. Gleichzeitig wurden Arbeitnehmerrechte geschwächt und die Macht der Gewerkschaften zerschlagen. Orbán selbst rühmte diese Maßnahmen 2015 mit den Worten, Ungarn habe nun den »flexibelsten Arbeitsmarkt in Europa«.[13]

Philipp Rathgeb, Politikwissenschaftler an der Universität Konstanz, untersucht seit 2017, welchen Einfluss rechtspopulistische Regierungsbeteiligungen in Europa auf die Sozialpolitik haben. Die RechtspopulistInnen zeichnen sich dabei ihm zufolge besonders durch eine Vorstellung aus, die sich am besten mit dem schwer übersetzbaren englischen Begriff der »deservingness« umschreiben lasse: Nur diejenigen sollen etwas bekommen, die das auch verdienen. In rechter Ideologie sind das die »hart arbeitenden« Teile der »eigenen« Bevölkerung, es sind Rentner, die diese harte Arbeit bereits geleistet haben, und Mütter, die Kinder kriegen, sich zu Hause um diese kümmern und so ihren Beitrag zum »Volkserhalt« leisten. Es sind nicht: MigrantInnen, aber auch Arbeitslose, als »Schmarotzer« verunglimpfte SozialleistungsempfängerInnen oder häufig auch Alleinerziehende.

Dabei gibt es zwischen den Ländern durchaus Unterschiede:

Während rechte Parteien in Skandinavien das dort weitverbreitete Zwei-Ernährer-Modell kaum angreifen und deswegen statt auf »Herdprämien« eher auf Erleichterungen für Rentner setzen, steht in osteuropäischen Ländern vor allem die Bevölkerungspolitik im Vordergrund: In Ungarn ist die Familienpolitik innerhalb des Sozialsektors der einzige Bereich, in dem die Ausgaben erhöht wurden.[14] Im Februar 2019 stellte die Orbán-Regierung einen »Aktionsplan Familie« vor, der unter anderem vorsieht, dass jeder Ungarin unter 40 Jahren künftig bei der Eheschließung ein Kredit von umgerechnet mehr als 30 000 Euro gewährt wird. Bekommt sie ein Kind, muss sie drei Jahre lang nichts zurückzahlen, bei zwei Kindern wird ihr ein Drittel erlassen, nach drei Kindern der komplette Kredit. Bekommt eine ungarische Frau vier oder mehr Kinder, ist sie nach dem Gesetzesentwurf bis an ihr Lebensende von der Einkommensteuer befreit. Für Alleinerziehende, unverheiratete Paare oder Patchwork-Familien gelten diese Begünstigungen nicht.

In Polen zählt die Einführung des Kindergelds »500 plus« zu den populärsten Maßnahmen der PiS-Regierung. Dabei werden ab dem zweiten Kind rund 120 Euro pro Kind und Monat ausgezahlt – bei einem durchschnittlichen polnischen Monatseinkommen von 1000 Euro ist das viel Geld. Nach Berechnungen des European Anti-Poverty-Networks konnte die absolute Armut unter polnischen Kindern so um 94 Prozent reduziert werden.[15] Dass die von der Vorgängerregierung angeordnete Erhöhung des Rentenalters von 65 auf 67 Jahre von der PiS-Regierung zurückgenommen wurde, dass die Partei Gratismedikamente für Rentner einführte und ein Wohnbauprogramm für Familien auflegte, passt ebenfalls ins Konzept rechtspopulistischer Sozialpolitik.

Diese Maßnahmen allein als »Kauf von Wählerstimmen« zu beschreiben, greift zu kurz. Zwar trägt die Sozialpolitik rechter Regierungen tatsächlich erheblich zu deren Popularität bei. Der Blick darauf, welche Bevölkerungsgruppen von diesen Maßnahmen profitieren und welche nicht, macht jedoch deutlich, dass die sozialpolitische Ausrichtung der Parteien keinesfalls einem rein strategischen Kalkül folgt, sondern hervorragend zu ihrer sonstigen ideologischen Architektur passt.

Sicherzustellen, dass nur die »Richtigen« von sozialpolitischen Eingriffen profitieren, ist für rechte Parteien gar nicht so einfach. Die dänische Volkspartei hat schon in den 90er Jahren versucht zu berechnen, welche Merkmale häufiger auf dänische statt auf migrantische Familien zuträfen, um so ihre familienpolitischen Vergünstigungen auf erstere zuschneiden zu können – gelungen ist es ihr nicht.[16] Die FPÖ probierte es über die Kopplung an Sprachkenntnisse. Im November 2018 beschloss die Regierung eine neue Regelung zur Mindestsicherung, der österreichischen Sozialhilfe: Um diese in voller Höhe beziehen zu können, müssen jetzt Deutschkenntnisse auf B1-Niveau nachgewiesen werden – eine gegen MigrantInnen gerichtete Maßnahme, die aber auch rund 60 000 ÖsterreicherInnen ohne Pflichtschulabschluss trifft.

Philipp Rathgeb umreißt die sozialpolitischen Vorstellungen rechtspopulistischer Parteien mit dem Konzept »Makers vs Takers«. Den MacherInnen stehen die NehmerInnen gegenüber, die nur die Hand aufhalten und kassieren. Damit sind sowohl die unteren sozialen Klassen gemeint als auch die als korrupt empfundenen politischen Eliten der »Altparteien«, wie die Rechten sie gern bezeichnen.

Das lässt sich deutlich auch beim Regierungshandeln der italienischen Lega beobachten, die seit März 2018 Teil einer Regierungskoalition mit der Fünf-Sterne-Bewegung ist. Zwar trug sie eins der wichtigsten Anliegen ihres Koalitionspartners mit, die Einführung einer Mindestsicherung von 780 Euro im Monat, was sich auch damit erklären lässt, dass darauf besonders die Menschen im südlichen Teil des Landes angewiesen sind, wo die Lega als frühere Regionalpartei des Nordens ihre Unterstützung ausbauen will. Der italienische Innenminister und Lega-Chef Matteo Salvini drängt jedoch auch auf die Einführung der sogenannten »Flat Tax«: Die Einheitssteuer soll die Steuerlast insgesamt senken, das heißt, der Staat hätte deutlich weniger Einnahmen. Dass der Staat steuerpolitisch zurückgedrängt werden und sich wirtschaftspolitisch wenig einmischen soll, ist ein altes Anliegen der Lega, die damit die Ressentiments ihrer eher wohlhabenden Wählerschaft im Norden gegen den – nicht zu Unrecht – als korrupt verschrienen italienischen Staat bedient: Milano lavora, Roma mangia (Mailand arbeitet, Rom isst), lautet die dazu passende Redewendung.

Warum geht das zusammen?
Von Aufstiegsorientierten und Abstiegsbedrohten

Beim vergleichenden Blick auf die wirtschafts- und sozialpolitische Ausrichtung der rechten Parteien Europas zeigen sich also innere Widersprüche. Doch deren Vereinbarung gelingt oft besser, als man es auf den ersten Blick erwarten würde: In bestimmten Branchen bleiben ausländische Firmen von einer nationalistisch-protektionistischen Wirtschaftspolitik verschont; die Selbstvermarktung als Interessenvertretung des »kleinen Mannes« schließt eine umfassende Flexibilisierung des Arbeitsmarkts inklusive des dazugehörigen massiven Abbaus von Arbeitnehmerrechten keineswegs aus; und eine exkludierende Sozialpolitik belohnt zum einen diejenigen, die sich bis in die privatesten Lebensentscheidungen so verhalten, wie es den rechten Parteien vorschwebt, und sorgt zum anderen dafür, dass sich die soziale Spaltung und die dazugehörigen sozialdarwinistischen Vorstellungen weiter verschärfen.

Bleibt die Frage: Warum tragen die WählerInnen der rechten Parteien deren sozial- und wirtschaftspolitische Maßnahmen auch in den Fällen mit, wo sie selbst es sind, die darunter zu leiden haben? Die Ankündigung des 12-Stunden-Tags in Österreich mag einen Shitstorm auf der Facebook-Seite Straches zur Folge gehabt haben, auch bekam die türkis-blaue Regierung in Umfragen für ihre Sozialpolitik schlechtere Noten als für asylpolitische Maßnahmen – am Zuspruch der FPÖ-WählerInnen hat das nichts geändert. Dabei muss man die Freiheitlichen im Hinblick auf ihre Wählerschaft durchaus als Arbeiterpartei bezeichnen: Fast sechs von zehn WählerInnen aus der Arbeiterschaft stimmten bei den letzten nationalen Wahlen im Herbst 2017 für die Blauen.[17]

Klar: Sozial- und wirtschaftspolitische Konzepte spielen für die meisten WählerInnen rechtspopulistischer Parteien bei ihrer Wahlentscheidung nur eine untergeordnete Rolle. Und nicht nur in Österreich lässt sich hervorragend beobachten, wie Regierungen von unpopulären sozialpolitischen Maßnahmen ablenken, indem sie immer dann, wenn eine solche verabschiedet wird, ein asylpolitisches »Aufregerthema« in den Mittelpunkt der öffentlichen Aufmerksamkeit rücken. Doch das allein kann als Erklärung noch nicht reichen.

Aufschluss könnte ein Blick nach Frankreich bieten: Das Rassemblement National hat in den letzten Jahren noch um einiges stärker als FPÖ oder AfD einen Schwenk hin zu einer Rhetorik des völkischen Antikapitalismus vollzogen. Nichtsdestoweniger bleiben die Kernelemente seines Wirtschafts- und Sozialprogramms neoliberal. So fordert das RN eine Entmachtung der Gewerkschaften und eine drastische Einschränkung des Streikrechts, aber auch Maßnahmen wie den Abbau des sozialen Wohnungsbaus oder ein hartes Vorgehen gegen Erwerbslose.[18]

Warum kann das Rassemblement National dennoch so viele WählerInnen aus der Arbeiterschaft für sich gewinnen? Der Politikwissenschaftler Sebastian Chwala hat sich mit dieser Frage beschäftigt und verweist unter anderem auf eine Studie von Daniel Gaxie, Professor für Politikwissenschaft an der Sorbonne in Paris.[19] Zahlreiche Interviews mit AnhängerInnen des RN im Rahmen der Studie ergaben, dass unter diesen eine große Zustimmung zu einer neoliberal ausgerichteten Wirtschafts- und Sozialpolitik herrsche, und zwar auch unter denjenigen, die zur Arbeiterschaft gehörten. Staatliche Regulierungen, hohe Steuern oder Belastungen von Unternehmen hatten hingegen einen schlechten Ruf unter den Befragten.

Chwala erklärt diesen Befund damit, dass ein Großteil der Befragten, auch bei den ArbeiterInnen, in einer engen Beziehung zu KleinunternehmerInnen stehe oder selbst gerade dabei sei, sich eine solche Existenz aufzubauen. Diese »aufstiegsorientierten« WählerInnen des RN würden sich gesellschaftlich nach »oben« orientieren, aufblicken zu »den Angehörigen der freien Berufe, den ›Leitungskadern‹ der Privatindustrie und den Selbstständigen, die in der eigenen Nachbarschaft wohnen, denen man sich sozial zugehörig fühlt, deren Lebensstandard man sich aber eigentlich nicht leisten kann«. Diese Sicht korrespondiere mit neoliberalen Forderungen nach Deregulierung, von der man sich selbst bessere Chancen beim individuellen Aufstieg verspreche.[20]

Die »Aufstiegsorientierten« empfinden sich selbst als leistungswillig, bereit zum Erfolg durch »harte Arbeit« – und damit auf der Gewinnerseite einer rechten Rhetorik, die die Interessen der »Makers« gegen die von Arbeitslosen und Sozialhilfeempfängern ausspielt. Die individuelle materielle Realität scheint dabei weniger entscheidend zu sein als die empfundene »eigentliche« Zugehörigkeit, auch die häufig als »abstiegsbedroht« charakterisierten WählerInnen rechter Parteien können durchaus aufstiegsorientiert sein. So gelingt auch hier die Vereinbarung von eigentlich widersprüchlichen Positionen, wie sie die wirtschafts- und sozialpolitische Ausrichtung der rechten Parteien in Europa insgesamt kennzeichnet.

Klimapolitik: Die Hitzköpfe

Greta nervt. Und die »Klimahysterie« ist nichts anderes als eine »Ersatzreligion«. So steht es auf dem Titelblatt des AfD-nahen *Compact*-Magazins, wo die schwedische Klimaschützerin Greta Thunberg als Heiligenikone abgebildet ist.[1] Die »autistische Greta« und ihre Friday-for-Future-Freunde, die jeden Freitag gegen die drohende Klimakatastrophe auf die Straße gehen, seien doch bloß »protestierende, pubertierende Schulschwänzer, die Physik und Chemie abgewählt haben«, erklärte der AfD-Politiker Bernhard Zimniok im EU-Wahlkampf.[2]

In der 3939 North Wilke Road in Arlington Heights im US-Bundesstaat Illinois kommen solche Sprüche sicherlich gut an. Arlington Heights ist eine Kleinstadt, etwa eine Autostunde von Chicago entfernt. Unter der Adresse findet sich ein Backsteinhaus mit Parkplätzen und Bäumen vor der Tür. Hier hat das Heartland Institut seinen Sitz, das darauf einzuwirken versucht, wie sich die extreme Rechte in Europa in der Klimawandel-Frage positioniert.[3] Heartland wird von der Öl- und Energieindustrie finanziert und ist eine der einflussreichsten Denkfabriken der Konservativen in den USA. Und es ist eines der wichtigsten Zentren jener global organisierten Szene, die die Rolle des Menschen bei der globalen Erderwärmung leugnet. Dabei bedient es sich derselben Strategie wie zuvor schon die Tabakindustrie. Auch ihr gelang es jahrzehntelang, Zweifel daran zu säen, dass Rauchen tatsächlich gefährlich ist. Das Argument lautete damals wie heute: Man wisse noch nicht genug. Es könnten auch andere Faktoren schuld sein. Die Wissenschaft sei sich nicht einig.[4]

Genau so, und teilweise noch viel absurder, klingt, was RechtspopulistInnen in Europa zur vom Menschen erzeugten Erderwärmung zu sagen haben. Nicole Müller-Boder, Abgeordnete der rechtspopulistischen Schweizer Volkspartei (SVP) im Kanton Aargau, twitterte im Jänner 2019, der Zeichentrickfilm *Ice Age* beweise doch, dass der Mensch nicht schuld sei am Klimawandel. »Wenn die Kinder den Film ›Ice Age‹ kennen und sehen, dass es eine Eiszeit gab, und in einem weiteren Teil gezeigt wird, wie die wieder verschwand, und auch sehen, dass es da noch keine Autos gab oder Industrie, werden sie auch sehen, dass es immer schon einen Klimawandel gab«, schrieb sie.[5] Ähnliches war lange Zeit auch in der österreichischen FPÖ zu hören. Da erklärte der mittlerweile zurückgetretene Langzeit-Parteichef Heinz-Christian Strache, das mit dem Klimawandel sei nicht so wild, schließlich sei auch Grönland einst ganz grün gewesen.[6]

Die deutsche AfD fordert im Klimakapitel ihres Parteiprogramms entschieden ein »Nein zur großen Transformation« weg von Erdöl und Kohle hin zu klimafreundlichen Energieformen und stellt den vom Menschen verursachten Klimawandel gleich ganz infrage: «Die Aussagen des Weltklimarats, dass Klimaänderungen vorwiegend menschengemacht seien, sind wissenschaftlich nicht gesichert. Sie basieren allein auf Rechenmodellen, die weder das vergangene noch das aktuelle Klima korrekt beschreiben können.[7] Gern verweisen AfD-Politiker auf Institute wie EIKE, das Europäische Zentrum für Klima und Energie,[8] oder auf CFACT, das Committee for a Constructive Tomorrow[9]. Klingt wissenschaftlich und klug. Allerdings verbergen sich hinter den Kürzeln radikale Klimawandelleugner. Unterstützt werden beide vom Heartland Institut.

CFACT ist eine Lobbyorganisation aus den USA, die staatliche Klimaschutzmaßnahmen als Einschränkung unternehmerischer Freiheit ablehnt. CFACT Europe ist der europäische Ableger, der eng mit EIKE kooperiert. Beide Organisationen haben ihren Sitz in Jena, und das auch noch an derselben Adresse.[10] EIKE, dessen Slogan »Nicht das Klima ist bedroht, sondern unsere Freiheit«

lautet, ist das wichtigste Zentrum der KlimawandelleugnerInnen in Deutschland. Der kleine Verein hat beste Kontakte zur AfD. EIKE-Vizepräsident Michael Limburg ist Mitarbeiter des AfD-Bundestagsabgeordneten Karsten Hilse. Und dieser meint, Klimaschutz sei ein »Irrsinn« und eine »Doktrin, für die Hunderte von Milliarden Euro nutzlos ausgegeben werden«.[11]

EIKE hat die AfD auch beraten, berichtete die *Süddeutsche Zeitung*. Seitdem heißt es im Grundsatzprogramm der Partei: »Das Klima wandelt sich, solange die Erde existiert«, und »Kohlendioxid (CO_2) ist kein Schadstoff«.[12] Im Juli 2018 brachte die AfD-Fraktion im Bundestag einen Antrag ein, alle Klimaschutzmaßnahmen sofort zu beenden.[13] Wenige Tage vor der UN-Klimakonferenz im polnischen Katowice im November 2018 schleuste sie einen Klimawandelleugner in ein Fachgespräch des Umweltausschusses im deutschen Bundestag ein: Der israelische Physiker Nir Shaviv verkündete dort, die Schwankungen der kosmischen Strahlung seien für die Erderwärmung verantwortlich, nicht der CO_2-Gehalt in der Atmosphäre.[14]

Nach Katowice reisten auch VertreterInnen von Heartland und präsentierten die Klimaberichte des Instituts. Neue Daten würden belegen, dass die Menschen nicht der Grund für die globale Erwärmung seien, stand in der Pressemitteilung von Heartland. Auch dessen deutsches Pendant EIKE war bei der Konferenz dabei. Heartland lud gemeinsam mit EIKE in ein Viersternehotel, um über die Vorzüge fossiler Energie und die angeblichen Lügen des UN-Klimarats IPCC zu sprechen.[15]

Es ist eine alte Strategie, die vor einigen Jahren aus den USA nach Europa geschwappt ist und von RechtspopulistInnen besonders gern aufgenommen wurde. Schon 1998 schrieb das American Petroleum Institute, die größte Öl- und Gas-Lobbyorganisation, der unter anderem Großkonzerne wie ExxonMobil, British Petrol, Shell und Chevron angehören, in einem internen Memorandum von einer »Kampagne, um einen Stamm von Wissenschaftlern zu rekrutieren, die die Ansichten der Industrie zum Klimawandel teilen, und sie in Public Relations auszubilden«. So könnten diese Wissenschaftler Politiker und Öffentlichkeit überzeugen, dass die Risiken einer höheren Erderwärmung nicht so schlimm seien.[16] Worte, die den zahlreichen Spendern von Heartland gefallen dürften, darunter die Brüder Charles und David Koch, die in der Öl- und Chemieindustrie Milliarden verdient haben. Viel Geld erhielt das Heartland Institute in der Vergangenheit auch von der Familie des Hedgefonds-Milliardärs Robert Mercer, einem der größten Wahlkampfspender von US-Präsident Trump.

Das Interesse von Heartland und ähnlichen Instituten an Europa liegt nicht zuletzt daran, dass innerhalb der Europäischen Union die Übereinkunft getroffen wurde, den CO_2-Ausstoß des Kontinents massiv zu senken. Um das zu hintertreiben, schickten die Organisationen der Klimawandelleugner ihre angeblichen Experten quer durch den Kontinent. Auffällig oft machen diese in Deutschland oder Österreich Station. Fred Singer zum Beispiel. Der US-Atmosphärenphysiker ist eines der bekanntesten Gesichter der Szene. Als »ersten und berühmtesten Wissenschaftler, der öffentlich gegen den Erderwärmungsalarmismus aufgetreten ist«, lobt ihn das Heartland Institute. 2010 trat Singer noch auf Einladung der FDP im deutschen Bundestag auf.[17] Seit Gründung der AfD im Jahr 2013 ist der Amerikaner einer der Lieblings-Klimaexperten der Partei.

Singer war in der Vergangenheit auch beim FPÖ-nahen Friedrich-August-von-Hayek-Institut eingeladen. Bei einem Vortrag dort bezeichnete er den Versuch von Staaten, die CO_2-Emissionen zu verringern, als Wunsch, die »absolute Kontrolle« über jegliches Wirtschaftstreiben zu haben.[18] Das Hayek-Institut mit Sitz in der Wiener Innenstadt, gleich ums Eck vom berühmten Stephansdom, ist ein informeller Knotenpunkt der von großen neoliberalen Thinktanks geförderten Klimawandelleugner-Szene in Österreich. 2016 referierte dort Patrick Michaels über »Die falschen Schlussfolgerungen der Politik aus der Wissenschaft – Klimawandel und andere Beispiele«.[19] Der amerikanische Klimatologe und Autor des Buches *Die satanischen Gase* hatte 2009 mit seiner Aussage vor dem US-Kongress massiven Anteil daran, dass das sogenannte Waxman-Gesetz zu Fall gebracht wurde, ein zentrales Klimaschutzgesetz der Regierung Obama. »Später gab Michaels in einem CNN-Interview zu, dass vierzig Prozent seiner Gelder aus Industriequellen stammen«, berichtete die *Frankfurter Allgemeine Zeitung* damals.[20]

2011 und 2018 lud das Hayek-Institut den Amerikaner Richard Rahn nach Wien.[21] Der Ökonom war zuvor Direktor eines Thinktanks gewesen, der mehr als 1,6 Millionen Dollar vom US-Ölmulti ExxonMobil erhalten hatte.[22] Noch 2015 schrieb Rahn in einem Artikel: »Das Klima ändert sich, aber die Richtung und das Ausmaß sind immer noch eine Quelle der Auseinandersetzung.«[23]

Hayek-Institutschefin Barbara Kolm war früher FPÖ-Politikerin und spielt bis heute in der Partei eine wichtige Rolle. Sie verhandelte für die Freiheitlichen 2017 das Regierungsprogramm mit und wurde von ihnen als Vizepräsidentin in die österreichische Nationalbank entsandt. Vor einigen Jahren erklärte sie in der deutschen Wochenzeitung *Die Zeit,* sie halte den Klimawandel für »Panikmache«. Damals trat Kolm zu dieser Zeit mit dem früheren tschechischen Präsidenten Václav Klaus in Prag auf, der Umweltschutz als eine »gefährliche Religion« bezeichnet und den Klimawandel als einen »Mythos«.[24] Das mit der Panikmache würde sie heute nicht so formulieren, sagte Kolm im Februar 2019.[25] Sie habe mit »Panikmache« nur »das Drumherum gemeint, wie über den Klimawandel diskutiert wird«. Als Volksschulkind in Tirol sei sie in dem Glauben aufgewachsen, dass »wir alle irgendwann erfrieren werden, weil die Gletscher immer mehr wachsen. Da habe ich echt Angst gehabt.« Heute gebe es »dieselbe Panikmacherei, aber eben in die andere Richtung«.

Während der massiven Hitzewelle im Sommer 2018 veröffentlichte das Hayek-Institut auf seiner Homepage einen Artikel, der erklärte, dass nur der Kapitalismus und der freie Markt uns das

Leben in der Hitze erträglich machten: »Mit seinem iPhone kann man derweil seine Bekannten anrufen und sich zusammen im Schwimmbad oder im eigenen Swimmingpool erfrischen.«[26]

Wenige Jahre, nachdem die ersten Lobbyisten aus Übersee nach Europa übergesetzt waren, änderte sich auch die Klimapolitik so mancher Partei der RechtspopulistInnen. Noch im Oktober 2007 forderte der damalige FPÖ-Umweltsprecher Norbert Hofer, die Klimawandel-Doku *Eine unbequeme Wahrheit* des US-Demokraten Al Gore in allen österreichischen Schulen zu zeigen.[27] Nur drei Jahre später erklärte ein anderer FPÖ-Politiker, der Nationalratsabgeordnete Gerhard Deimek, der vom Menschen verursachte Klimawandel sei lediglich eine Theorie.[28] Zuvor hatte bereits der oberösterreichische FPÖ-Chef Manfred Haimbuchner versprochen, seine Partei werde »gegen diese wirtschaftsfeindliche und unsoziale Klimahysterie ankämpfen«.[29]

Dieses Kampagnisieren gegen den Klimaschutz der rechten PopulistInnen zeigt auch auf europäischer Ebene Auswirkungen. Der gemeinnützige Berliner Thinktank Adelphi, der sich auf Klima- und Umweltthemen spezialisiert hat, veröffentlichte im Februar 2019 eine Studie darüber, wie sich die europäischen Rechtsparteien zum Klimawandel positionieren.[30] Die Studie namens »Convenient Truths« – etwa: »Nützliche Wahrheiten« – zeigt die ganze Bandbreite in dem Bereich: Neben offenen Klimawandelleugnern gibt es Verfechter von »grünem Patriotismus«, die zwar Umweltschutz, nicht jedoch Klimaschutzmaßnahmen unterstützen. Andere Parteien sind für erneuerbare Energien im Interesse nationaler Autarkie. Insgesamt, so die Adelphi-Studie, stehen rechtspopulistische Parteien Umweltfragen »relativ positiv« gegenüber, sind jedoch »feindlich gegenüber Multilateralismus und internationaler Zusammenarbeit«.

Adelphi hat analysiert, wie die Abgeordneten der 21 stärksten rechtspopulistischen und rechtsextremen Parteien im EU-Parlament in den vergangenen zwei Legislaturperioden bei Klimawandelfragen abgestimmt haben. Das Ergebnis: Diese Parteien sind die größten Bremser einer verbindlichen europäischen Klimaschutzpolitik. AfD, FPÖ, Lega Nord oder Geert Wilders' niederländische Partei für die Freiheit haben seit 2009 konsequent gegen so gut wie alle zentralen Klimaschutz- und Energiewende-Anträge gestimmt. Nur drei der untersuchten Parteien erkennen die menschengemachte Erwärmung der Erdatmosphäre klar an und sprechen sich grundsätzlich für Klimaschutz aus: Ungarns Regierungspartei Fidesz sowie die rechten Parteien in Lettland und Finnland.

Die Freiheitlichen stimmten im EU-Parlament geschlossen gegen ein verbindliches EU-Energieeffizienzziel, gegen strengere CO_2-Grenzwerte für Autos bis zum Jahr 2030, gegen neue Regelungen zur Vermeidung von Emissionsbetrug bei Autoneuzulassungen, gegen Empfehlungen des EU-Parlaments für die UNO-Klimakonferenz, gegen strengere Grenzwerte für Treibhausgasemissionen und vieles mehr.[31] In Frankreich wünscht sich Rassemblement-National-Führerin Marine Le Pen den Ausstieg aus dem Pariser Klimaschutzabkommen, weil dies ein »kommunistisches Projekt« sei,[32] in Deutschland fordert die AfD im Bundestag per Gesetzesantrag, sämtliche Klimaschutzmaßnahmen sofort zu beenden – schließlich habe die Erderwärmung positive Effekte auf Pflanzenwachstum und Welternährung. In den Niederlanden erklärt der Rechtspopulist Wilders: »Sie sorgen sich wegen eines Klimawandels. Aber sie werden bald einen islamischen Winter erleben.«[33]

Die Adelphi-Studie identifiziert eine Handvoll Hauptargumente, die von den rechten Parteien gegen den Klimaschutz vorgebracht werden: Klimaschutz ist schlecht für die nationale Souveränität, schlecht für die Wirtschaft, schlecht für die »kleinen Leute«, schlecht für die heimatliche Umwelt oder schlicht nutzlos.

Teilweise sind diese Argumente nicht miteinander vereinbar. Der unter den Rechten verbreiteten Vorstellung, klimapolitische Vorgaben würden die heimische Wirtschaft schädigen oder zulasten der »kleinen Leute« gehen, steht etwa die – weniger weit verbreitete – Annahme entgegen, durch die Stärkung lokaler erneuerbarer Energieproduktion werde man unabhängiger von fossilen Importen und stärke damit die Souveränität des eigenen Landes.

Heimatschutz ist wichtig für nationalistische Parteien, und das kann auch Umweltschutz einschließen. Sobald dabei aber internationale Institutionen im Spiel sind, vertragen sich diese Maßnahmen nicht mehr mit dem eigenen Patriotismus.

Die wirtschaftspolitischen Argumente, die etwa die AfD gegen Klimaschutzmaßnahmen vorbringt, lassen sich in zwei Stränge unterteilen: Vertreter des neoliberalen Teils der Partei wie Fraktionschefin Alice Weidel kritisieren den angeblichen Schaden für deutsche Konzerne, etwa die Automobilindustrie, die mit zu strengen Abgaswerten geknebelt werde. AfD-Politiker, die einen wirtschaftspolitisch sozial-nationalen Kurs fahren, rücken häufig die Arbeitsplätze in der Kohleindustrie in den Fokus: »Die kleinen Leute werden die Zeche zahlen«, begründete etwa Mitte Februar der AfD-Abgeordnete Tino Chrupalla seine Ablehnung des Kohleausstiegs.[34]

Mit ähnlichen Argumenten wettert auch die polnische PiS gegen den Kohleausstieg. Hier mischt sich die Verteidigung der nationalen Wirtschaft – Polen verstromt große Mengen Kohle – mit der Selbstdarstellung als »Vertreter der kleinen Leute«. Dieses Image ist auch wichtig für Parteien wie das französische Rassemblement National. Das stellt sich vor allem deswegen gegen erneuerbare Energien, weil damit höhere Energiepreise verbunden seien und diese vor allem die unteren Schichten belasten würden.

Ebenfalls unter »soziale Ungerechtigkeit« fasst die Adelphi-Studie Argumente zusammen, nach denen Klimaschutzmaßnahmen vor allem kleineren und mittelständischen Unternehmen schaden würden. Streng genommen geht es hierbei nicht um sozialpolitische Erwägungen, sondern abermals um die heimische Wirtschaft – die soll gegenüber ausländischen Konzernen gestärkt werden: »Große ausländische multinationale Unternehmen mit ihren Mega-Anlagen« seien die einzigen Firmen, die von der Klimapolitik profitieren würden – so formuliert es etwa die italienische Lega.

Interessant ist, dass etwa die Lega aus diesen Überlegungen heraus erneuerbare Energien bisweilen unterstützt – dann nämlich, wenn diese in »kleinen Systemen« produziert werden, bei denen »italienische Innovationskraft an erster Stelle steht«.[35] Auch die österreichische FPÖ – obwohl im Lager der strikten Klimawandelleugner – hält solche Formen lokaler Energieproduktion für eine gute Sache. Das Rassemblement National kann dieser Position ebenfalls etwas abgewinnen – und verknüpft sie munter mit seinen antimuslimischen Ressentiments: Weniger fossiler Brennstoffe zu verfeuern, argumentiert Marine Le Pen, würde Frankreich »weniger abhängig von den Golfstaaten machen, die uns mit ihrem Öl auch ihre Ideologie senden«.

Voller Widersprüche sind schließlich jene Argumente, die mit dem Schutz der lokalen Umwelt arbeiten: Die slowakischen RechtspopulistInnen sprechen von einer »Besetzung unseres Heimatlands durch Solarkraft«, durch die die Umwelt zerstört würde. Die Schwedendemokraten wollen Klimaschutzmaßnahmen nur insofern mittragen, wie sie »unsere nationalen Flüsse« und »kulturellen und landschaftlichen Werte nicht beeinträchtigen«.

In neun wichtigen klimapolitischen Abstimmungen zwischen 2015 und 2018 schwankte etwa die Hälfte der rechten Parteien zwischen Pro, Kontra und Enthaltungen. Während die AfD, die niederländische »Freiheitspartei« und die britische Brexit-Partei Ukip die Klimapolitik zu hundert Prozent ablehnten und die italienische Lega und das französische RN noch stark dagegen votieren, stimmten die PopulistInnen aus Lettland, Ungarn und Dänemark meist mit der Mehrheit. In der vergangenen Wahlperiode des Europaparlaments machten die »Stimmen der Populisten etwa die Hälfte der Antiklimastimmen aus«, hat Adelphi herausgefunden. Die lagen bis zum Juni 2019 bei etwa 17 Prozent. Damit waren die

PopulistInnen auf EU-Ebene im Kampf gegen den Klimaschutz zwar laut, aber nicht wirklich einflussreich.

Das könnte sich in der im Juni 2019 begonnenen Wahlperiode ändern, da die Parteien der extremen Rechten, speziell in Deutschland und Italien zulegen konnten. Parlament und EU-Kommission müssen wichtige Weichen stellen, denn im Jahr 2020 fallen bei der UN-Klimakonferenz Entscheidungen: Dann muss die EU einen neuen Klimaplan und neue, verschärfte Klimaziele vorlegen. In der gegenwärtigen Legislaturperiode entscheiden die Europäer zudem über die Finanzierung ihrer Gas-Infrastruktur, über die Kreislaufwirtschaft, über Industriestandards und ein grüneres Finanzsystem – alles wichtige Felder für die »Dekarbonisierung«, den Abschied von den fossilen Energien.

Da droht die Gefahr, dass eine zahlenmäßig stärker auftretende Allianz der RechtspopulistInnen so manches ambitionierte Klimaschutz-Vorhaben im EU-Parlament zumindest bremsen könnte. Denn gerade Parteien wie die Lega und die AfD, die in der vergangenen Periode konsequent gegen zahlreiche solcher Vorhaben gestimmt haben, konnten ihre Mandate ausbauen. Die Lega hat 28 Sitze, die AfD 11. Die extrem rechte Fraktion »Identität und Demokratie« kommt derzeit auf 73 Mandate. Allerdings könnte so manch einer der rechten Kameraden auch abtrünnig und zum Öko werden. Denn Klimaschutz hat sich zumindest in Westeuropa zu einem politischen Topthema entwickelt, an dem niemand, der Wahlen gewinnen will, mehr vorbeikommt.

Die AfD hält derzeit noch Linie. Nach der EU-Wahl 2019 erklärte AfD-Chef Jörg Meuthen, »die Klimapolitik und die hier verbreitete Hysterie hat uns nicht in die Karten gespielt«. Sein Co-Chef Alexander Gauland identifizierte auch gleich die Grünen als neuen »Hauptfeind«.[36] Der Berliner AfD-Vorsitzende Georg Pazderski hat sogar eine »Streitschrift« gegen die Grünen verfasst. »Die Grünen endlich angreifen statt sie hochzureden« lautet der Titel.[37] »Nein zum Irrweg des sogenannten Klimaschutzes, der auf der Basis fragwürdiger Annahmen die falschen Akzente für Deutschlands Zukunft setzt und unsere Freiheit, unseren sozialen Zusammenhalt und unseren Wohlstand gefährdet, ohne wirklich den weltweiten Klimawandel aufhalten zu können. Ein klares Ja zum Umweltschutz«, schrieb Pazderski kurz nach der EU-Wahl in einer Pressemitteilung.[38]

Die österreichische FPÖ ist da eindeutig situationselastischer. Gleich nach der Wahl, bei der die Grünen in zahlreichen Ländern mit dem Klimaschutzthema Wahlsiege gefeiert hatten, präsentierte sich FPÖ-Chef Norbert Hofer, der das Amt im Mai 2019 vom zurückgetretenen Langzeitparteichef Strache übernommen hatte, auf Facebook dabei, wie er Salat in ein Hochbeet einpflanzt, und gab »Klimaschutz geht uns alle an« als neuen FPÖ-Slogan aus. Er selbst leiste dazu einen Beitrag, indem er Elektroscooter fahre, sein Gemüse selbst anbaue und auf dem Dach seines Hauses eine Fotovoltaik-Anlage montiert habe, erklärte er.[39]

Dabei war es ausgerechnet Hofer, der als Verkehrsminister noch zwei Monate zuvor erklärt hatte, er werde die wichtigste Forderung der Experten des österreichischen Umweltbundesamts im Kampf gegen die Treibhausgasemissionen, nämlich Tempo 100 statt 130 auf Autobahnen, sicher nicht umsetzen.[40] Stattdessen wollte die FPÖ in Österreich Tempo 140 einführen. Heute ruft der FPÖ-Chef hingegen als selbsternannter Klimaretter seine Anhänger dazu auf, für kurze Wege »das Fahrrad« zu nutzen »oder zu Fuß« zu gehen und im Supermarkt »regionalen Produkten den Vorzug zu geben«.[41]

Aber auch bei der AfD gibt es erste Stimmen für einen Kurswechsel in der Klimapolitik. Gleich nach der EU-Wahl schrieb die Berliner Junge Alternative, die Jugendorganisation der AfD, in einem Brief an die Parteispitze: »Wir fordern die Mandats- und Funktionsträger unserer Partei dazu auf, von der schwer nachvollziehbaren Aussage Abstand zu nehmen, der Mensch würde das Klima nicht beeinflussen.«[42] Die Jung-AfDler fordern von ihrer Partei nun konkrete Vorschläge zur Verbesserung des Weltklimas.[43] Greta würde das sicher gefallen.

Russland: Liebesgrüße nach Moskau

Die Falle war wohlüberlegt gestellt: eine Neureichen-Villa auf Ibiza, jede Menge Wodka-Red-Bull und dazu ein perfekter Lockvogel. Die Frau, die den ehemaligen FPÖ-Chef und österreichischen Vizekanzler Heinz-Christian Strache zu seinen verhängnisvollen Aussagen animierte, die ihn beide Ämter kosteten, war nicht nur eine attraktive Blondine, die Strache »scharf«[1] fand – sie gab sich auch als Nichte eines russischen Oligarchen aus. Und von Russland sind nun einmal viele europäische RechtspopulistInnen fasziniert.

Seit Langem suchen FPÖ, Rassemblement National, Lega, AfD und Co. die Nähe zu Moskau. Sie bewundern den russischen Präsidenten Wladimir Putin und sein Regime als personifiziertes Gegenmodell zu dem aus ihrer Sicht liberal verkommenen Westen. Sein Land gibt ihnen eine Vorstellung von einem autoritären System, wie sie es selbst anstreben: mit einem starken Führer, der den vermeintlichen Volkswillen exekutiert und die Eliten entmachtet, mit einer Absage an den Islam, an Homosexuelle und die demokratische Zivilgesellschaft. Und zugleich finden sie in Putins Einflussbereich die weltpolitische Bühne, die ihnen ansonsten oft noch verschlossen ist.

Umgekehrt gibt es viele Hinweise darauf, dass Moskau Europas Rechte unterstützt. Eine russische Bank half Marine Le Pen 2014 mit einem Neun-Millionen-Kredit bei der Finanzierung des damaligen Europawahlkampfs.[2] Im März 2019 meldete die italienische Zeitung *L'Espresso*,[3] dass Russland den EU-Wahlkampf von Matteo Salvinis Lega mithilfe eines schmutzigen Öldeals mit mehreren Millionen Dollar unterstützen wollte, das US-Medienportal *BuzzFeed* publizierte später weitere Details.[4] Mit Österreichs damaliger Außenministerin Karin Kneissl tanzte Putin auf deren Hochzeit, wofür sich die parteilose Politikerin, die auf dem Ticket der FPÖ im Amt war, mit einem tiefen Kniefall bedankte. Der *Spiegel*[5] veröffentlichte im April 2019 geleakte Mails, die zeigen, wie der Kreml AfD-Politiker für seine Zwecke benutzt. Über den heutigen Bundestagsabgeordneten Markus Frohnmaier heißt es von russischer Seite etwa: »Er wird ein unter absoluter Kontrolle stehender Abgeordneter sein.«[6]

Schon 2013, die AfD war erst wenige Monate alt, hatte Alexander Gauland in einem Strategiepapier eine Wiederannäherung an die Russlandpolitik Bismarcks empfohlen: »Das Verhältnis zu Russland sollte uns immer eine sorgfältige Pflege wert sein«, hieß es darin.[7] Die AfD wurde damals noch von dem Transatlantiker Bernd Lucke geführt, Gauland war einer seiner Stellvertreter und Landeschef in Brandenburg. Heute steht er selbst an der Spitze.

2014 annektierte das Putin-Regime die Krim, ab 2015 mischte es sich verstärkt in den Krieg in Syrien ein. Seit dieser Zeit suchte es mehr als zuvor den Kontakt zu rechten Parteien in ganz Europa. Schon im Spätsommer 2014 war Gauland zu Gast in der russischen Botschaft. Kurz danach trat er mit dem Kreml-Lobbyisten Wladimir Jakunin bei der Konferenz »Frieden mit Russland« des Querfront-Magazins *Compact* auf; seit der Krim-Annexion steht Jakunin auf der Sanktionsliste der USA. Gauland reiste 2015 nach Sankt Petersburg, traf einen nationalistischen Oligarchen und diskutierte mit dem neofaschistischen Ideologen Alexander Dugin[8], den das US-Magazin *Foreign Affairs* »Putins Hirn«[9] getauft hat.

Und so ging es weiter: AfD-Politiker liefen bei Konferenzen in die Ostukraine auf, wo russische Soldaten Krieg führen, näherten sich der Putin-Jugend an, trafen sich in Moskau mit der Kremlpartei oder der Stadtregierung. Sie nahmen am Jalta-Wirtschaftsforum auf der völkerrechtswidrig annektierten Krim teil, beobachteten Wahlen in Russland oder im ukrainischen Donbass, wo von Moskau unterstützte Separatisten Wahlen abhalten ließen.

Oft trafen sie dann RechtspopulistInnen aus anderen Ländern: von der Lega, dem Rassemblement National oder der FPÖ beispielsweise. Einer der reisefreudigsten sogenannten Freiheitlichen war bislang Ex-Fraktionschef Johann Gudenus, der gemeinsam mit Strache auf Ibiza war. Im Video spricht er fließend Russisch. 2014 reiste Gudenus als Wahlbeobachter auf die Krim, um zu bezeugen, dass das umstrittene Referendum über den Anschluss an Russland »ohne Druck oder Zwang«[10] vonstattengegangen sei.

2016 hat die FPÖ sogar ein Arbeitsübereinkommen mit Putins Partei Vereinigtes Russland unterschrieben. Darin versprechen sich beide Parteien, in den folgenden fünf Jahren die österreichisch-russischen Beziehungen zu vertiefen und die wirtschaftliche Entwicklung beider Länder zu unterstützen. Auch wollen die Unterzeichner »zur Erziehung der jungen Generationen im Geiste von Patriotismus und Arbeitsfreude beitragen«[11]. Seit 2017 gibt es auch eine Kooperationsvereinbarung der Putin-Partei mit der italienischen Lega über eine »gleichberechtigte Partnerschaft«. Und auch Ungarns Ministerpräsident Viktor Orbán hofiert den russischen Präsidenten immer wieder.

Der PiS gefällt diese Phalanx der Putin-Freunde überhaupt nicht. Aus historischen Gründen und aufgrund der geopolitischen Lage wird Russland in Polen sowie im Baltikum beargwöhnt. Gerade seit der Krimannexion und dem Krieg in der Ukraine sind die Ängste vor einer Aggression des riesigen Nachbarn groß.

Auch Stefan Meister beobachtet den rechten Putin-Fanclub besorgt. Der Politikwissenschaftler ist Russland-Experte bei der Deutschen Gesellschaft für Auswärtige Politik und Leiter des Robert-Bosch-Zentrums für Mittel- und Osteuropa und Russland. »Das wichtigste Anliegen Russlands ist, die EU zu destabilisieren«, sagt er.[12] »Die Hauptsache ist, den Mainstream zu schwächen. Alles, was dazu beiträgt, ist attraktiv.« Und so sind Parteien wie die Lega, die FPÖ, das Rassemblement National oder eben die AfD attraktive Partner für den Kreml. Niemand setzt der EU heute stärker zu als sie.

Oft wird gemutmaßt, Russland lasse ihnen deshalb Geld zukommen. Doch das wurde, mit Ausnahme des Millionenkredits für das Rassemblement National, bislang nicht nachgewiesen. Tatsächlich ist die wichtigste Währung, mit der Moskau Europas PopulistInnen stützt, Aufmerksamkeit. »Es geht bei russischer Einflussnahme vor allem um Präsenz rechter Politiker in klassischen Medien und in sozialen Netzwerken«, sagt Stefan Meister. Wie das funktioniert, zeigen drei Beispiele aus der AfD.

Der Bezirkspolitiker: Gunnar Lindemann

Gunnar Lindemann sitzt im Berliner Abgeordnetenhaus für den Wahlkreis Marzahn-Hellersdorf 1. Seit der Wiedervereinigung sind die Direktmandate hier an die Linkspartei gegangen – bis Lindemann es 2016 holte. Der gebürtige Wuppertaler, Jahrgang 1970, ist ein bulliger Mann, für ein Treffen hat er ein Café im ersten Stock eines Einkaufszentrums in Marzahn vorgeschlagen.

Wegen der rund 30 000 Russlanddeutschen in seinem Wahlkreis habe er eine russischsprachige Mitarbeiterin eingestellt, sagt er.[13] Seine Pressemitteilungen lässt er ins Russische übersetzen und an russische Medien verschicken. Seine Flugblätter verteilt der AfD-Politiker vor dem Mix Markt in Marzahn, der Pelmeni, Fondant-Konfekt und andere russische Produkte verkauft, im Abgeordnetenhaus, dem Berliner Landesparlament, setzt er sich für eine Bahn-Direktverbindung zwischen Berlin und Kaliningrad ein.

Das hört sich nach harmloser Service-Politik für Russlanddeutsche an, doch Lindemann macht noch mehr. Am Ostersonntag 2019 postet er auf Twitter ein Foto: Gemeinsam mit einer jungen Frau, weißes Kleid, lange blonde Haare, lacht er darauf in die Kamera. Dazu schreibt er: »Gemeinsam mit @MarionMaréchal für ein #Europa der Vaterländer und gegen die Diktatur aus Brüssel in Frieden und Freundschaft.«[14] Maréchal gehört zum Rassemblement National, sie ist die Nichte von Marine Le Pen.

Lindemann nimmt am »Yalta International Economic Forum« auf der Krim teil, einer der größten Wirtschaftskonferenzen für Russland, die unter anderem Investoren aus dem westlichen Ausland anlocken soll. Das ist angesichts der Sanktionen, die die USA und die EU 2014 verhängt haben, alles andere als leicht. Lindemann ist nicht zum ersten Mal auf der Krim. Dreimal reiste er allein 2018 dorthin, weitere dreimal in die von prorussischen Truppen besetzte Region Donbass im Osten der Ukraine. Als die international nicht anerkannte »Volksrepublik Donezk« im November 2018 Wahlen abhielt, war Lindemann »internationaler Wahlbeobachter«. Das klingt nach OSZE, der Organisation für Sicherheit und Zusammenarbeit in Europa, und nach demokratischer Kontrolle. Und so soll es auch klingen.

»Diese Wahlbeobachtungen sollen suggerieren, dass alles in Ordnung ist, aber das ist es nicht«, sagt Anton Shekhovtsov.[15] Der zuletzt in Wien forschende Politikwissenschaftler ist einer der besten Kenner der Kooperation zwischen Putins Russland und den extremen Rechten in Westeuropa, sein Buch *Tango Noir* gilt als Standardwerk. Darin zeigt Shekhovtsov unter anderem ein weitverzweigtes Netzwerk von Vereinen auf, die solche Wahlbeobachtungen organisieren. »Mit ihrer Hilfe versucht das Putin-Regime, die demokratische Fassade aufrechtzuerhalten und dem russischen Volk zu zeigen: Wir halten uns an die demokratischen Spielregeln.«

Von seinen Reisen postet Lindemann gern Fotos: Lindemann im dunklen Anzug bei der Amtseinführung des neuen »Präsidenten der Volksrepublik Donetsk«. Lindemann bei einem Vortrag vor StudentInnen, zu Gast in einem Waisenhaus, im leeren Fußballstadion. Und natürlich: Lindemann als Wahlbeobachter beim Händeschütteln mit anderen Anzugträgern. Die Botschaft ist klar: Lindemann macht Außenpolitik. Ungewöhnlich für einen Berliner Landespolitiker aus Marzahn. Dass Lindemanns Partei in Deutschland in der Opposition ist, er selbst nur im Berliner Abgeordnetenhaus sitzt, ist für die Mächtigen auf der Krim und im Donbass nicht so wichtig: Für sie ist er der deutsche Abgeordnete, der internationale Anerkennung verheißt.

Der AfD wiederum helfen solche internationalen Auftritte dabei zu überspielen, dass sie außenpolitisch sonst wenig Konzepte hat. »Hier können sie zeigen, dass sie gerade zu einem der für Deutschland wichtigsten Staaten gute Verbindungen haben und Brücken zu denen bauen, die Trump und der US-Militärgewalt die Stirn bieten. Das ist gut in sozialen Netzwerken zu verkaufen«, sagt Stefan Meister. »Es gibt natürlich Akteure im Kreml, die das vordenken, aber nicht in dem Sinne, dass sie alles selbst steuern würden. Die Medien tun dies dann schon von selbst, eher dezentral, gemäß einem zentral ausgegebenen Narrativ.«

Zwar schauen nur wenige WählerInnen aus der Zielgruppe der AfD selbst Sender wie das Kreml-finanzierte *Sputnik* oder *RT Deutsch,* die in Deutschland nur im Netz zu sehen sind. In den sozialen Medien aber lässt sich die Russland-Präsenz der AfD voll ausspielen. Hier kann sie zeigen, dass sie die Anerkennung eines anderen Staates bekommt, der bei der eigenen Klientel sehr beliebt ist. Dass Fakten und Fake News dabei immer mehr verschwimmen, stört die Klientel nicht. »Im russischen TV bekommt man das Gefühl, die AfD ist die wichtigste Partei in Deutschland«, sagt Meister. In rechten deutschen Medien oder bei *RT Deutsch* würden die Beiträge dann verlinkt.

Anders als zu den sozialistischen Parteien während des Kalten Krieges gebe es keine wirklichen ideologischen Bande zwischen dem Kreml und den RechtspopulistInnen, sagt Russland-Experte Meister. »Die russische Seite ist heute komplett ideologiefrei.« Zwar gebe es in der russischen Elite auch Ideologen, die traditionelle Werte und Familienbilder sowie Homophobie propagieren und entsprechende Schnittmengen zu den Rechten in Westeuropa hätten. »Aber denen, die die Vernetzung mit den Rechten in Europa initiieren, verwalten und vorantreiben, geht es um Machterhalt und Großmachtbildung. Und da geht man pragmatisch vor.« Die EU gelte als Sicherheitsanhängsel der Amerikaner.

»Deshalb geht es den Russen darum, die EU zu schwächen und zu spalten, egal mit welchem Partner. Alles, was funktioniert, ist willkommen.«

Der Russlanddeutsche: Waldemar Herdt

Oft heißt es, die Begeisterung der AfD für Russland rühre auch daher, dass sie die rund zwei Millionen Russlanddeutschen als eine wichtige Wählergruppe entdeckt habe. Laut einer Studie der Universität Duisburg-Essen stimmten allerdings bei der Bundestagswahl 2017 etwa 15 Prozent der Russlanddeutschen für die AfD – nur unwesentlich mehr als die Gesamtbevölkerung also. Die Vorstellung, die Russlanddeutschen seien eine Bastion der Rechten, sei »ein klassischer Medienhype«, sagt Studienleiter Achim Goerres.[16]

Mit angefacht hat diesen Hype Waldemar Herdt, Mitglied der »Russlanddeutschen in der AfD«. Er sagt, die besondere Nähe der Russlanddeutschen zu seiner Partei ergebe sich aus den konservativen Werten, aus Familie und Religion. Herdt, Jahrgang 1962, ist evangelikaler Christ und stammt aus Kasachstan. Mit 33 wanderte er nach Deutschland aus, seit 2017 sitzt er im Bundestag. In Deutschland gebe es eine »sich immer mehr abzeichnende Russophobie«,[17] sagt er bei einem Gespräch in seinem Büro, in seinem Deutsch klingt die kasachische Herkunft nach. Moskau werde nur als Aggressor betrachtet. Dabei sei Sicherheit nur mit Russland möglich. Dazu könnten Russlanddeutsche beitragen, sagt Herdt. »Denn wir wissen, wie die Russen ticken.«

Spricht man mit Herdt über Putin, klingt Bewunderung durch. Unter Jelzin habe Chaos geherrscht, die Russen hätten sich gehasst. »Putin aber hat ihnen die Würde zurückgegeben. Sie sind jetzt stolz, Russen zu sein. Und auf einmal sind die Straßen wieder sauber, die Häuser sehen ganz anders aus, die Wirtschaft steigt auf.« Tatsächlich aber steigt die Wirtschaft wieder

ab: Nach der Boomzeit der Nullerjahre, als die Wachstums-
raten zeitweise bei 8 Prozent lagen, ist das Wachstum auf zuletzt
1,8 Prozent zurückgegangen, die Weltbank geht von einem weiteren Abschwung aus.[18]

Herdt reist oft nach Russland. An Ostern war er, genau wie im
Vorjahr, mit Lindemann und anderen AfD-Abgeordneten beim
Jalta-Wirtschaftsforum auf der Krim, im März 2018 als Wahlbe-
obachter bei der Duma-Wahl in Moskau. »Die Russen feiern die
Freiheit, wählen zu dürfen«, sagt Herdt. Dass der bedeutendste
Putin-Gegner, Alexei Nawalny, nicht kandidieren durfte, erwähnt
Herdt nicht. Auch davon, dass die Krim völkerrechtswidrig an-
nektiert worden ist, will er nichts wissen. »Ich bin nicht so ein Fan
dieser Aussage«, sagt er und spricht von einer »freiwilligen Entscheidung«. Im Übrigen sei die Krim ein Land wie jedes andere.

Im Bundestag will sich Herdt für die Interessen der Russlanddeutschen einsetzen. Er hat einen Mitarbeiter eingestellt, der
sich mit ihrer Geschichte auskennt – und selbst Teil dieser Geschichte ist: Heinrich Groth hat als Vorsitzender der Gesellschaft
Wiedergeburt bis 1993 in Moskau die Interessen der Sowjetdeut-
schen vertreten und nach eigener Darstellung[19] Tausende dazu
gebracht, sich nach Deutschland aufzumachen. Heute gilt er als
prorussischer Propagandist, der selbst Herdts Fraktionskollegen
nicht ganz geheuer war. Fraktionschef Alexander Gauland bat
deshalb den damaligen Verfassungsschutzchef Hans-Georg Maaßen zu prüfen, ob Groth ein russischer Spion sei. Maaßen gab
schließlich Entwarnung.

Öffentlich hatte Groth im Januar 2016 auf sich aufmerksam
gemacht, als er zum »Fall Lisa« eine Demonstration vor dem
Kanzleramt anmeldete. Neben Hunderten Russlanddeutschen
kamen auch Rechtsextremisten, obwohl die angebliche Ver-
gewaltigung der 13-jährigen Lisa, Tochter von Russlanddeutschen,
durch »Südländer« sich schnell als Lüge herausstellte. Russische
Staatsmedien griffen die Geschichte trotzdem auf und behaupteten, Flüchtlinge hätten das Mädchen verschleppt, deutsche Er-

mittlungsbehörden würden die Tat vertuschen. Ähnlich äußerte sich selbst der russische Außenminister Sergej Lawrow. Wochenlang gab es hierzulande Demonstrationen. Groth arbeitet auch heute noch für Herdt.

Der Umtriebige: Markus Frohnmaier

Einer der reisefreudigsten Russland-Fans in der AfD ist Markus Frohnmaier, Jahrgang 1991, ein kleiner Mann mit rundem Gesicht, ziemlich kahlem Schädel und Bart. Im April 2018 ist er zum zweiten Mal zum Wirtschaftsforum nach Jalta gereist, bei der Eröffnung hält er »als Ehrengast« eine kurze Rede, wie die AfD später stolz verkündet.[20] In der Lobby des Luxushotels, in dem das Forum tagt, gibt Frohnmaier *RT Deutsch* ein Interview[21]. Er schwärmt von der Krim, von Landschaft und Architektur, Wein und Meer, vergleicht die Halbinsel mit dem italienischen Verona, fragt: »Was möchte man mehr?«, und fügt hinzu: Man müsse akzeptieren, dass die Krim nun russisch sei und nicht mehr zurückkomme. Und dass die Sanktionen wegmüssten. Besser hätte Putins PR-Abteilung das wohl auch nicht formuliert.

Ein knappes Jahr später, an einem Freitag Anfang Januar 2019, ist Frohnmaier an einem weit weniger beeindruckenden Ort zum Gespräch bereit: in der Sachsen-Arena in Riesa. Auf der Leinwand hinter ihm wird das Geschehen aus der Halle übertragen. Die AfD stellt auf einem Bundesparteitag ihre KandidatInnen für die Europawahl auf. Frohnmaier hat es zu diesem Zeitpunkt mit Provokationen schon einige Male in die Schlagzeilen geschafft, im Laufe des Frühjahrs aber kommen drei große Geschichten hinzu, die ihm nicht behagen dürften. Die bereits erwähnte Enthüllung des *Spiegels*, die es unter der Schlagzeile »Putins Puppen« auf die Titelseite des Nachrichtenmagazins geschafft hat – und deren Hauptprotagonist Frohnmaier ist. Ein Bericht der ARD-Sendung »Kontraste« und von *t-online.de,* dass Frohnmaier in das Organisationskomitee des Jalta-Forums aufgestiegen sei, in dem auch zwei Mitarbeiter des russischen Geheimdienstes sitzen. Und ein Verdacht aus der Ukraine: dass ein – inzwischen ehemaliger – Bundestagsmitarbeiter und enger Vertrauter Frohnmaiers einen Anschlag polnischer Neonazis auf ein ungarisches Kulturzentrum in der Ukraine finanziert haben soll, um das Land weiter zu destabilisieren.

Frohnmaier hat in Tübingen einige Semester Jura studiert, nach einem Intermezzo bei der rechtsextremen German Defense League trat er 2013 in die AfD ein, wo er zum radikal rechten Rand gehört. Er war Sprecher der ehemaligen Parteichefin Frauke Petry und hat für Alice Weidel gearbeitet, der heutigen Fraktionschefin. Von Mai 2015 bis Februar 2018 war er Chef der Jungen Alternative (JA), die noch radikaler als die Mutterpartei ist; im Prüfbericht des Verfassungsschutzes taucht Frohnmaiers Name 19 Mal auf.

Im März 2015 war Frohnmaier bei der Association Dialogue Franco-Russe in Paris zu Gast, einer Organisation rechter Katholiken, die den damaligen Front National auf Pro-Putin-Kurs getrimmt hat. Bald darauf reiste er in die Ostukraine, wo er auf dem »Donbass-Forum« mit einem Politiker des Front National über »Frieden in der Ukraine« diskutierte. Als JA-Vorsitzender hat Frohnmaier fleißig internationale Kontakte zu Gleichgesinnten im Osten geknüpft. Er sprach mit Robert Schlegel, Spitzenfunktionär der Putin-Partei Vereinigtes Russland, über eine Zusammenarbeit zwischen Putins Parteinachwuchs Junge Garde und der JA, traf Konstantin Petritschenko, Chef der Abteilung für internationale Verbindungen der Kremlpartei und deren Jugendorganisation, der Vereinigten Jugendfront. So geht es weiter: Reisen nach Russland, in den Donbass, auf die Krim, alles dabei. Als Putin die Krim annektieren ließ, kommentierte Frohnmaier auf Facebook: »Ich beglückwünsche die Bürger der Krim zum Erringen der Unabhängigkeit von der Ukraine.«[22]

Sein Interesse an Osteuropa, sagt Frohnmaier bei dem Gespräch in Riesa, sei auch in seiner Biografie begründet. Er ist in Rumänien geboren, mit einem Jahr wurde er von einem schwäbischen Ehepaar adoptiert. Seine Frau stammt aus Russland. »In Osteuropa«, sagt Frohnmaier, seien noch christliche Werte auffindbar: »Die Familie und die Nation haben dort einen anderen Stellenwert.«[23] Ähnlich äußern sich andere europäische RechtspopulistInnen. »Im Osten Europas sind die Menschen normal«, sagte Strache im Ibiza-Video über die Russen. Und: »Wir haben die Dekadenz im Westen, im Osten sind sie normal.«[24]

2015 war Frohnmaier mit Gauland auf Reisen. In Sankt Petersburg traf die kleine Reisegruppe den Putin-Vertrauten Alexander Dugin, den faschistischen Ideologen, der eine Schlüsselfigur im internationalen Netzwerk antiwestlicher Bewegungen und Parteien ist. Er lehnt die westliche Weltsicht und die Demokratie gleichermaßen ab und kämpft für eine autoritäre Zivilisation in »Eurasien«. Er habe Dugin am Rand der AfD-Delegationsreise kennengelernt, bestätigt Frohnmaier.

Weit mehr als Frohnmaier selbst hat Dugin wohl Frohnmaiers kürzlich entlassenen Mitarbeiter Manuel Ochsenreiter geprägt, der Dugin einen »väterlichen Freund«[25] nennt. Ochsenreiter ist eine Schlüsselfigur in der prorussischen, extrem rechten Szene in Deutschland und hat wiederum vermutlich großen Einfluss auf Frohnmaier gehabt, die beiden kennen sich seit Jahren. Gegen Ochsenreiter ermittelt nun die Berliner Staatsanwaltschaft wegen des Verdachts, einen Terroranschlag polnischer Neonazis in der Ukraine unterstützt zu haben.

Gemeinsam mit Ochsenreiter und dem Polen Mateusz Piskorski hat Frohnmaier im April 2016 in Berlin das Deutsche Zentrum für Eurasische Studien gegründet, einen Verein, wie es ihn laut Anton Shekhovtsov in vielen europäischen Ländern gibt – um »Wahlbeobachtungen« im Sinne Putins zu organisieren. Der zentrale Mann dabei: Piskorski. Kurz nach der Gründung des deutschen Vereins wurde dieser in Polen verhaftet. Er sitzt seitdem in Untersuchungshaft, im April wurde er erstmals dem Gericht vorgeführt. Der Vorwurf: Spionage zum Vorteil Russlands. Auch der deutsche Verfassungsschutz hatte Piskorski auf dem Schirm.

Gunnar Lindemann, Waldemar Herdt, Markus Frohnmaier – Politiker wie die drei AfD-Männer gibt es auch in rechtspopulistischen Parteien in anderen europäischen Ländern. Egal ob FPÖ, Lega oder RN: RechtspopulistInnen lassen sich zur Verteidigung von Putins Expansionspolitik einspannen, dienen als demokratische Feigenblätter für fragwürdige Wahlen und machen sich gegen die Sanktionen des Westens gegen Russland stark. Im Gegenzug werden sie aufgewertet und unterstützt.

Dieses Geben und Nehmen führt inzwischen sogar in den Inlandsgeheimdiensten so manchen EU-Landes zu Unruhe.[26] Als die RechtspopulistInnen in Österreich mitregierten, sorgte man sich im deutschen Bundesamt für Verfassungsschutz, ob die geheimen Informationen, die man mit dem Nachbarland teilt, noch sicher seien. Nach Informationen der *Welt* soll Verfassungsschutzchef Thomas Haldenwang im Kontrollgremium des Bundestages von »erheblichen Risiken« in der nachrichtendienstlichen Zusammenarbeit mit Österreich gesprochen haben.[27] Dahinter steckt die Annahme, dass Österreich geheime Informationen, die es von Partnerländern erhält, womöglich an Russland weiterleiten könnte. Ähnliche Bedenken gab es auch in anderen europäischen Geheimdiensten – und man zog Konsequenzen. Die niederländischen und britischen Dienste sollen den Kontakt mit Wien fast komplett abgebrochen haben, der Chef des österreichischen Verfassungsschutzes Peter Gridling bestätigte als Zeuge vor Gericht, dass sein Amt nicht mehr an den Arbeitsgruppen des Berner Clubs, in dem sich die Inlandsgeheimdienste der EU-Länder treffen, teilnehme.[28]

Dass der damalige FPÖ-Chef Strache in der Villa auf Ibiza einer vermeintlichen russischen Geschäftsfrau so bereitwillig Staatsaufträge in Aussicht stellte, dürfte die Befürchtungen von Verfassungsschutzchef Haldenwang bestätigt haben.

Kulturpolitik: Vorhang zu für '68

In Wien, Berlin und anderen europäischen Städten ist der Theaterregisseur Árpád Schilling ein Star. Er hat am Wiener Burgtheater, im Berliner Ensemble, am Staatsschauspiel Dresden und an anderen prominenten Spielorten inszeniert und erhielt 2009 den Europäischen Theaterpreis für Neue Realitäten im Theater. Auch in seinem Heimatland Ungarn war Schilling früher ein gefragter Künstler, setzte sich mit seiner Theatergruppe Krétakör (deutsch Kreidekreis) mit sozialpolitischen Fragen auseinander.

Heute aber gilt Schilling in Ungarn als »Staatsfeind«. Als einen »potenziellen Verbreiter staatsfeindlicher Aktivitäten« diffamierte ihn der »Ausschuss für nationale Sicherheit« des ungarischen Parlaments 2017. Sein »Verbrechen«: Schilling hatte ein Referendum gegen Korruption in Ungarn beantragt und eine Demonstration in Felcsút organisiert, der Heimatstadt von Ministerpräsident Viktor Orbán.[1] Nun lebt er mit seiner Familie im französischen Exil.

Solidarität aus der ungarischen Kulturszene gab es für Schilling so gut wie keine, erzählte der Regisseur im März 2019 in einem Interview. Die ungarischen KollegInnen habe das »überhaupt nicht interessiert. Sie haben gesagt, ich mache zu viele Probleme. Sie sind mir nicht zur Seite gestanden.«[2]

Wenn rechtspopulistische Parteien an die Macht kommen, setzen sie alles daran, möglichst rasch nicht nur die politische, sondern auch die kulturelle Hegemonie im Land zu übernehmen. Der Kampf gegen Kulturinstitutionen ist dabei immer auch ein Kampf gegen den Geist von 1968, gegen das Liberale, das Offene, das Provozierende. Kunst soll nicht mehr aufrütteln und stören, Kunst soll gefallen und ein schmückendes Beiwerk für die Erzählung der Herrschenden sein. Sie soll aber auch dazu verwendet werden, die eigene nationalistische Ideologie unter das Volk zu bringen, und als Mittel im Kampf gegen den politischen Gegner. In Frankreich lautet die kulturelle Kampfparole des Rassemblement National »Débranchons mai 68!« – »Ziehen wir '68 den Stecker raus!«. Parteien wie das Rassemblement National möchten nicht nur die politische Macht im Land, sondern auch im Kulturbereich den liberalen, kosmopolitischen Kräften den Strom abdrehen.[3]

In Ungarn zeigt sich das besonders gut. Orbán spricht wörtlich vom Kulturkampf, auch wenn er sich aus dem Nahkampf heraushält. Aber er gibt die Richtung vor. Für ihn stehen wir an einer Zeitenwende, und das Ziel laute, die Liberalen durch illiberale christliche NationalistInnen zu ersetzen. Das sei auch in der Kultur nötig, damit Ungarn verteidigt werden könne. Die Kultur ist für ihn Teil der Identität, und Identität sei die stärkste Waffe im politischen Kampf.[4]

Seit Orbán bei den Parlamentswahlen im April 2018 mit 49,3 Prozent der Stimmen zum dritten Mal in Folge den Sieg eingefahren hat, herrscht in der Tat ein regelrechter Kulturkampf im Land. Er richtet sich gegen die letzten liberalen, kosmopolitischen Reste in Ungarns Kulturbetrieb und wurde eingeleitet durch eine im ungarischen Regierungsblatt *Magyar Idők* veröffentlichte Artikelreihe: »Von wessen kultureller Diktatur sprechen wir eigentlich?« lässt sich deren Titel aus dem Ungarischen übersetzen. In den knapp 20 Artikeln beschreibt der regierungsnahe Journalist Árpád Szakács die ungarische Kulturszene so, als würden dort liberale Kräfte die Konservativen unterdrücken und erniedrigen. Die Rechte im Land, so kritisiert der Autor, habe sich selbst aufgegeben und finanziere ihre Feinde sogar noch mit staatlichen Subventionen.

Damit hat die Regierung eine absurde Diskussion angezettelt, die mittlerweile auch in Ungarns Kulturszene geführt wird. Zum einen werden seit Orbáns Machtübernahme unabhängige Kulturschaffende reihenweise aus ihren Ämtern gejagt. Erst kürzlich musste der Chef des Petöfi-Literaturmuseum in Budapest seinen Posten räumen, weil er es gewagt hatte, regierungskritische SchriftstellerInnen zu Lesungen einzuladen. Auf der anderen Seite hält Orbáns Fidesz den Mythos aufrecht, der ungarische Kulturbetrieb stehe immer noch völlig unter der Kontrolle liberaler Eliten, die ihrerseits einen Kulturkampf gegen das ungarische Volk führen würden.

KünstlerInnen, die Orbáns Politik kritisieren, werden als »Nestbeschmutzer« diffamiert. Darunter auch international gefeierte Stars wie der Dirigent und Pianist András Schiff, der in den großen Konzerthäusern der Welt zu Hause ist. Als er 2011 in einem Text für die *Washington Post* den Antisemitismus in seinem Land anprangerte, wurde er in Ungarn als »Saujude« und »Hochverräter« beschimpft.[5] »Patriotismus und Loyalität« werden hingegen gefördert, wie die *taz* schon im April 2014 schrieb.[6] So bekam etwa János Petrás, Leadsänger der Rockband Kárpátia, 2013 den Verdienstorden der Republik verliehen. Kárpátia war zu dieser Zeit die Hausband der rechtsextremen Partei Jobbik, und Petrás hatte auch einen Marsch für deren paramilitärische Ungarische Garde geschrieben.[7]

Wie Orbán in Ungarn rief in Polen Jarosław Kaczyński eine »Kulturrevolution« seiner erzkatholischen Partei »Recht und Gerechtigkeit« (PiS) aus. Das Ziel: die heimische Kunstszene von angeblichen NestbeschmutzerInnen, »Landesverrätern« und »linkem Pack« zu säubern.[8] Für diese Säuberung hat die PiS-Regierung sogar einen eigenen Ausdruck: »Guter Wandel«.[9] Nachdem sie 2015 die Macht übernommen hatte, wurden recht bald angesehene DirektorInnen polnischer Kulturinstitute von New York über Neu Delhi bis Berlin fristlos entlassen und durch ParteigängerInnen ersetzt. Den Kulturinstituten wurde zudem vorgegeben, welche AutorInnen nicht mehr eingeladen werden dürfen.[10] Auch in die Schulen wirkte die neue Kulturpolitik hinein: Werke von weltberühmten Schriftstellern wie Joseph Conrad

(Herz der Finsternis) oder Ryszard Kapuściński *(König der Könige)* wurden aus dem Literaturkanon gestrichen.[11]

Im Februar 2019 veröffentlichte das Ministerium für Kultur und nationales Erbe die Ergebnisse von zwei Wettbewerben für Kulturmagazine und Literaturevents. Eine Förderung erhielten vor allem rechte oder religiöse Initiativen, unabhängige oder linke Magazine und Veranstaltungen gingen leer aus. Die OrganisatorInnen der beiden führenden Literaturfestivals hatten sich von der Politik der Regierung distanziert: Literarisches Zoppot, das SchriftstellerInnen wie Zadie Smith nach Polen gebracht und im Vorjahr 18 000 BesucherInnen gehabt hatte, und das Krakauer Conrad Festival, das unter seinen Gästen NobelpreisträgerInnen wie Herta Müller oder Orhan Pamuk und 2018 20 000 Menschen anzog. Erst nach heftiger Kritik aus der Öffentlichkeit bekamen die Festivals doch noch etwas Unterstützung.

Besonders dramatisch zeigte sich diese »Kulturrevolution« aber in Polens bis dahin sehr dynamischer, progressiver Theaterszene. In Breslau wollte der damalige Kulturminister Piotr Gliński von der PiS dem Polnischen Theater die Aufführung des Stücks *Der Tod und das Mädchen* von Literaturnobelpreisträgerin Elfriede Jelinek verbieten.[12] Im November 2018 schrieb die *Frankfurter Allgemeine Zeitung* über die polnische Theaterszene: »Wo einstmals international gefeierte Regisseure wirkten, haben heute mittelklassige Provinzlinge das Sagen. Das Ziel der Regierung: Die polnische Kunst soll (wieder) patriotisch, katholisch, regierungstreu werden.«[13] Gliński plädierte im November 2015 auch dafür, dass die polnische Filmindustrie Filme produzieren solle, die in Hollywoodmanier die Heldentaten der polnischen Nation behandeln und ein patriotisches Geschichtsbild vermitteln.[14]

Auch in Ungarn war die Theaterszene rasch Ziel von Orbáns Kulturkampf. Schon 2010, kurz nachdem Orban an die Macht kam, wurde der freien Theaterszene die Förderungen halbiert.[15] 2013 wurde der international anerkannte Regisseur und Intendant des ungarischen Nationaltheaters, Róbert Alföldi, gegen den Willen des Ensembles über Nacht und ohne Begründung von der Regierung entlassen. Zahlreiche SchauspielerInnen folgten Alföldi aus Protest.[16] Schon vor seinem Rausschmiss war Alföldi wegen seiner Homosexualität von Rechtsextremen mehrfach als »Landesverräter«, »Schwuchtel« und »Jude« beschimpft worden.[17] Neuer Intendant wurde Orbáns Wunschkandidat Attila Vidnyánszky. Er galt als konservativer, antimodernistischer Theatermacher und hatte zuvor ein Theater in Debrecen geleitet. In seinem Konzeptpapier zur Bewerbung plädiert er für die Rückeroberung des Hinterlands durch die Magyaren und den Kampf gegen die liberalen »Luststaat«, der durch eine völkisch-antimoderne Kultur ersetzt werden solle.[18]

Applaus dafür gab es aus Deutschland. Da forderte Hans-Thomas Tillschneider, Landtagsabgeordneter der AfD in Sachsen-Anhalt, den Intendanten des Opernhauses Halle an der Saale zu »entlassen, als Nachfolger wird ein Charakterkopf vom Format eines Attila Vidnyánszky gesucht. Dann muss die ganze Willkommenspropaganda aus dem Spielplan …«[19]

In Ungarn wird Kritik an den Umbesetzungen im Kulturbereich von Fidesz-treuen Medien niedergebügelt. Als der mittlerweile verstorbene ungarische Autor Péter Esterházy im staatlichen Radio empfahl, das Nationaltheater unbedingt noch zu besuchen, bevor Vidnyanszky seinen Vorgänger Alföldi ablöst, wurde diese Passage einfach aus der Sendung geschnitten. »Zum letzten Mal, soweit ich mich erinnern kann, wurde ich 1981 zensiert«, kommentierte Esterhazy diesen Vorgang.[20] Damals herrschte in Ungarn noch die kommunistische Diktatur.

Das Nationaltheater ist nicht das Einzige, das von Orbán-Getreuen auf Linie gebracht wurde. Im August 2016 wurde der Vertrag des Rechtsextremisten György Dörner als Intendant des Neuen Theaters in Budapest um weitere fünf Jahre verlängert. Vor seiner ersten Intendanz 2011 bis 2016 war Dörner den

UngarInnen vor allem als Synchronstimme von Bruce Willis bekannt gewesen und hatte auf Veranstaltungen der rechtsextremen Jobbik-Partei patriotische Gedichte vorgetragen.[21] Während Dörners erster Amtszeit ging dem bis dahin hoch angesehenen Theater nicht nur fast das gesamte Ensemble, sondern auch der Großteil der BesucherInnen verloren. Auf dem Spielplan stehen bei ihm nationalistische und klerikal angehauchte Stücke. Dörner hatte in seiner ersten Bewerbung schließlich der »entarteten, krankhaften liberalen Hegemonie den Kampf angesagt«.[22]

In Deutschland fehlt der AfD derzeit noch der politische Einfluss, um Besetzungen im Kulturbetrieb vorzunehmen. Allerdings beklagte der Präsident des Deutschen Bühnenvereins, Ulrich Khuon, dass die Partei gezielt Theater angreife. Zum einen versuche sie, den Häusern mittels Anfragen und Anträgen die staatlichen Förderungen zu streichen, »wenn sie sich nicht so verhalten, wie das von der AfD gewünscht« sei. »Das heißt, eine ausschließlich nationale, nationalistische Kultur zu vertreten und auf der Bühne abzubilden.« Zum anderen würden bewusst Theatervorstellungen gestört.[23]

Manchmal geht die AfD in ihrem Kulturkampf auch Hand in Hand mit der CDU. 2018 lud das ZDF die linke Punkband Feine Sahne Fischfilet zu einem Konzert ins Bauhaus in Dessau. Das empörte Konservative wie Rechte, weil die Band zeitweise vom Verfassungsschutz Mecklenburg-Vorpommern beobachtet worden war. »Es ist ein Skandal, dass ein von Zwangsabgaben finanzierter und zur Ausgewogenheit verpflichteter öffentlich-rechtlicher Sender einer linksextremistischen Band ein solches Forum bietet«, schimpfte der AfD-Bundestagsabgeordneter Andreas Mrosek.[24] Das Bauhaus Dessau verweigerte der Band daraufhin den Auftritt. Es gab aber auch sehr viel Solidarität mit der Band, die schließlich doch in Dessau auftreten konnte. Zwar nicht im Bauhaus, sondern in einer alten Brauerei in der Stadt.[25]

Manchmal bleibt es nicht nur bei Protesten und einfachen Störaktionen. Als etwa der Intendant des Berliner Revuetheaters Friedrichstadt-Palast, Berndt Schmidt, im Herbst 2017 in einem Brief an seine MitarbeiterInnen erklärte, sein Haus wolle sich künftig deutlich von AfD-WählerInnen abgrenzen, erhielt er eine Welle an Hassmails und sein Theater eine Bombendrohung.[26] Als Reaktion auf derartige Attacken verfassten zahlreiche Theater, Kunst- und Kulturinitiativen sowie Interessengruppen in Deutschland die »Erklärung der Vielen«[27], in der sie sich gegen Rechtspopulismus aussprechen und sich mit jenen solidarisieren, die von rechter Politik bedroht werden. »Verbundenheit mit Vielen statt Vorteile für wenige. Es geht um alle. Die Kunst bleibt frei!« lautet ihr Slogan.

In Österreich probierte die FPÖ ebenfalls, Einfluss auf den Kulturbereich zu nehmen, wenn auch in weniger stark ausgeprägter Form als in Ungarn oder Polen. In Graz, der zweitgrößten Stadt des Landes, schickte die Partei den Pressesprecher von FPÖ-Vizebürgermeister Mario Eustacchio in den Aufsichtsrat des renommierten Kulturfestivals Steirischer Herbst. Daraufhin forderten 68 Schriftsteller, darunter Literaturnobelpreisträgerin Elfriede Jelinek, die »umgehende Neubesetzung des Aufsichtsrats«.[28] Die Freiheitlichen besetzten in der Stadt auch im dynastischen Interesse um: Mario Eustacchios Bruder Claudio machte plötzlich Karriere, nachdem dieser selbst das Vizebürgermeisteramt übernommen hatte. Der bis dahin in der Kunstszene völlig unbekannte Kunsterzieher in einem Grazer Gymnasium wurde zum Aufsichtsrat im Universalmuseum Joanneum, im Grazer Künstlerhaus und im Graz-Museum.[29]

Ein weiteres Kampfgebiet der RechtspopulistInnen ist die bildende Kunst, speziell im öffentlichen Raum. In Ungarn wurden in den vergangenen Jahren allein für den völkischen Nationalisten, glühenden Antisemiten und Schriftsteller Albert Wass, der nach 1945 wegen Kriegsverbrechen verurteilt worden war, 45 Denkmäler errichtet.[30]

In der Wiener Innenstadt enthüllte der damalige österreichische Vizekanzler Heinz-Christian Strache im Dezember 2018 ein Denkmal für die sogenannten »Trümmerfrauen«, die – so zumindest der Mythos – das Land nach 1945 wieder aufgebaut hätten. Ein solches Denkmal hatte die FPÖ seit 1986 gefordert.[31] Zahlreiche hochrangige HistorikerInnen sprachen sich jedoch bis zuletzt dagegen aus. Es handle sich dabei nur um eine populistische Show, außerdem seien zahlreiche Frauen, die Schutt wegräumten, Nationalsozialistinnen gewesen, die nach 1945 zum Arbeitsdienst gezwungen worden waren.[32]

In Oberösterreich wollte die FPÖ einen rechtsextremen Maler in den Kulturbeirat des Landes senden. Der deutschnationale Burschenschafter Odin Wiesinger ist der einzige Künstler in Österreich, der sich öffentlich zur FPÖ bekennt. Eine von Wiesingers Bilderserien trägt den Titel »Endsieg«, und auf die sogenannte »Auschwitzlüge« angesprochen, erklärte der Maler, es gebe »immer wieder neue Erkenntnisse darüber«. Und seinen KritikerInnen richtete Wiesinger aus: »Euch merke ich mir, und irgendwann seid ihr dran.«[33] Aufgrund dieses Interviews musste Wiesinger schließlich auf seinen Sitz im Kulturbeirat verzichten.

Auch in Italien hatte der Eintritt der Lega in die Regierung 2018 Auswirkungen auf die Kunstszene. Dort schäumte Innenminister und Lega-Chef Matteo Salvini, als der Schweizer Künstler Christoph Büchel auf der Biennale in Venedig das Wrack eines im April 2015 gesunkenen Flüchtlingsbootes ausstellte, bei dessen Kentern 700 Menschen ums Leben gekommen waren.[34] Salvini geißelte das Werk als »politische Propaganda«.[35]

KünstlerInnen, die die Regierungsbeteiligung von extrem rechten Parteien wie der Lega kritisieren, haben in Italien kein leichtes Leben. Der Autor Roberto Saviano ist weit über sein Heimatland hinaus berühmt für sein Buch *Gomorrha*, das das Innenleben der süditalienischen Mafia beschreibt. Nach der Veröffentlichung 2006 erhielt Saviano Morddrohungen und steht seitdem unter Polizeischutz. Als Lega-Chef Matteo Salvini Innenminister wurde und Saviano kritisierte, dass diese extrem rechte Partei in Regierungsverantwortung kommt, erklärte Salvini gleich, er erwäge, Saviano den Polizeischutz zu entziehen. Allerdings verfügt Italien über eine äußerst lebendige Kulturszene, die sich auch von Salvini nicht einschüchtern ließ. So zählte etwa der weltberühmte Krimiautor Andrea Camilleri, Erfinder des Commissario Montalbano, bis zu seinem Tod im Juli 2019 zu den öffentlichen Kritikern von Salvini. Der Bestsellerautor warf dem Lega-Chef vor, ein »Klima der Aggression« im Land zu verbreiten, und erklärte, wenn er Salvini sehe, wie dieser demonstrativ mit dem Rosenkranz auftrete, befalle ihn ein Gefühl des Erbrechens.[36]

Der Kampf der extremen Rechten läuft auch im Kulturbereich genau nach dem Muster ab, das Elfriede Jelinek bereits vor mehr als dreißig Jahren beschrieben hat. Jelinek ist seit Jahrzehnten eine beliebte Hassfigur für die extreme Rechte und wurde von der FPÖ sogar auf Plakatflächen geschmäht. Über die RechtspopulistInnen sagte sie damals, diese wüssten ganz genau, »dass sie rechtlich überhaupt nichts gegen diese KünstlerInnen unternehmen können, aber es gelingt ihnen immer wieder, mit ihrer Hetze gegen kritische KünstlerInnen öffentlich zu punkten und politisch Profit zu machen, auch wenn sie bereits so dick Dreck am Stecken haben, dass sie eigentlich längst untergegangen sein müssten«.[37]

Zivilgesellschaft: Daumenschrauben für NGOs

Italien werde keine Schiffe mit aus Seenot geretteten Migrant-
Innen mehr in seine Häfen lassen, erklärte Matteo Salvini, der
Chef der rechten italienischen Regierungspartei Lega, schon im
Juni 2018. Seenotrettung-NGOs würden Italien nur noch »auf
einer Postkarte«[1] zu sehen bekommen. Er werde verbieten, die
Schiffe dieser Organisationen mit Treibstoff zu versorgen, auch
ausländische Marineschiffe mit geretteten Flüchtlingen dürften
nicht mehr in italienischen Häfen anlegen. Zwar habe die vorige
Regierung zugestimmt, alle von EU-Einsatzschiffen geretteten
MigrantInnen aufzunehmen. Doch das gelte jetzt nicht mehr,
sagte Salvini: »Mit unserer Regierung hat sich die Musik geändert.«[2]

Zuerst weist Italien im Juni 2018 das Schiff Aquarius der deutschen Gruppe SOS Mediterranee ab. Erst nach tagelanger Irr-
fahrt mit 629 Menschen an Bord darf es in Spanien anlanden.
Als Nächstes verweigert Italien der Lifeline das Anlegen, sie hat
233 Menschen an Bord. Italien will, dass die Schiffbrüchigen zurück nach Libyen gebracht werden. Doch das lehnen die NGOs
strikt ab, mit der Begründung, dass den MigrantInnen dort
Misshandlung und Gefangenschaft drohen. Die Lifeline muss in
Malta andocken.

Die dortige Regierung fürchtet einen Präzedenzfall, und so
wird der Kapitän Claus-Peter Reisch festgenommen und wegen
einer angeblich inkorrekten Registrierung des Schiffes angeklagt.
Im Mai 2019 wird er zu einer Zahlung von 10 000 Euro an lokale
Hilfsorganisationen verurteilt, legt dagegen jedoch Revision ein,
da er sich keines Fehlverhaltens schuldig sieht.

Am 1. Juli 2018 bekommt Pia Klemp, die Kapitänin des in Malta im Hafen liegenden Rettungsschiffs Sea-Watch, von der Hafenbehörde eine E-Mail: Das Auslaufen sei ihr untersagt, steht darin. Auch die deutschen Schiffe Lifeline und Seefuchs sowie das Suchflugzeug Moonbird können nicht starten. Maltas Regierung erklärt knapp, sie müsse »sicherstellen, dass alle, die unsere Häfen nutzen, nationale und internationale Standards einhalten«.[3]

Warum gibt es daran Zweifel? Und warum jetzt? Lange hatte Malta mit der Ankunft vieler Flüchtlinge zu kämpfen. Die Zahl der Menschen, die die anderen EU-Staaten aufnahmen, war gering. 2014 sicherte Italien dem Inselstaat schließlich informell zu, auch jene Flüchtlinge zu übernehmen, die in dessen Rettungszone aufgenommen würden. Offiziell bestätigt haben die beiden Länder diese Übereinkunft nie – doch mit Salvinis Amtsantritt endet dieses Arrangement.

Die italienische Regierung droht den SeenotretterInnen außerdem mit hohen Geldstrafen. In der Nacht auf den 16. Juni 2019 fährt ein Boot der italienischen Küstenwache zum Schiff Sea Watch 3. Zwei Polizisten kommen an Bord und übergeben persönlich eine Nachricht des Innenministeriums. Die Crew soll wissen, dass durch ein neues Dekret ab sofort KapitänInnen, EignerInnen und BetreiberInnen von Schiffen, die »ohne Genehmigung in italienische Hoheitsgewässer eindringen«, bis zu 50 000 Euro Geldstrafe drohen. Schiffe, die wiederholt gegen den Erlass verstoßen, würden beschlagnahmt, sagt Salvini.

Zwei Wochen später fährt die Sea-Watch 3 mit 40 MigrantInnen an Bord nach mehr als zwei Wochen auf See unerlaubt in den Hafen von Lampedusa ein. Die Kapitänin Carola Rackete wird unter Hausarrest gestellt. Ein Ermittlungsrichter hebt diesen am nächsten Tag zwar auf, ordnet aber Ermittlungen wegen Beihilfe zur illegalen Migration an. Salvini ist trotzdem wütend. »Der Platz dieses Fräuleins wäre an diesem Abend das Gefängnis gewesen. Ein Richter hat entscheiden, dass es nicht so ist«, sagt er. Und er droht: »Wir werden diese Justiz verändern. […] Denn das ist kein Urteil, das Italien gut tut, es ist kein Urteil, das für Italien spricht.«[4]

Im Juli 2019 bereiten sich zudem zehn ehemalige Crewmitglieder des Rettungsschiffs Iuventa auf eine mögliche Anklage vor. Die Staatsanwaltschaft in Sizilien hat ihnen signalisiert, sie wegen »Beihilfe zur illegalen Einreise« anzuklagen. Bis zu 20 Jahre Haft sind dafür als Strafmaß vorgesehen, dazu drohen bis zu 15 000 Euro Geldbuße pro nach Italien gebrachter Person, die keine Einreiseerlaubnis hat. Insgesamt haben die AktivistInnen auf der Iuventa etwas mehr als 14 000 Menschen aus dem Wasser geholt. Mindestens vier AnwältInnen dürften nötig sein, um sie zu vertreten, bis zu 200 000 Euro wird das kosten. Dazu kommen womöglich noch einmal so viel Kosten für Gutachten, Unterbringung von ZeugInnen, Spesen für Fachleute. Jeden Tag, sagt Crewmitglied Katrin Schmidt, sei sie nun mit der Vorbereitung beschäftigt: Akten lesen, mit AnwältInnen sprechen, Geld sammeln. »Wir machen nichts anderes.«[5]

So geht es nicht nur Seenotrettungs-NGOs in Italien. »Zivilgesellschaftliche und Menschenrechtsorganisationen, die sich gegen ungerechte Gesetze und Regierungspraktiken einsetzen, die öffentliche Meinung oder die Mächtigen in Frage stellen und Gerechtigkeit, Gleichheit, Würde und Freiheit fordern, werden vermehrt angegriffen«[6], schreibt die Menschenrechtsorganisation Amnesty International in ihrem im Februar 2019 veröffentlichten Bericht »Laws designed to silence: The global Crackdown on civil society organizations«. In den vergangenen zehn Jahren zeige sich in dieser Hinsicht »ein alarmierender Trend«: »Staaten führen Gesetze ein und gebrauchen sie, um das Recht auf Vereinigungsfreiheit zu behindern« und der Arbeit zivilgesellschaftlicher Organisationen einen Maulkorb zu verpassen.[7]

NGOs stehen vor allem in Ländern mit autoritärer Regierung unter Druck. Denn diese nehmen es ungern hin, wenn ihnen widersprochen wird. Der Thinktank Civicus beobachtet Beschränkungen für die Zivilgesellschaft weltweit. Autoritäre Herrscher regierten »sehr persönlich und zentralisiert«[8], sagt Mandeep Tiwana, Leiter Politik und Forschung bei Civicus in New York. Entscheidungen würden in einem kleinen Kreis von BeraterInnen konzentriert, Dissens als Hindernis für das »nationale Interesse«[9] diskreditiert. Zivilgesellschaft mit ihrer Betonung des sozialen Zusammenhalts, der Rechte der Minderheiten und der inklusiven Governance stelle für dieses Verständnis von Macht naturgemäß eine existenzielle Bedrohung dar. Zu unwägbar, zu gefährlich sind offene Debatten für diejenigen, die sich dauerhaft Kontrolle und Macht sichern wollen, so Tiwana.

Die Folgen für AktivistInnen oder NGOs können sehr unterschiedlich sein: MenschenrechtlerInnen werden eingeschüchtert, ihr Handeln wird abgewertet, manchen werden Profitinteressen unterstellt. So verändert sich das gesellschaftliche Klima, und Menschen, die sich engagieren wollen, werden abgeschreckt. Widerspruch, Protest und Vielfalt werden systematisch zurückgedrängt.

Eine der Folgen ist wachsende soziale Ungleichheit. Denn wo die Zivilgesellschaft verstummt, haben es Korruption, Nepotismus und Ausbeutung leicht. Sozialer und menschlicher Fortschritt, ein menschenwürdiger Lebensstandard sind ein Ergebnis sozialer und politischer Auseinandersetzungen, in denen zivilgesellschaftliche AkteurInnen eine zentrale Kraft sind. Umgekehrt machen sich populistische Bewegungen die wachsende Ungleichheit zunutze, indem sie dafür Eliten, der Globalisierung oder MigrantInnen die Schuld geben – ein Teufelskreis.

All das geschieht auch in Europa. Nach jüngsten Daten von Civicus liegen 21 der Länder mit »offenem«[10] Raum für die Zivilgesellschaft – dem sogenannten Civic Space – in Europa, 14 davon sind Mitglieder der Europäischen Union. Das bedeutet umgekehrt aber auch, dass die 14 übrigen EU-Staaten bürgerliche Freiheiten einschränken.

In den EU-Staaten Italien und Österreich galt der zivilgesellschaftliche Handlungsraum kürzlich noch als »offen«. Nach den

Wahlsiegen der Lega in Italien 2018 und der FPÖ in Österreich 2017 sowie einer Überprüfung der ersten Maßnahmen der jeweiligen Regierungen hat Civicus beide Länder herabgestuft und den Civic Space als »beeinträchtigt«[11] bewertet. Die Entwicklungen in diesen Ländern schwächten die »Botschaft der EU«[12], sagt Tiwana – diese habe sich schließlich weltweit für Menschenrechte und demokratische Werte eingesetzt.

In Österreich verschlechterte sich das seit Jahren angespannte Verhältnis zwischen FPÖ und Menschenrechts-NGOs weiter. Weil sich kirchliche NGOs wie die Caritas oder die Diakonie gegen Rassismus aussprechen, sind sie ein spezieller Feind zahlreicher FPÖ-PolitikerInnen. Als die FPÖ in der Opposition war, attackierte sie vor allem Flüchtlingshilfsorganisationen und warf ihnen kriminelle Handlungen vor.

Nach der Regierungsübernahme beschuldigte sie Organisationen wie die Caritas, aus Profitzwecken mit Asylsuchenden zu arbeiten. Im Dezember 2018 sagte FPÖ-Generalsekretär Christian Hafenecker: »Tatsache ist, dass die NGOs durch die von der SPÖ zugelassene fatale Migrationswelle 2015 massiv finanziell profitiert haben.«[13] Immer wieder sprechen Parteimitglieder von einer »Asylindustrie«, die sich selbst durch staatliche Gelder bereichere. Und auch Teile der konservativen ÖVP kritisierten NGOs. So forderte ÖVP-Chef Sebastian Kurz mit Bezug auf Seenotrettungs-NGOs schon 2017, den »NGO-Wahnsinn«[14] im Mittelmeer zu beenden.

Zwar sei Österreich noch immer eine grundsätzlich liberale Demokratie, schreiben AutorInnen des Civil Society Index vom April 2019, der die Rahmenbedingungen für die österreichische Zivilgesellschaft untersucht. »Es gibt aber klar beobachtbare Tendenzen, das kritische Potenzial der Zivilgesellschaft sowie ihre Teilhabe an politischen Entscheidungsprozessen einzuschränken.«[15] Dies sei Ausdruck einer zunehmend autoritären, rechtspopulistischen Politik, wie sie die FPÖ macht. Die Demokratie Österreichs, heißt es in der Studie, sei »in ihrer Qualität bedroht«[16]. Es lasse sich eine »deutliche Polarisierung des Diskurses«[17] im Land feststellen, in Bezug auf Demokratie und Partizipation würden NGOs »deutlich weniger in Gesetzgebungsverfahren«[18] einbezogen. Die Politik sei intransparenter geworden und kommuniziere kaum noch mit AkteurInnen der Zivilgesellschaft.

Allerdings attackierte die im Mai 2019 zurückgetretene Regierung aus ÖVP und FPÖ während ihrer Amtszeit nicht nur die Caritas oder Flüchtlingshilfsorganisationen. In ihrer Regierungszeit strich sie zahlreiche staatliche Gelder beispielsweise für feministische Organisationen und Initiativen, etwa für Bildungsarbeit. So kürzte das österreichische Bundesfrauenministerium die Gelder des feministischen Monatsmagazins *An.schläge*. Insgesamt wurden bei Frauen- und Gleichstellungsprojekten im Jahr 2018 rund 180 000 Euro im Budgets des Ministeriums gestrichen, 2019 sollen noch einmal 230 000 Euro wegfallen.[19] Für Projekte wie die *An.schläge* bedeutet dies eine existenzielle Bedrohung.

Auch in Polen änderte die PiS Prozedere, um öffentliche Gelder an NGOs zu verteilen. Seit 2017 werden Gelder für NGOs durch eine zentrale staatliche Stelle vergeben. Das Institut unterminiere die Unabhängigkeit der polnischen Zivilgesellschaft, kritisieren NGOs, weil nun vor allem Organisationen gefördert werden, die politisch auf PiS-Linie sind. Feministische oder LSBTI-Organisationen standen plötzlich ganz ohne Geld da.

Zu den europäischen Ländern, die NGOs gegenüber am feindseligsten agieren, gehört Ungarn. Dass NGOs unter den ersten Zielen autokratisch agierender Regierungen seien, schreiben die AutorInnen des Civil Society Index, zeige das Beispiel des Landes eindrücklich: Zunächst werde die regierungskritische Zivilgesellschaft delegitimiert, danach ihre Beteiligung bei der Gesetzgebung eingeschränkt. Dann würden Gesetze geändert, kritischen NGOs Gelder gestrichen und schließlich Grundrechte beschnitten.

2017 verabschiedete Ungarn ein Gesetz zur Transparenz von Organisationen, die aus dem Ausland unterstützt werden.

Es zwingt NGOs, die direkt und indirekt Mittel von mehr als 25 000 US-Dollar aus dem Ausland erhalten, sich als »NGO, die aus dem Ausland finanziert« wird, zu registrieren – und dieses als abwertend verstandene Label in allen Veröffentlichungen und auf ihrer Website kenntlich zu machen. Das Gesetz verlangt zudem eine strenge Rechenschaftspflicht für diejenigen, die diese Gelder erhalten – inklusive einer Verpflichtung, Spenden ab 1175 US-Dollar pro Jahr zu melden und Details zur SpenderIn offenzulegen. Organisationen, die das nicht tun, drohen hohe Strafen und letztlich ein Verbot.

Amnesty kritisiert, das Gesetz lege nahe, dass NGOs, die aus dem Ausland finanziert werden, entweder »ausländischen Interessen«[20] dienten oder in Geldwäsche oder internationalen Terrorismus verwickelt seien. In Wahrheit diene das Gesetz dazu, NGOs zu attackieren, die für Rechtsstaatlichkeit, Geflüchtete, MigrantInnen oder andere marginalisierte Gruppen eintreten.

2018 wurden die Schrauben weiter angezogen: Das Parlament verabschiedete das »Stop Soros«-Gesetzespaket, das Einzelpersonen und Organisationen ins Visier nimmt, die Flüchtlinge und MigrantInnen unterstützen. Dafür wurden das Straf-, Polizei- und Asylrecht verändert. Nun ist es strafbar, »illegale Immigration zu fördern« – schon das Verteilen von Informationsmaterial kann mit bis zu einem Jahr Gefängnis bestraft werden. Das Gesetz ist nach dem ungarischstämmigen jüdischen Investor George Soros benannt. Dessen Stiftung Open Society Foundation unterstützt liberale, teils linke NGOs auf der ganzen Welt. Eine davon ist das Helsinki Committee, das in Osteuropa und der Türkei humanitäre Hilfe und Rechtsberatung für Geflüchtete organisiert oder organisiert hat. Orbán und andere Rechte haben um 2015 begonnen, Soros zu beschuldigen, Fluchtbewegungen nach Europa gezielt in Gang gesetzt zu haben, um den Kontinent zu schwächen und zu destabilisieren.

Das vage formulierte »Stop Soros«-Gesetz könne Strafen für eine ganze Reihe von Vergehen nach sich ziehen, befürchtet Amnesty – inklusive Kampagnenarbeit, juristischer Unterstützung von MigrantInnen oder Forschung zu Verstößen gegen Menschenrechte. »Die Kriminalisierung solcher Aktivitäten ist ein direkter Angriff auf die Arbeit zivilgesellschaftlicher AkteurInnen«[21], schreibt die Organisation.

Zusätzlich traten 2018 in Ungarn weitere Gesetze in Kraft, die NGOs verpflichten, 25 Prozent mehr Steuern zu zahlen, wenn sie »Immigration unterstützen« – wozu etwa Bildungs- und »Propagandaaktivitäten« zählen, »die Immigration in einem positiven Licht zeigen«.[22] Dies sei eine »Steuer auf die Meinungsfreiheit[23], schreibt Amnesty. Das Gesetz ebne den Weg für politisch motivierte Steuerermittlungen bei NGOs und mache diese angreifbar. Ihnen drohten erhebliche Sanktionen, letztlich stehe die Möglichkeit auf dem Spiel, im Land überhaupt tätig zu sein.

Amnesty International Ungarn ist selbst peniblen Prüfungen unterzogen und von regierungsfreundlichen Medien hart kritisiert worden. Im April 2018 veröffentlichte die Wochenzeitung *Figyelő* die Namen von mehr als 200 Menschen. Diese seien, so die Behauptung, Teil von dem, was Orbán gern die »Söldnerarmee von Soros«[24] nennt. Die Liste umfasste Namen von Mitgliedern von Amnesty International, Transparency International und MitarbeiterInnen der von Soros finanzieren Central European University. Die entschied nach Schließung des Studiengangs Gender Studies *(siehe Kapitel Gender)* und Druck der Regierung schließlich, nach Wien überzusiedeln.

Im Juni 2018 behauptete ein Fidesz-Sprecher, dass Amnesty International Ungarn »illegale Immigration«[25] fördere und Europa und Ungarn mit Flüchtlingen fluten wolle. Er ermutigte UnterstützerInnen der Regierung, offen gegen Amnesty und andere Organisationen zu kämpfen – die »Ungarns Sicherheit«[26] gefährdeten, indem sie Migration unterstützten.

Áron Demeter von Amnesty International Ungarn schreibt, die Gesetze stützten »das Narrativ der Regierung, das NGOs als Teil eines Masterplans darstellt, weiße ChristInnen durch

MuslimInnen zu ersetzen«.[27] Dadurch solle ein »Klima von Verdächtigungen und eine bedrohliche Umgebung« für bestimmte NGOs und AktivistInnen geschaffen werden. Die Folge sei, dass diese sich aus Angst potenziell selbst zensierten. »Wir leben in Unsicherheit«[28], schreibt Demeter.

Die Europäische Kommission versucht dagegenzuhalten – doch das dauert. Im Juli 2018 stieß die Kommission wegen des »Stop Soros«-Pakets ein Vertragsverletzungsverfahren gegen Ungarn an, das noch läuft. Ein vorheriges Verfahren gegen die Gesetze von 2017 liegt derzeit beim Europäischen Gerichtshof.

Im September 2018 forderte das EU-Parlament zudem den Rat der EU auf, zu beurteilen, ob Ungarn mit den Gründungsprinzipien der Europäischen Union breche – und falls ja, disziplinarische Maßnahmen zu erteilen. »Das ist ein beispielloser Schritt des EU-Parlaments, um einen Mitgliedstaat davon abzuhalten, systematisch die Grundwerte der EU zu bedrohen«[29], schreibt Amnesty – also etwa Rechtsstaatlichkeit, Recht auf Vereinigungsfreiheit, Meinungsfreiheit, Glaubens- und Religionsfreiheit und Rechte von LSBTI, MigrantInnen, Asylsuchenden und Flüchtlingen. Der Streitfall liegt derzeit beim Ministerrat.

Doch auch innerhalb des EU-Parlaments bekommen NGOs Gegenwind. Ein Beispiel dafür sind jene, die seit Jahren gegen die EU-Freihandelsabkommen TTIP und CETA protestieren. Manche von ihnen bekommen Gelder von der EU. Konservative Abgeordnete versuchten, das zu unterbinden: »Wir müssen die Dauerfinanzierung von Nichtregierungsorganisationen beenden«[30], sagte die Vorsitzende des Haushaltskontrollausschusses im Europaparlament, Ingeborg Grässle (CDU), im Dezember 2016 mit Blick auf die TTIP-Proteste – ganz auf Linie mit ihren Fraktionskollegen von der Fidesz. »Man kann sich nur die Augen reiben im Hinblick auf das, was die Freihandelsgegner alles an von Befürwortern finanzierten Protesten auf die Beine stellen«, sagte sie. »Es haben nun alle begriffen, dass es so nicht weitergehen kann.«[31] Ihr Fraktionskollege Markus Pieper fragte, ob es

»wirklich in Ordnung ist, wenn mit EU-Geldern Organisationen gefördert werden, die den Freihandel ablehnen«.[32]

Pieper ist Berichterstatter im Haushaltskontrollausschuss. Im April 2017 brachte er einen sogenannten Bericht, eine Art Gesetzentwurf, in das EU-Parlament ein. Darin forderte er, die EU müsse jede Förderung von Organisationen ablehnen, die »Unwahrheiten verbreiten und/oder deren Ziele den Grundwerten der Europäischen Union, der Demokratie, den Menschenrechten und/oder den strategischen handels- und sicherheitspolitischen Zielen der EU-Institutionen widersprechen«.[33] Organisationen, die die Freihandelspolitik der EU kritisch sehen, soll also der europäische Geldhahn zugedreht werden. Das Vorhaben ließ sich vorerst allerdings nicht durchsetzen.

Auch in Deutschland hat die CDU das politische Mittel der Aberkennung der Gemeinnützigkeit erkannt. Im Februar 2019 entschied der Bundesfinanzhof, die NGO Attac sei nicht gemeinnützig. Das bedeutet unter anderem, dass Spenden nicht steuerlich absetzbar sind und es schwer ist, an öffentliche Mittel oder Stiftungsgelder zu kommen. Die Begründung des Bundesfinanzhofs: Die Beeinflussung der öffentlichen Meinung und der politischen Willensbildung dürfen von den Finanzämtern nicht als gemeinnützige Ziele gewertet werden. Auch die NGO Campact geht davon aus, dass ihr der Status bald aberkannt wird.

Die CDU hofft nun, dass dies auch bei der Deutschen Umwelthilfe gelingt, die Fahrverbote in zahlreichen deutschen Städten eingeklagt hat. Dies zu prüfen, hat die CDU auf ihrem Parteitag beschlossen. Ein Grund dafür dürfte sein, dass sich Umwelthilfe und CDU in ihren politischen Zielen nicht einig sind. Zudem steht wohl auch dahinter, dass eine erstarkende AfD Druck auf eine progressive Zivilgesellschaft ausübt – und die Union mit derlei Aktionen nicht nur im konservativen, sondern auch im rechten Milieu punkten möchte.

Denn die AfD, in Deutschland in der Opposition, geht ihrerseits gegen NGOs vor. Besonders im Fokus sind Organisationen und Vereine, die sich gegen rechts und für Demokratie und eine offene Gesellschaft engagieren. Dabei nutzt die Partei gern ein Mittel, mit dem die Opposition eigentlich die Regierung kontrollieren soll: parlamentarische Anfragen.

Zum Beispiel in der Drucksache 7/3329 im Landtag Sachsen-Anhalt: 130 Fragen zur »Fördermittelvergabe an den Verein Miteinander«, eingereicht Anfang September 2018. Die AfD wollte wissen, ob der Verein sich klar vom Linksextremismus abgrenzt, mit welchen Fördermitteln er sich genau finanziert und unter welchen Umständen ihm die Gemeinnützigkeit aberkannt werden kann. So geht das 21 Seiten lang – und es ist bereits die zweite große Anfrage der AfD-Landtagsfraktion zu Miteinander innerhalb eines Jahres.

Miteinander e. V. für Demokratie und Weltoffenheit in Sachsen-Anhalt, wie er vollständig heißt, ist ein kleiner Verein in Magdeburg, der sich vor mehr als 20 Jahren gegründet hat, als die rechtsextreme DVU mit 12 Prozent in den Landtag eingezogen war. Heute recherchieren die MitarbeiterInnen zu Rechtspopulismus und Rechtsextremismus, geben ihr Wissen an Politik und Medien weiter, führen Workshops an Schulen und Fortbildungen mit SozialarbeiterInnen durch, beraten Opfer rechter Gewalt und dokumentieren diese Attacken. Sie sind damit der AfD ein Dorn im Auge.

Und nicht nur sie. In anderen Landtagen gibt es vergleichbare Anfragen zu anderen NGOs. Die Strategie ist dabei immer gleich: die Vereine in die Nähe des verfassungsfeindlichen Linksextremismus zu rücken und damit zu diskreditieren. Das Ziel ist es, ihnen die öffentliche Förderung oder zumindest die Gemeinnützigkeit zu entziehen. Bereits im vergangenen Sommer hat die AfD-Landtagsfraktion in Sachsen-Anhalt beantragt, Miteinander die Fördermittel zu streichen. Der Antrag scheiterte, doch einige Mitglieder der CDU enthielten sich. Die Frage ist, wie lange das so bleibt.

Antisemitismus und Islamfeindlichkeit:
Der Feind meines Feindes

Bevor die Stars des Tages den Saal betreten, wird das Licht gedimmt, der Raum in bläuliche Töne getaucht. Aus den Lautsprechern erklingt Musik, eine Mischung aus sakralem Kirchengesang und Trommelwirbeln. Die Ehrengäste schreiten durch den Mittelgang. Dahinter schwenken zwölf Flaggenträger riesige Nationalfahnen. Der Moderator klingt wie ein Stadionsprecher, als er die Prominenz ankündigt, der Saal antwortet mit tosendem Applaus und Hurra-Rufen.

Die Temperaturen draußen sind an diesem 21. Januar 2017 in Koblenz nicht über den Gefrierpunkt hinausgekommen. Hier drinnen im großen Saal der Rhein-Mosel-Halle aber ist die Stimmung aufgeheizt: Einen Tag nach der Amtseinführung des neuen US-Präsidenten Donald Trump kommt die europäische Rechte in der Stadt zu einem Gipfeltreffen zusammen. Die Chefin des französischen Front National, Marine Le Pen ist da, der Niederländer Geert Wilders, der künftige italienische Innenminister Matteo Salvini sowie Harald Vilimsky, Generalsekretär der FPÖ. Und Frauke Petry, damals noch Bundesvorsitzende der AfD. Für Petry ist die Veranstaltung auch ein Auftakt in den anstehenden Bundestagswahlkampf. Doch nicht die AfD hat eingeladen, sondern die ENF-Fraktion im Europaparlament, der neben dem Front National, der Lega, der FPÖ und Wilders Partei für die Freiheit auch Petrys Ehemann angehört, der EU-Abgeordnete Marcus Pretzell. Er ist der Organisator des Abends, an dem rund 1000 Delegierte teilnehmen[1] und der vermitteln soll: Europas Rechte hat die Reihen geschlossen.

Doch nicht überall bei der neuen und extremen Rechten in

Deutschland wird diese Veranstaltung im Nachhinein begrüßt. Das liegt vor allem an einigen Sätzen, die Pretzell an diesem Abend ruft. Seine Rede geht zunächst einen erwartbaren Gang. Er lobt das »neue Europa«, das sich an diesem Abend bereits im Saal versammelt habe, spricht vom »Problem mit dem politischen Islam«, das alle europäischen Länder betreffe. Dann aber sagt er: »Es gibt ein Land, was schon Jahrzehnte längere Erfahrungen in dieser Frage hat. Ein Land, was sich mit einer Politik der Europäischen Union konfrontiert sieht, die feindlicher kaum sein könnte.« Marcus Pretzell meint Israel. Und als Zwischenrufe aus dem Saal laut werden, spitzt er seine Aussage noch zu: »Israel ist unsere Zukunft, meine Damen und Herren!«[2] Ein Zwischenrufer wird von Sicherheitskräften aus dem Saal abgeführt, berichten Beobachter später.[3]

Es ist nicht unbedingt eine plötzlich entflammte Liebe zu Israel, die Marcus Pretzell dazu bringt, diese Sätze zu sagen. Es ist ein Angebot an die europäischen Bündnispartner, vor allem an Marine Le Pen und Geert Wilders. Denn vor gerade einmal vier Tagen hat der thüringische AfD-Chef Björn Höcke bei einer Veranstaltung der Jungen Alternative in Dresden einen Satz gesagt, der bleiben wird: »Wir Deutschen sind das einzige Volk der Welt, das sich ein Denkmal der Schande in das Herz seiner Hauptstadt gepflanzt hat.«[4] Höcke meint das Denkmal für die ermordeten Juden Europas in Berlin. Und auch wenn sein Satz mehrere Deutungen zulässt, besteht wenig Zweifel daran, wie er ihn gemeint hat.

Marine Le Pen und Geert Wilders wird das nicht gefallen: Die Französin hat, zumindest nach außen, aufgeräumt mit dem Antisemitismus in ihrer Partei, der zu den Zeiten, als ihr Vater Jean-Marie das Sagen hatte, noch zum festen Inventar gehörte. Marine Le Pen will den Front National modernisieren, ihn anschlussfähiger machen für breite Wählerschichten. Neben der 2018 erfolgten Umbenennung in Rassemblement National gehört zu dieser Strategie der »Dédiabolisation«, der Entteufelung,[5] auch, dass Parteimitglieder, die sich antisemitisch äußern, demonstrativ ausgeschlossen werden.[6] Im französischen Präsidentschaftswahlkampf 2017 war es keine Seltenheit, dass Marine Le Pen ihre Auftritte damit begann, »die Christen und die Juden« zu begrüßen. Außerdem wird die Freundschaft zu Israel betont.

Für Geert Wilders und seine Partei für die Freiheit gehört das von Anfang an dazu. Der Rechtspopulist hat in seiner Jugend selbst in einer israelischen Siedlung im Westjordanland gewohnt,[7] 2010 nimmt er an einer Konferenz der rechtsgerichteten israelischen Hatvika-Partei teil und ruft dort Israel zu mehr Siedlungsbau auf.[8] Dahinter steht auch eine »Der Feind meines Feindes ist mein Freund«-Logik: Die DNA der Wilders-Partei ist der antimuslimische Rassismus. Auch Marine Le Pen macht sich die wachsende Angst vor islamistischen Anschlägen in Frankreich zunutze und richtet ihre Partei auf eine klar islamfeindliche Linie aus. Damit buhlt sie gleichzeitig um jüdische WählerInnen: »Es besteht eine Gefahr für Juden in Frankreich. Sie sollten auf Seiten jener kämpfen, die sich über die Gefahr des islamistischen Fundamentalismus im Klaren sind!«, verkündet die Rechtspopulistin schon 2015.[9]

Ähnliche Töne stimmt jetzt also auch Marcus Pretzell an. Aus rechtsextremen Gruppen wie der neonazistischen Kleinpartei Der Dritte Weg erntet er dafür nur Spott.[10] Doch auch aus den Reihen der AfD-AnhängerInnen gibt es lautstarke Kritik an seinen Worten.[11] Denn die Haltung der Partei zum Antisemitismus ist – genau wie bei anderen rechten Parteien in Europa, die sich nach außen als Freunde Israels und der Juden aufspielen – keinesfalls so ablehnend, wie es angesichts solcher Äußerungen den Anschein haben mag.

Strategisch orientiert sich die AfD bei ihren öffentlichen Aussagen zu den Themen Juden, Holocaust und Israel stark an Marine Le Pens Rassemblement National. Immer wieder werden gezielt jüdische Gemeinden umworben, um sie für den Kampf gegen den »islamischen Antisemitismus« zu instrumentalisieren.[12] Ohne Erfolg. »Ich habe mir deren Veranstaltungen angeschaut«, sagt etwa der Vorsitzende der jüdischen Landesgemeinde Thüringen, Reinhard Schramm, 2016 in einem Interview mit der *Jüdischen Allgemeinen*. »Diese Leute hassen heute die Muslime, und morgen hassen sie uns.«[13] Auch der Zentralrat der Juden weist jegliche Avancen der AfD scharf zurück. Angesichts der Gründung der innerparteilichen Vereinigung »Juden in der AfD« gaben 17 jüdische Verbände im Oktober 2018 eine gemeinsame Erklärung heraus, in der sie explizit vor der Partei warnen und jegliche Zusammenarbeit ausschließen.[14]

Die Politik der FPÖ gegenüber Israel hat sich unter dem früheren Parteichef Heinz-Christian Strache geändert. Während offener Antisemitismus in der Partei früher keine Seltenheit war, bemühte sich Strache sehr um eine Normalisierung des Verhältnisses zur israelischen Regierung und besuchte mit einer Delegation seiner Partei die Gedenkstätte Yad Vashem in Jerusalem, die an die von den Nationalsozialisten ermordeten Jüdinnen und Juden erinnert. Der frühere FPÖ-Chef Jörg Haider, der 2015 aus der Partei austrat und das Bündnis Zukunft Österreich (BZÖ) gründete, sagte wenige Tage vor seinem Unfalltod in einem seiner letzten Interviews: »Das war ja noch zu FPÖ-Zeiten, als Strache immer zu mir gesagt hat, wir müssen zu Israel gute Beziehungen haben. Wenn uns die Juden akzeptieren, da haben wir dann kein Problem.«[15] Allerdings blieben alle Bemühungen ohne Erfolg. Die israelische Regierung pflegt zwar Kontakte zur ungarischen Fidesz oder zum rechtsextremen brasilianischen Präsidenten Jair Bolsonaro – doch AfD und FPÖ werden mit Verweis auf ihre »nazistischen oder neonazistischen Wurzeln« boykottiert.[16]

Äußerungen zur Shoah vermeidet die AfD möglichst, auch da folgt die Partei dem französischen Vorbild. Doch nicht alle tragen diesen Kurs mit: Höckes Satz vom »Denkmal der Schande«, aber auch die Rede des Fraktionsvorsitzenden Alexander Gauland im Juni 2018, in der er Hitler und die Nationalsozialisten als »Vogelschiss« in der deutschen Geschichte bezeichnete, sind nur die prominentesten Beispiele dafür.

Äußern sich AfD-Politiker antisemitisch, kann das unterschiedliche Konsequenzen haben: Die antisemitischen Schriften des baden-württembergischen Landtagsabgeordneten Wolfgang Gedeon lösten innerhalb der Partei einen heftigen Streit aus, der schließlich zum Fraktionsaustritt Gedeons und einer zeitweiligen Spaltung der Landtagsfraktion führte; außerdem wurde gegen Gedeon ein Parteiausschlussverfahren eingeleitet. Es gibt aber auch Fälle wie den von Dirk Hoffmann, Mitglied des AfD-Landesvorstands Sachsen-Anhalt, der in zahlreichen Facebook-Postings den Holocaust relativiert hat und von seiner Partei dennoch als Oberbürgermeisterkandidat aufgestellt wurde.[17]

Samuel Salzborn, seit 2017 Gastprofessor am Zentrum für Antisemitismusforschung der Technischen Universität Berlin, hat sich intensiv mit Antisemitismus innerhalb der neuen Rechten und der AfD auseinandergesetzt. Er hält die Vermeidung offen antisemitischer Äußerungen bei der AfD wie auch beim Rassemblement National für in erster Linie strategisch motiviert: »Auch in Frankreich geht es nicht um eine tatsächliche inhaltliche Abkehr, sondern darum, die Erkenntnis umzusetzen, dass man mit offenem Antisemitismus Wähler verschreckt, die man mit anderen Themen sehr wohl erreichen könnte.«[18] Salzborn benennt Rassismus und Antifeminismus als die zentralen Säulen der AfD, mithilfe derer die Partei bis weit in die Gesellschaft hinein anschlussfähig werde – eine Relativierung der Shoah oder eine offene Feindschaft zu Israel hingegen würden so geöffnete Türen wieder verschließen.

Mit der zunehmenden Radikalisierung der AfD, so Salzborn, beginne allerdings auch diese Strategie zu bröckeln, wie unter anderem die Äußerungen Höckes und Gaulands zeigten. »Dabei geht es weniger um einen gegen Israel gerichteten Antisemitismus, sondern um einen Schuldabwehr-Antisemitismus, der über eine Täter-Opfer-Umkehr die alten Ressentiments wiederbeleben will.«[19]

Nicht zu vergessen ist dabei, wie weit antisemitische Einstellungen in der AfD verbreitet sind: In einer 2018 vom Institut für Demoskopie Allensbach durchgeführten Umfrage stimmten 55 Prozent der befragten AfD-AnhängerInnen der Aussage zu, Juden hätten »auf der Welt zu viel Einfluss«. Bei allen anderen Parteien bewegten sich die Zustimmungsraten zu dieser Aussagen zwischen 16 und 20 Prozent.[20] In der auch in Deutschland verbreiteten rechten Vorstellung des »großen Austausches«, der zufolge mächtige Eliten im Geheimen daran arbeiten, das Volk abzuschaffen, erkennt Salzborn außerdem eine »antisemitische Denklogik, auch wenn sie sich in Deutschland meist nicht antijüdisch äußert«.

In anderen Ländern sind die antisemitischen Bezüge derartiger Verschwörungstheorien hingegen deutlich expliziter: Die Erzählung vom jüdischen Millionär George Soros, der im Geheimen die Strippen für eine weltweite »Umvolkung« ziehe, erfreut sich in rechten Kreisen – und Parteien – großer Beliebtheit. Soros unterstützt mit seinem Vermögen zahlreiche Bürgerrechts- und Bildungsorganisationen, vor allem in Osteuropa. Insbesondere in seinem Heimatland Ungarn gilt der 1947 emigrierte Investor als Hauptfeind. »Soros hat vor, Europa mit Flüchtlingen zu überschwemmen. Sein Ziel ist es, den Kontinent seiner christlichen und nationalen Identität zu berauben«,[21] hieß es in der Kampagne »Stop Soros«, die Ministerpräsident Viktor Orbán im ungarischen Wahlkampf 2017 betrieb. Solche Äußerungen sowie eine Kaskade von »Stop-Soros-Gesetzen« schufen ein derart feindliches Klima nicht nur gegenüber Soros selbst, sondern auch für die Mitarbeiter seiner Stiftung, der Open Society Foundation, dass diese schließlich ihren Sitz von Budapest nach Berlin verlegte.[22]

Auch in Österreich sind gegen Soros gerichtete antisemitische Verschwörungstheorien hoch im Kurs. Es gebe »stichhaltige Gerüchte«, dass Soros daran beteiligt sei, »gezielt Migrantenströme nach Europa zu unterstützen«,[23] behauptete 2018 der damalige FPÖ-Fraktionschef Johann Gudenus in einem Interview mit

Die Presse. »Soros steuert mit Sicherheit einiges auf der Welt, auch die Flüchtlingsströme. Das weiß man«,[24] hatte der heutige FPÖ-Vize Norbert Hofer schon 2017 in einem Doppelinterview mit ihm sowie dem damaligen FPÖ-Chef Heinz-Christian Strache im rechtsextremen österreichischen Magazin *Alles Roger?* gesagt.

In Italien sehen die jüdischen Gemeinden den Aufstieg von Matteo Salvinis Lega mit Sorge. »80 Jahre nach der Verkündung der Rassengesetze täten wir gut daran, an der Bekämpfung von Diskriminierung zu arbeiten, statt ständig mit dem Neofaschismus zu flirten«[25], formulierte es die Präsidentin der Jüdischen Gemeinde in Rom, Ruth Dureghello, in Anspielung auf die 1938 unter Mussolini verabschiedeten Gesetze, mit denen die italienische Regierung ihre Vorstellung einer reinen italienischen »Rasse« durchsetzen wollte. Der renommierte italienische jüdische Journalist Gad Lerner berichtet, er müsse sich von Politikern der Lega immer wieder antisemitische Beschimpfungen anhören.[26]

Die polnisch-israelischen Beziehungen beschreibt die *Jüdische Allgemeine* als »Achterbahnfahrt.«[27] Die PiS gilt zwar nicht als antisemitische Partei, dennoch ist insbesondere in Wahlkampfzeiten das Verhältnis immer wieder angespannt. So wurde im Mai 2019 eine israelische Delegation auf dem Weg nach Warschau wieder ausgeladen – über die Restitution jüdischen Eigentums wollte die PiS nicht sprechen. Denn die Partei will auch für den rechtsradikalen Rand wählbar bleiben, und der ist auch in Polen von antisemitischen Einstellungen durchzogen. In den nationalistisch aufgeladenen Erzählungen der Geschehnisse des 20. Jahrhunderts tauchen Polinnen und Polen zudem nur als Opfer oder HeldInnen auf, nicht jedoch als TäterInnen. Dieses verzerrte Geschichtsbild, in dem kein Platz für Ambivalenzen bleibt, führt immer wieder zu Wellen antisemitischen Ressentiments. »Die Polen sehen sich als größere Opfer als die Juden«,[28] bringt der polnische Historiker Piotr Osęka die Stoßrichtung auf den Punkt.

Vom Antisemitismus der anderen zum antimuslimischen Rassismus

Ein Befund lässt sich jenseits der national-spezifischen Unterschiede für alle rechten Parteien in Europa feststellen: Kritisieren ihre Politiker Antisemitismus öffentlich und explizit, dann so gut wie ausschließlich in Verbindung mit Ressentiments gegen MuslimInnen.

Immer wieder ist auch in der AfD vom »importierten Antisemitismus« oder der »importierten Judenfeindschaft« die Rede, die Flüchtlinge und Migranten nach Deutschland gebracht hätten. Diese Strategie verfolgt gleich mehrere Ziele: Zum einen geht es erneut um Schuldabwehr, um den Wunsch, die deutsche Geschichte vom »Makel« des Faschismus zu befreien. Denn der »importierte Antisemitismus« externalisiert das Problem, konstruiert es als Element, das eigentlich nicht zu Deutschland gehört. Auch der Antisemitismus in den eigenen Reihen wird mit dieser Perspektive wegdefiniert. Zum anderen machen sich die rechten Parteien eine real existierende Angst vor islamistischen Anschlägen gerade auf Jüdinnen und Juden zunutze, um antimuslimische Ressentiments zu schüren.

In allen europäischen Ländern, in denen rechte Parteien auf dem Vormarsch sind, dient ihnen der Hass auf Muslime als zentrales Vehikel. Das Schreckgespenst einer »Islamisierung Europas« eröffnet oder eröffnete ihnen Wege in die gesellschaftliche Mitte, ohne die extreme Rechte zu verprellen. Denn Muslimfeindlichkeit und antimuslimischer Rassismus sind bis weit in die Gesellschaft hinein anschlussfähig: In der Autoritarismus-Studie der Universität Leipzig stimmten 2018 44,1 Prozent der Befragten der Aussage zu, Muslimen solle die Einwanderung nach Deutschland untersagt werden. In Ostdeutschland hielten mehr als die Hälfte der Befragten diese Aussage für richtig.[29]

In anderen Ländern gerade Westeuropas hat sich in den letzten Jahren eine ähnliche Entwicklung vollzogen, so wurde auch für das RN, die SVP, die FPÖ oder die Lega antimuslimische Hetze ein immer zentralerer Bestandteil. Eine Studie der Universität Münster in fünf europäischen Ländern wies bereits 2010 auf die gestiegene Muslimfeindlichkeit in Europa hin: In der in fünf europäischen Ländern durchgeführten Studie äußerten 36,7 Prozent der Befragten in Frankreich, 35,9 Prozent in den Niederlanden, 35,6 Prozent in Dänemark und 33,5 Prozent in Portugal Ressentiments gegenüber Muslimen. Deutschland bekam mit rund 60 Prozent den Spitzenplatz: Hier fanden sich bei rund 60 Prozent der Befragten antimuslimische Einstellungen.[30]

Bei muslimfeindlichen Einstellungen wird zunächst der Bogen von einer – oftmals legitimen – Religionskritik zu einer pauschalen Abwertung gläubiger Menschen geschlagen. Diese werden mit Stereotypen belegt, etwa dem, dass MuslimInnen faul seien und nicht in der Lage, »sich zu integrieren«. Daraus werden Ausschlussforderungen abgeleitet: Von »Der Islam gehört nicht zu Deutschland« ist es ein kurzer Weg bis »Muslime passen nicht zu uns«. Im antimuslimischen Rassismus werden darüber hinaus noch Herkunft, Kultur und Glaube gleichgesetzt. Erst sind alle Menschen aus arabischen Ländern oder der Türkei MuslimInnen, und schnell auch alle MigrantInnen und Flüchtlinge überhaupt. Und all diesen tatsächlichen oder vermeintlichen MuslimInnen werden nicht nur Minderwertigkeit, sondern gleichzeitig auch – heimliche – Expansions- und Übernahmeabsichten unterstellt, etwa, wenn von einer »schleichenden Islamisierung« durch eine »demografische Explosion« die Rede ist.

In Deutschland hat der frühere SPD-Politiker Thilo Sarrazin mit seinem 2010 erschienenen Buch *Deutschland schafft sich ab* erheblich dazu beigetragen, dass solche Thesen salonfähig wurden. Nicht umsonst gilt er deswegen vielen als ein wichtiger Wegbereiter für AfD und Pegida. Hier wird bereits deutlich, wie antimuslimische Ressentiments als Brückenschlag sowohl in die Feuilletons und bürgerliche Kreise als auch zu rassistischen Initiativen dienen, wie sie beispielsweise noch vor der Welle flüchtlingsfeindlicher Mobilisierungen ab 2014/2015 in Deutschland an vielen Orten gegen den Neubau von Moscheen gegründet wurden. Der muslimfeindliche Rechtspopulismus verknüpft dabei Hass auf MuslimInnen mit Hass auf alles Linke und Progressive: Die naive »Multikulti-Linke«, in Deutschland »rot-grün versifft«, ist es, die für die angebliche »Überfremdung« verantwortlich gemacht wird. Die rechten Parteien inszenieren sich dabei als Stimme einer unterdrückten Minderheit, die gegen das »Meinungskartell« der Integrationsbefürworter in Stellung gebracht werden müsse. Als eine Art Zentralorgan solcherlei Thesen fungierte in Deutschland jahrelang die Internetseite *Politically Incorrect*, die heute etwas an Bedeutung verloren hat.

Als Vorreiter der Hinwendung rechtspopulistischer Parteien zum antimuslimischen Rassismus kann der belgische Vlaams Belang gelten, der schon in den 90er Jahren stark mit derlei Ressentiments arbeitete. In den Niederlanden machte ab 2002 die Partei des Rechtspopulisten Pim Fortuyn Furore, die aus dem Stand 17 Prozent der Wählerstimmen für sich gewinnen konnte. Der 2002 bei einem Attentat erschossene Fortuyn hatte bereits 1997 ein Buch mit dem Titel *Gegen die Islamisierung unserer Kultur* veröffentlicht. Geert Wilders und seine Freiheitspartei waren es, die nach Fortuyns Tod die von ihm bereiteten Wege politisch für sich zu nutzen wussten.

Die FPÖ plakatierte im Nationalratswahlkampf 2006 den Slogan »Daham statt Islam« (österreichisch für »Zuhause statt Islam«) und schwenkte so vollends auf eine offen antimuslimische Linie um. In ihrem *Handbuch freiheitlicher Politik* schreibt die Partei: »Der Islam ist eine Religion, die die Welt als Kriegsschauplatz ansieht – und zwar so lange, bis die gesamte Menschheit islamisch ist.«[31] Für die Lega in Italien war der antimuslimische Rassismus ein wichtiges Vehikel für die Entwicklung von einer im Norden des Landes verwurzelten Regionalpartei hin zur bestimmenden politischen Kraft im gesamten Land. Kampagnen gegen die »schleichende Islamisierung Italiens« unter dem Motto

»Europa ist christlich und muss es bleiben« verhalfen der Partei in dem stark katholisch geprägten Land über ihre traditionellen Wählerkreise hinaus zu Ansehen[32]. Kampagnen gegen den Bau neuer Moscheen oder halal-geschlachtetes Fleisch gehören auch in Frankreich längst zum Kernrepertoire der RechtspopulistInnen; RN-Chefin Marine Le Pen verglich schon 2010 öffentliche Gebete von MuslimInnen mit der Besetzung Frankreichs durch die Nazis.

Die schweizerische SVP wurde mit ihrem erfolgreichen Referendum gegen den Bau neuer Minarette 2009 zum Vorbild für entsprechende Initiativen in ganz Europa. In Deutschland profitierten die zum Teil bereits in den 90er Jahren entstandenen Pro-Initiativen oder auch die 2008 gegründete »Bürgerbewegung« Pax Europa vom Aufwind antimuslimischer Einstellungen. Der damalige Vorsitzende von Pro Köln, Markus Beisicht, äußerte 2008 in einem Interview mit der Wochenzeitung *Junge Freiheit* – die ihrerseits einen großen Anteil an der Hinwendung des deutschen Rechtspopulismus zur Muslimfeindlichkeit hatte – ganz offen, worum es bei den Pro-Bewegungen gehe: Gegenüber den bis dahin in Deutschland gescheiterten rechtspopulistischen Parteien habe man »etwas Neues« erfinden wollen, und das sei mit den Mobilisierungen gegen den Bau von Moscheen gelungen: »Gerade in Großstädten kann man damit punkten! Wir haben die Marktlücke besetzt, und es ist uns der Einbruch in Schichten gelungen, die wir sonst nicht erreicht hätten«[33], sagte Beisicht.

Auch die vor allem in Frankreich, Österreich und Deutschland vertretene völkische Organisation Identitäre Bewegung (IB) ist ein wichtiger Träger antimuslimischen Rassismus in der Neuen Rechten. So besetzten Aktivisten der IB schon 2012 das Dach einer im Bau befindlichen Moschee im westfranzösischen Poitiers, wo 732 die Franken die nach Gallien vorgestoßenen muslimischen Mauren in einer Schlacht besiegten – derartige historische Bezüge sind typisch für die IB und den antimuslimischen Rechtspopulismus insgesamt.

Ein wichtiger Hebel der Rechten bei ihrem Feldzug gegen

Muslime ist der angebliche Kampf für Frauenrechte. Zahlreiche Kampagnen zielen darauf ab, Unterdrückung von und Gewalt gegen Frauen ausschließlich als Problem »der Ausländer« und insbesondere »des Islams« darzustellen. Prominentes Beispiel ist etwa die Kampagne »120 Dezibel« der Identitären Bewegung, bei der Aktivistinnen sich als potenzielle Opfer migrantischer Gewalt präsentierten.[34] »Vergeschlechtlichung von Rassismus« nennt die Wissenschaftlerin Juliane Lang, die sich mit dem vermeintlichen Feminismus von rechts beschäftigt, dieses Phänomen. »Fremd- und Selbstzuschreibungen von ›fremden Gewalttätern‹ und ›besorgten Müttern‹ sorgen für Schnittmengen mit Akteuren jenseits des eigenen politischen Spektrums«[35], beschreibt Lang die Scharnierfunktion des rechten Pseudofeminismus.

Welch tödliche Kraft der rechte Muslimenhass entfalten kann, hat am 15. März 2019 das Attentat des Rechtsterroristen Brenton Tarrant im neuseeländischen Christchurch auf brutalstmögliche Art bewiesen. Bei Anschlägen auf zwei Moscheen tötete der aus Australien stammende Tarrant insgesamt 51 Menschen, weitere 50 wurden zum Teil schwer verletzt. Tarrant hatte sich zuvor explizit auf den norwegischen Rechtsterroristen Anders Breivik bezogen, der im Juli 2011 77 Menschen getötet hatte. In einem kurz vor dem Anschlag versendeten »Manifest« kündigte Breivik eine »konservative Revolution« an, die die »multikulturellen Eliten« besiegen und »den Islam verbannen werde«.[36]

Tarrant bezog sich nicht nur auf Breivik, sondern veröffentlichte auch selbst eine Schrift mit dem Titel *Der große Austausch*, in der er von einer »muslimischen Invasion« und einem »Genozid an den Weißen«[37] spricht. Und es gibt Hinweise, dass er antimuslimischen europäischen Rechtsextremen nicht nur ideologisch, sondern auch organisatorisch verbunden war. Im Mai 2019 wurde bekannt, dass der Kopf der Identitären Bewegung, der Österreicher Martin Sellner, 2018 mehrfach Mailkontakt mit Tarrant hatte. Dabei lud Sellner Tarrant nach Wien ein und bot ihm an, ihn in die Identitäre Bewegung aufzunehmen. Außerdem erhielt der Österreicher im Januar 2018 eine Spende über 1500 Euro von dem neuseeländischen Terroristen, weshalb gegen ihn und die Identitäre Bewegung wegen des Verdachts auf Beteiligung an einer terroristischen Vereinigung ermittelt wird.[38]

Martin Sellner gehört zu den bekanntesten Propagandisten der Verschwörungstheorie des »Großen Austausches«, auf die sich auch Brenton Tarrant bezieht. Die Verbreitung dieser Erzählung ist in Europa jedoch keinesfalls auf Organisationen wie die Identitäre Bewegung beschränkt, sondern wird von allen rechtspopulistischen Parteien vorangetrieben. Tarrant ist damit Vollstrecker einer Ideologie, die bis in die europäischen Parlamente hineinreicht.

Nazi-Szene: Die braune Verwandtschaft

Estland

Nicht nur die jüdische Gemeinde protestierte, auch die russische Botschaft war nicht angetan: Zum zweiten Mal innerhalb weniger Monate war am Sonntag, dem 2. September 2018, in der estnischen Stadt Lihula ein Denkmal »Für die estnischen Männer, die 1940–1945 gegen den Bolschewismus und für die Wiederherstellung der Unabhängigkeit Estlands kämpften«[1] aufgestellt worden. Die schwarze Steinplatte zeigt einen Soldaten mit Gewehr in deutscher Uniform aus dem Zweiten Weltkrieg. Gemeint waren die estnischen Angehörigen der Waffen-SS. Aufgestellt hatte das Monument die Estnische Konservative Volkspartei (EKRE). Es war die Kopie eines Gedenksteins, den die Regierung schon einmal vor genau 14 Jahren aus politischen Gründen abmontieren ließ. Vor dem 2. September 2018 waren weitere Denkmäler für die auf deutscher Seite kämpfenden Esten Alfons Rebane und Harald Nugiseks errichtet worden. Die Verherrlichung von Waffen-SS-Legionären nehme »Kultcharakter in Estland an«, kritisierte die russische Botschaft.[2]

Der 2012 gegründeten, rechtsextremen und EU-kritischen EKRE-Partei schadete dies indes nicht, im Gegenteil. Bei den Parlamentswahlen im März 2019 bekam sie 17,8 Prozent, mit 19 statt bislang 12 Sitzen wurde sie drittstärkste Kraft im Parlament. »Wir wollen dem Kurs von Ungarn und Polen folgen«, sagt EKRE-Vorsitzender Mart Helme.[3] Von ihm stammt der Satz: »Klopft man Negern an den Kopf, klingt es hohl.«[4]

Der 69-Jährige ist Innenminister in Estlands Ende April 2019 gebildeten Regierung, einer Dreier-Koalition aus linksliberaler Zentrumspartei und konservativer Isaama. Mart Helmes Sohn

Martin wurde Finanzminister. Er warnte vor einem »Bevölkerungsaustausch« und versprach, Estland werde ein »weißes Land«[5] bleiben. Bei ihrer Vereidigung am 1. Mai im Riigikogu, dem estnischen Parlament, zeigten beide die »White Power«-Geste aus ausgestrecktem kleinen, Ring- und Mittelfinger und zu Kreis geformten Daumen und Zeigefinger – ein international übliches Zeichen von Neonazis, das unter anderem auch vom neuseeländischen Christchurch-Attentäter Brenton Tarrant bei seiner Gerichtsverhandlung gezeigt worden war.

Zwei Wochen später bekamen Vater und Sohn Besuch aus Frankreich. Die Vorsitzende des Rassemblement National, Marine Le Pen, reiste nach Tallinn. Während des Treffens machte der EKRE-Abgeordneter Ruuben Kaalep ein Selfie mit der französischen Politikerin. Darauf formen Le Pen und Kaalep beide das »White Power«-Zeichen. Le Pen behauptete später, sie habe nicht gewusst, was es bedeutet, und ließ die Fotos löschen.

Das darf bezweifelt werden. Die Anekdote zeigt, wie nah sich RechtspopulistInnen und Nazis in Worten und Symbolen sind, in Estland ebenso wie in Frankreich und anderswo.

Frankreich

Die Verbindungen zwischen Le Pens Rassemblement National und der extremen Rechten hat der Journalist und Buchautor Bernard Schmid recherchiert. Zu diesem Milieu zählt die im März verbotene Gruppe Bastion Social (Soziale Trutzburg), eine erst 2017 in Lyon gegründete Nachfolgeorganisation der offen faschistisch auftretenden Groupe Union Défense (Gruppe Einheit und Verteidigung). Deren Hochburg war die juristische Fakultät an der Universität von Paris-2 (Assas). Frederic Chatillon, einst Vorsitzender der GUD, wurde später strategischer Berater von Marine Le Pen und Wahlkampfmanager des FN. »Eine Reihe ›alter Herren‹ des GUD-Milieus bilden heute einen Teil der Umgebung von Marine Le Pen, die ebenfalls an Assas Jura studiert hat. Sie verwalten insbesondere Gelder des RN«, so Schmid.

Die Behörden in Frankreich erwägen ein Verbot der rechtsextremen Génération Identitaire (GI), die viele Berührungspunkte mit dem RN hat. Unter anderem war der EU-Wahlkampfleiter Philippe Vardon lange GI-Anführer in Nizza. Auch wurde bekannt, dass der neuseeländische Christchurch-Attentäter Brenton Tarrant insgesamt vier Spenden an die GI geleistet hatte. Tarrant schrieb in seinem »Manifest« über Le Pen, er habe ihre Wahlerfolge als »Anzeichen dafür, dass eine politische Lösung noch immer möglich war«, gesehen, diese Hoffnung aber später aufgegeben.[6] Tarrants zentraler Begriff ist der des »großen Austausches«, einer Verschwörungstheorie, die auf den französischen Ideologen Renaud Camus zurückgeht. Le Pen selbst benutzt den Begriff seit etwa fünf Jahren nicht mehr, andere RN-Politiker wie Stéphane Ravier, Senator für das Departement Bouches-du-Rhône, schon.[7]

Auch der frühere Assistent des Generalsekretärs Nicolas Bay, Guillaume Pradoura, stammt aus der Identitären Bewegung. Er wurde im Mai 2019 entlassen, nachdem Fotos bekannt wurden, die ihn als orthodoxen Juden verkleidet, mit Hut und Schläfenlocken, die Finger in krallenähnlicher Form gekrümmt, zeigen. Verbreitet hatte die Bilder die frühere FN-Europaparlamentarierin Sophie Montel, verbunden mit dem Hinweis, Pradoura habe »freundschaftliche Beziehungen in den Reihen des Ku-Klux-Klan«.[8]

Frankreich ist gewissermaßen das Mutterland der europäischen Identitären. Diese wurde 2002 als Jugendorganisation Jeunesses identitaires von Mitgliedern der Organisation Unité radicale (UR) gegründet. Die wiederum war kurz zuvor verboten worden, weil ihr Mitglied Maxime Brunerie am Nationalfeiertag 2002 versucht hatte, den damaligen konservativen Präsidenten Jacques Chirac zu erschießen. Passanten konnten Brunerie allerdings zuvor überwältigen. Am 6. April 2003 folgte dann die offizielle Gründung als Bloc identitaire.

Österreich

Österreich war eines der ersten Länder, in dem sich ein Ableger der Identitären gründete. Auch hier bildeten sich schnell Kontakte zur FPÖ, auch wenn die Partei diese Kontakte – ähnlich wie das RN in Frankreich – stets herunterzuspielen versuchte. Das führt zu skurrilen Szenen, wie dem Prozess im Januar 2019 gegen den PR-Berater Rudi Fußi. Der stand in Österreich vor Gericht, weil er dem damaligen FPÖ-Chef Heinz-Christian Strache auf Twitter eine Nähe zu den rechtsextremen Identitären vorgeworfen hatte. Fußi hatte ein Foto aus dem Jahr 2015 gepostet, auf dem Strache in einem Gasthaus gemeinsam mit zwei bekannten Identitären an einem gedeckten Tisch sitzt. Einer der beiden, der nur drei Stühle von Strache entfernt saß, trug sogar einen Kapuzenpullover mit dem Identitärenzeichen und der Aufschrift »fighting for the rebirth of Europe«.

Das Bild sei eine Fälschung, sein Antlitz in das Foto »hineinmontiert« worden, schimpfte Strache und zerrte den PR-Berater vor Gericht. Als dort aber Medienanwältin Maria Windhager eine Serie von Farbfotos auspackte, auf denen Strache in ebenjenem Lokal und auch zu Tisch mit den Identitären zu sehen war, blieb Strache nichts anderes übrig, als den Vorwurf der Fälschung vor Gericht zurückzuziehen – schließlich hatte er selbst damals Fotos von diesem Gasthausbesuch auf seiner Facebook-Seite veröffentlicht.[9]

Die Verbindungen der FPÖ ins rechte Milieu beschränken sich indes mitnichten auf die Identitären. Bereits im Jahr 2004 entschied das Oberlandesgericht Wien in einem Prozess, den Strache damals gegen das Nachrichtenmagazin *Profil* angestrengt hatte, man könne ihm »eine Nähe zu nationalsozialistischem Gedankengut« nachsagen.[10] Das Urteil bezog sich unter anderem darauf, dass Strache während seiner Jugend, aber auch seiner ersten Zeit als erwachsener FPÖ-Funktionär in der Neonaziszene aktiv war und auch an paramilitärischen Übungen teilgenommen hatte.

Strache ist nicht der Einzige in der FPÖ, der zumindest in der Vergangenheit Kontakte zu Neonazis hatte. So musste etwa der damalige FPÖ-Klubchef im oberösterreichischen Landtag 2013 zurücktreten, nachdem ein Video auftauchte, das ihn 1988 bei Wehrsportübungen der Neonazi-Gruppe Vapo von Österreichs bekanntestem Neonazi Gottfried Küssel zeigte. Auch der Sprecher des freiheitlichen Parlamentsklubs, Hubert Erhart, sowie René Schimanek, einer der engsten Vertrauten des neuen FPÖ-Chefs Norbert Hofer, waren in ihrer Jugend in Küssels Vapo aktiv, distanzieren sich aber heute davon. Auch der österreichische Identitären-Chef Martin Sellner war früher in Küssels Umfeld unterwegs. Nachdem der Vapo-Chef 2011 wegen NS-Wiederbetätigung verhaftet wurde und einige Jahre im Gefängnis verbrachte, begann Sellner, die IB in Österreich aufzubauen.

Die FPÖ ging auf Distanz zur IB, als im März 2019 bekannt wurde, dass der Christchurch-Attentäter Tarrant Anfang 2018 1500 Euro an Sellner gespendet hatte. Daraufhin lautete die offizielle Position der FPÖ, es gebe keine Kontakte zu den Identitären. Eine mehr als gewagte Behauptung. Denn FPÖ-Funktionäre marschierten nicht nur regelmäßig auf Identitären-Demos mit. Strache selbst teilte seit 2016 regelmäßig Meldungen der rechtsextremen Splittergruppe auf seiner Facebook-Seite.[11]

Im oberösterreichischen Linz waren FPÖ-Funktionäre und Identitäre sogar in einer Art rechtsextremer Wohngemeinschaft verbunden: In der sogenannten »Villa Hagen« in Linz residiert nicht nur eine deutschnationale Burschenschaft, die Arminia Czernowitz, der die verschiedene Linzer FPÖ-Stadträte angehören, sondern auch die Identitären. Der Mietvertrag lief auf einen Rechtsextremen mit Identitären-Nähe, die rechtsextreme Bewegung hielt in ihrem sogenannten »Khevenhüller Zentrum« in der Villa seit 2016 zahlreiche Veranstaltungen ab.

Eigentümer dieser Immobilie ist ein FPÖ-naher Studentenverein. Als dies aufgrund der Identitären-Spende des Christchurch-Attentäters an die Öffentlichkeit kam, gab sich die FPÖ ahnunglos. »Der Vermieterverein, in dessen Vorstand zwei FP-Politiker sind, sei ›keine Privat-Stasi‹, die das Tun von Mietern überprüfe«, lautete die Verteidigung des Linzer Vizebürgermeisters Markus Hein von der FPÖ, der auch Mitglied der Arminia Czernowitz ist.[12] Der Mietvertrag für das Identitären-Zentrum wurde schließlich gekündigt.[13]

Die deutschnationalen Burschenschaften waren es auch, die der FPÖ kurz nach Regierungsantritt im Dezember 2017 den ersten veritablen Antisemitismusskandal einbrockten. Im Januar 2018 veröffentlichte das Wiener Wochenmagazin *Falter* extrem antisemitische Liedtexte aus dem Liederbuch der deutschnationalen Schülerverbindung Germania zu Wiener Neustadt. Der damalige stellvertretende Vorsitzende war Spitzenkandidat der FPÖ bei der Wiener Landtagswahl, Udo Landbauer. Er argumentierte, dass seine Burschenschaft die einschlägigen Textstellen geschwärzt oder die Seiten aus den Liederbüchern gerissen hätte. Landbauer musste zurücktreten. Da es aber keine Anklage gegen ihn gab, kehrte er nach wenigen Monaten wieder auf die politische Bühne zurück.

Ähnliches gilt für einen engen Mitarbeiter des derzeitigen FPÖ-Parteichefs Hofer. Dessen Social-Media-Beauftragter ist Vorsitzender einer Burschenschaft, in der die Polizei bei einer Hausdurchsuchung ebenfalls antisemitische Lieder fand. Der Kabinettsmitarbeiter räumte daraufhin seinen Arbeitsplatz im Ministerium, kehrte aber nach wenigen Wochen wieder auf seine alte Dienststelle zurück.

Er war nicht der einzige Mitarbeiter in den von der FPÖ geführten Ministerien, die einschlägig auffielen. Im Sozialministerium hatte ein Mitarbeiter aus dem Kabinett der Ministerin den Identitären ebenfalls Geld gespendet.[14] Ein FPÖ-Funktionär und Mitarbeiter des Außenministeriums sorgte wiederum für internationales Aufsehen, weil er auf Außendienst in der österreichischen Botschaft in Israel ausgerechnet in einem T-Shirt der rechtsextremen Identitären auf Facebook posierte.[15]

Im Parlament beförderte die Dritte Parlamentspräsidentin

Anneliese Kitzmüller von der FPÖ erst im April 2019 Dominik Grieb zu ihrem Büroleiter. Grieb ist ebenfalls FPÖ-Funktionär und sorgte 2007 für Schlagzeilen, als er den Organisator des Life Ball Gery Keszler in einem Artikel als »Berufsschwuchtel« beschimpfte. In einem mittlerweile gelöschten Text, den Grieb für die Homepage seiner deutschnationalen Burschenschaft Moldavia verfasst hatte, beklagte er, dass man »historische Dogmen« des 20. Jahrhunderts »wegen erstaunlich harter Vorgehensweise durch die Justiz« nicht mehr hinterfragen könne.[16]

Wenn solche Personen während einer türkis-blauen Regierung Karriere machen können, wundert es nicht, dass die Zahl der rechtsextremen Vorfälle von FPÖ-PolitikerInnen während der Regierungszeit der FPÖ nicht ab, sondern im Gegenteil zunahmen. Das österreichische Mauthausen-Komitee, das diese sogenannten »Einzelfälle« seit Jahren dokumentiert, stellte fest, dass es in den viereinhalb Jahren vor der Nationalratswahl 2017 68 rechtsextreme Vorfälle gab, in die FPÖ-PolitikerInnen oder deren Mitarbeiter involviert waren. Im ersten Halbjahr seit der FPÖ-Regierungsbeteiligung waren es hingegen 38 Einzelfälle.[17]

Die rechtsextreme Szene in Österreich ist eine Art außerparlamentarische Unterstützungsfront für die FPÖ. Das zeigte sich zuletzt bei den EU-Wahlen. Nachdem das Ibiza-Video des damaligen FPÖ-Chefs Strache an die Öffentlichkeit kam, war es der Identitäre Sellner, der in sozialen Medien die Parole »Unsre Rache: #votestrache« ausgab. Und der so mithalf, dass Strache nicht sofort in der politischen Versenkung verschwand. Sondern mit 44 750 Vorzugsstimmen Anspruch auf ein Mandat für das EU-Parlament in Brüssel erhielt.[18] Man hilft einander eben, wo man kann.

Ungarn

Eine ähnliche außerparlamentarische Unterstützung von extrem weit rechter Seite konnte auch Ungarns Premierminister Viktor Orbán erleben. Am 1. Januar 2012 trat die neue ungarische Verfassung unter der Regierung Orbán in Kraft. Als Oppositionsparteien und Vertreter der ungarischen Zivilgesellschaft zu Protesten gegen dieses neue Grundgesetz aufriefen, weil sie darin einen Demokratieabbau sahen, riefen Neonazis in sozialen Medien dazu auf, den ungarischen Regierungschef zu unterstützen.[19] Neonazis führten in Ungarn speziell in der ersten Regierungsperiode von Orbán zwischen 2010 und 2014 auf der Straße das aus, was Fidesz-Mitglieder an verbaler Hetze betrieben. So erklärte etwa Zsolt Bayer, einer der Mitbegründer der Fidesz und langjähriger Freund von Orbán: »Wenn jemand ein Zigeunerkind überfährt, handelt er richtig.« Der Orbán-Vertraute bezeichnete Roma als »Tiere, die nicht sein dürfen«, schimpfte Juden als »stinkende Exkremente« und Europapolitiker als »gehirnamputierte, an Krätze leidende Idioten«. Das hinderte die ungarische Regierung nicht daran, Bayer am ungarischen Nationalfeiertag 2016 einen der höchsten Orden, das »Ritterkreuz des ungarischen Verdienstordens« zu verleihen.[20]

In einer hetzerischen öffentlichen Stimmung ist es von Verbalattacken zu tätlichen Übergriffen nicht weit. 2011 musste das Rote Kreuz in der Gemeinde Gyöngyöspata, etwa achtzig Kilometer von Budapest entfernt, 276 Frauen und Kinder aus einer Romasiedlung evakuieren, nachdem neonazistische Paramilitärs das Romaviertel abgeriegelt hatten und Kontrollpunkte entlang der Straßen errichtet hatten. Die Neonazis waren zu einem Trainingslager samt Schießübungen angereist. Das ungarische Innenministerium verzichtete zuerst darauf, das Trainingslager zu verbieten, sondern schickte stattdessen zusätzliche Polizisten, um einen reibungslosen Ablauf zu gewähren. Erst später verordnete der Innenminister einen Abbruch der paramilitärischen Übung.[21]

Ein klares geschichtsrevisionistisches Signal war auch das neue Nazi-Besetzungsdenkmal, das unter der Fidesz-Regierung 2014 begleitet von Protesten des Verbands jüdischer Gemeinden in Ungarn und des Jewish World Congress auf dem Budapester Freiheitsplatz errichtet wurde. Auf dem Denkmal ist der deutsche

Reichsadler zu sehen, der sich auf den Ungarn symbolisierenden Erzengel Gabriel als personifizierte Unschuld stürzt.[22] Zwei Jahre zuvor hatte Orbán in einem Interview mit der österreichischen *Presse am Sonntag* erklärt, der von den Nazis eingesetzte ungarische Reichsverweser Miklós Horthy, der mitverantwortlich war an der Ermordung von mehr als 600 000 Juden, sei »kein Diktator« gewesen.[23]

Polen

In Polen bewegen sich Konservative, Nationalisten und Rechtsextreme in ähnlicher Weise aufeinander zu. Im November 2018 bereitete die Regierung erstmals gemeinsam mit nationalistischen Organisationen den Marsch zur Feier der Unabhängigkeit des Landes vor 100 Jahren vor. In den Vorjahren hatten nationalistische Organisationen den Marsch am 11. November veranstaltet und dabei rassistische Slogans skandiert. Präsident Duda und seine Regierung hatten als Bedingung eines gemeinsamen Marsches mit den Nationalisten nun gefordert, dass die Teilnehmer nur die Nationalflagge tragen sollten. Mit circa 250 000 Menschen kamen mehr als je zuvor. Unter ihnen waren der polnische Präsident Andrzej Duda, Ministerpräsident Mateusz Morawiecki und der PiS-Vorsitzende Jaroslaw Kaczynski. Regierungssprecherin Joanna Kopcinska sprach vom »größten Marsch freier Polen in einem freien Polen«. Der Marsch wurde von SoldatInnen angeführt, die eine große Flagge mit der Aufschrift »Für dich, Polen« trugen. Hinter den RegierungspolitikerInnen folgten dann die NationalistInnen, viele mit Fackeln. Entgegen der Abmachung waren Flaggen der rechten Gruppe Nationales Radikales Lager und der italienischen Faschistenorganisation Forza Nuova zu sehen. Marschierende riefen »USA, Reich des Bösen« und »Polen, weiß und katholisch«. Mitglieder der nationalistischen Gruppe Komplettpolnische Jugend verbrannten sogar eine EU-Flagge.

Italien

Auch in Italien zeigen sich die Verbindungen zwischen der populistischen Lega und der extremen Rechten deutlich. Am Morgen des 3. Februar 2018 etwa schoss der 28-jährige Luca Traini in der mittelitalienischen Stadt Macerata mit einer Pistole auf Afrikaner. Er verletzte fünf Männer und eine Frau aus Ghana, Mali und Nigeria. Einer der Männer erlitt lebensgefährliche Brustverletzungen. Traini war bei den Gemeindewahlen 2017 als Kandidat der Lega Nord angetreten. Auf die Stirn hatte er die »Wolfsangel« tätowiert, das Symbol der 1982 aufgelösten neofaschistischen Organisation Terza Posizione. Traini wurde später zu zwölf Jahren Haft verurteilt. Der damalige Lega-EU-Abgeordnete Salvini indes zeigte Verständnis: T. sei ein »Krimineller«, sagte er, gleichzeitig sei »ja ganz klar, dass eine außer Kontrolle geratene Einwanderung, eine Invasion, wie sie in den letzten Jahren organisiert, gewollt und finanziert wurde, zu sozialen Zusammenstößen führen müsse«.[24] Freunde von Traini berichteten, er habe Verbindungen zur Organisation CasaPound gehabt, die sich selbst als »Faschisten des dritten Jahrtausends« bezeichnen. Die nach dem amerikanischen Dichter und Faschismus-Apologeten Ezra Pound benannte Gruppe gibt die Zahl ihrer Mitglieder mit 6000 an, davon sind einige Gemeinderäte. Heute betreibt die Organisation über 50 Zentren im ganzen Land.

In den vergangenen Jahren hat sich CasaPound zunehmend an die Lega angenähert. Vor der Parlamentswahl im März 2018 bot der CasaPound-Vorsitzende Stefano Di Simone Salvini seine Unterstützung an, allerdings verfehlte seine Partei die Drei-Prozent-Hürde zum Einzug ins Parlament. Als der Stadtrat von Rom im Januar 2019 beschloss, das CasaPound-Hauptquartier, ein besetztes Haus nahe des Termini-Bahnhofs, räumen zu lassen, stimmten nur Abgeordnete von Lega und den postfaschistischen Fratelli d'Italia dagegen. Bei den Kommunalwahlen im Mai 2019 trat für die Lega auch Andrea Segall an, der zuvor für CasaPound als Campaigner gearbeitet hatte. Zu CasaPound zählt unter anderem der Inhaber des Altaforte-Verlags, Francesco Polacchi. »Ich bin Faschist. Der Antifaschismus ist das wahre Übel dieses Landes«[25], sagt der. In seinem Verlag erschien im Mai 2019 ein Interviewband mit Salvini *(Ich bin Salvini)*.

Salvini weiß um das Potential der extremen Rechten als Wählerbasis. Die Räumung des vom CasaPound besetztenHauses habe für ihn »keine Priorität«[26], sagte er. Im Mai 2019 sprach er im Wahlkampf in der Stadt Forli von jenem Balkon, den einst Mussolini genutzt hatte. [27] Die Teilnahme an den Gedenkfeiern zum 74. Jahrestag der Befreiung von den Nationalsozialisten Ende April ließ er hingegen ausfallen. Auf Twitter schrieb er über seine Kritiker »Tanti nemici, tanto onore«, was so viel heißt wie »Viel Feind, viel Ehr«. Oppositionspolitiker erinnerten daran, dass Salvini sich damit bei der Propaganda Mussolinis bedient habe – und das ausgerechnet zu Mussolinis Geburtstag am 29. Juli 2018. »Molti nemici, tanto onore«[28] steht unter anderem auf den Böden der faschistischen Bauten des Sportstättenkomplexes Foro Italico (ehemals Foro Mussolini) in Rom.

Deutschland

Die Situation mit der AfD in Deutschland ist ähnlich, auch hier gibt es Verbindungen zu nazistischen Gruppen und deren Ideologie. Im Oktober 2018 waren in 19 Abgeordnetenbüros insgesamt 24 MitarbeiterInnen beschäftigt, die Verbindungen zu eindeutig rechtsextremen Organisationen mit in den Bundestag bringen. Sie waren für rechtsextreme Parteien aktiv, sind Mitglieder in vom Verfassungsschutz beobachteten Burschenschaften oder AnhängerInnen von Organisationen wie der Identitären Bewegung. Unter anderem arbeitet Daniel Fiß, einer der beiden Vorsitzenden der deutschen Identitären Bewegung (IB), im Bundestagsbüro des AfD-Abgeordneten Siegbert Droese. Der AfD-

Abgeordnete Hans-Thomas Tillschneider hatte bis Herbst 2018 sogar sein Wahlkreisbüro im Identitären-Haus in der Adam-Kuckhoff-Straße in Halle.

Der Verfassungsschutz folgte den Recherchen des Münsteraner Soziologen Andreas Kemper und glaubt, dass der Thüringer AfD-Vorsitzende Björn Höcke unter dem Pseudonym »Landolf Ladig« mehrfach in einer NPD-Zeitung geschrieben hat. Diese wurde vom Neonazi Thorsten Heise betreut.

In der Automobilbranche versucht die AfD, mit einer rechten Gewerkschaft namens Zentrum Automobil Betriebsratsposten zu ergattern. Gelungen ist ihr dies unter anderem bei Daimler in Baden-Württemberg. Führender Kopf von Zentrum Automobil ist der Betriebsrat Oliver Hilburger, früher Bassgitarrist der Neonaziband Noie Werte. Mit deren Musik unterlegte der rechtsterroristische NSU seine Bekennervideos. Vor dem NSU-Untersuchungsausschuss des baden-württembergischen Landtags stritt Hilburger jede Verbindung zum NSU ab. Für ihn habe nur die »Musik im Mittelpunkt gestanden«.[29]

Anfang August 2019 schließlich wurde bekannt, dass der AfD-Europaparlamentarier Maximilian Krah Guillaume Pradoura als Assistenten eingestellt hat – jenen Ex-Identitären, der erst im Mai wegen eines antisemitischen Fotos vom RN-Generalsekretär und EU-Abgeordneten Nicolas Bay rausgeworfen und anschließend aus der Partei ausgeschlossen wurde. Krah sagte, das Foto sei »nicht schön, aber ich kann darin kein Fehlverhalten sehen«, und er wolle daraus keine Konsequenzen ziehen.[30]

Verschwörungstheorien:
Die wundersame Welt
des Rechtspopulismus

Wir werden alle verbrennen. Das sei die Botschaft, die die »Tagesschau« den Zusehern ins Unterbewusstsein sende. Diesen Vorwurf erhob der AfD-Bundestagsabgeordnete Jan Nolte im Juni 2019 auf Twitter. Beim Wetterbericht manipuliere die Hauptnachrichtensendung der ARD die Karten. Plötzlich würden Temperaturen rot dargestellt und somit dramatisiert, die im Jahr 2009 noch grün dargestellt worden seien. Dadurch würde der öffentlich-rechtliche Sender die Auswirkungen des Klimawandels bewusst übertrieben darstellen. Durch das Umfärben würde die »Tagesschau« »dem Zuschauer ›signalisieren‹, er würde am Folgetag verbrennen«, behauptete die AfD-Gruppe Landau auf Facebook und fragte ihre LeserInnen gleich: »Fühlen Sie sich manipuliert?«[1] Weiterverbreitet wurde die angebliche Wetterkarten-Verschwörung auch von einigen Politikern der CDU, darunter der Bildungsminister von Sachsen-Anhalt, Marco Tullner, und der FDP.[2]

Die »Tagesschau« klärte rasch auf, was es mit den verschieden gefärbten Karten auf sich hat: Die rote Karte sei die Temperaturkarte, und Knallrot bedeute eben, es wird ordentlich heiß. Die grüne Karte sei hingegen die Wetterkarte mit der Vorschau auf die kommenden drei Tage, dort würden vor neutralem Hintergrund nicht nur Temperaturen, sondern auch Bewölkung, Niederschlag und Sonnenschein angezeigt. Und beide Karten gab es auch 2009 schon.[3] Immerhin: Nolte löschte seinen Tweet daraufhin.

Verschwörungstheorien sind auch der FPÖ nicht fremd. So meinte der frühere Parteichef Heinz-Christian Strache einmal: »Ich glaube, dass es mächtige Einflusssphären, Geheimdienste und finanzkräftige Konzerne gibt, die versuchen, sich abzusprechen.«[4] Konkrete Akteure und Details der angeblichen Zusammenarbeit nannte Strache nicht. Beispiele dafür, wo europäische RechtspopulistInnen überall eine Verschwörung wittern, gibt es zuhauf. Hier ein kleines Best of.

Die große Klimalüge

Der Klimawandel ist etwas, an das auch die FPÖ nicht wirklich glauben möchte *(siehe Kapitel Klimapolitik).* »Klimaveränderungen gibt es seit Jahrtausenden. Die Sahara war einmal die Kornkammer Roms und ist dann zur Wüste geworden. Das hat mit vielen Faktoren zu tun, aber sicher nicht mit Fabriken und sonstigen Entwicklungen, die es damals gar nicht gab.«[5] So erklärte Heinz-Christian Strache 2018, warum er nicht daran glaubt, dass der Mensch für die massiv steigende Erderwärmung verantwortlich ist.

Glaubwürdiger scheinen der FPÖ hingegen Chemtrails, jene Kondensstreifen am Himmel, die je nach Wetterlage von Flugzeugen hinterlassen werden. Am 6. September 2013 brachte ihr Abgeordneter Norbert Hofer eine parlamentarische Anfrage »betreffend Wettermanipulation durch Chemikalien« ein.[6] »Abseits von plumpen Verschwörungstheorien wird immer wieder der Vorwurf laut, dass das Verfahren der Wettermanipulation durch Sprühflüge vermehrt eingesetzt wird – auch in unseren Regionen«, schreibt er darin. »Die in der Umgangssprache als ›Chemtrails‹ bezeichneten künstlichen Schlieren am Himmel, die an den Sprühtagen deutlich zu beobachten und von den normalen Kondensstreifen ganz klar zu unterscheiden sind, bestehen hauptsächlich aus einem Gemisch von Aluminiumpulver und dem wassersuchenden Bariumsalz. Zusammen bilden sie ein elektrisches Feld.« Hofer wollte wissen, über welche Daten das Verteidigungsministerium in Sachen Chemtrails verfüge und welche Untersuchungen es durchgeführt habe, um die Chem-trail-Verschwörung aufzudecken. Der militärische Wetterdienst beobachte die meteorologischen Bedingungen, antwortete der damalige Verteidigungsminister Gerald Klug von den Sozialde-mokraten, aber »bislang wurden keine atmosphärischen Phäno-mene beobachtet, die nicht durch bekannte, natürliche Entste-hungen erklärt werden könnten«.[7]

Im November 2018, als Hofer österreichischer Verkehrsminis-ter war, hatte er in Sachen Chemtrails dazugelernt. Da antwortete er auf eine parlamentarische Anfrage, das Thema Chemtrails falle zwar nicht in seinen Bereich. Aber: »Nach mir bekannten Infor-mationen haben mittlerweile durchgeführte wissenschaftliche Überprüfungen keinen Hinweis auf die Ausbringung von gefähr-denden Chemikalien in die Atmosphäre ergeben.«[8]

Die bösen Geheimdienste

Eine große Verschwörung weit über den Wolken sieht auch die polnische Regierungspartei PiS. Allerdings keine, die mit dem Klima zu tun hat. Die PiS lebt von dem Mythos, dass der Flugzeugabsturz von Katyn nahe der russischen Stadt Smolensk, bei dem am 10. April 2010 der damalige Staatspräsident Lech Kaczyński gemeinsam mit 95 weiteren PassagierInnen, darunter zahlreiche polnische PolitikerInnen, ums Leben kam, kein Un-fall, sondern ein politisch motivierter Anschlag war. Kaczyński war damals auf dem Weg ins russische Katyn, wo er der 22 000 bis 25 000[9] polnischen Soldaten öffentlich gedenken wollte, die 1940 von den Sowjets ermordet worden waren.

Während der kommunistischen Zeit hatte Russland jegliche Verantwortung für das Massaker von Katyn geleugnet. Deshalb war es für Polen ein historischer Moment, als am 7. April 2010 der russische Ministerpräsident Wladimir Putin und der pol-nische Ministerpräsident Donald Tusk erstmals gemeinsam in

Katyn der Ermordeten gedachten. Lech Kaczyński war zu dieser Gedenkfeier allerdings nicht eingeladen. Stattdessen reiste er drei Tage später selbst mit einer Delegation nach Katyn und wollte auf dem nahe gelegenen Militärflughafen von Smolensk landen. Im dichten Nebel streifte das Flugzeug jedoch in etwa dreißig Metern Höhe einen Baumwipfel, prallte auf den Boden, zerbrach in mehrere Teile und ging in Flammen auf.

Lech Kaczyński Zwillingsbruder, der PiS-Vorsitzende Jarosław Kaczyński, verbreitete hingegen eine komplett andere Version: »Wir wissen inzwischen, dass es zu Explosionen gekommen ist, die mutwillig auf eine spezielle Weise herbeigeführt wurden«, erklärte er während der Trauerfeierlichkeiten zum siebenten Jahrestag des Absturzes. »Das sind keine Spekulationen, sondern wissenschaftliche Experimente, Computersimulationen höchster Klasse«, behauptete er in seiner Rede.[10] Als Drahtzieher dieses angeblichen Attentats beschuldigt die PiS sowohl Putin als auch Tusk, der der konkurrierenden Bürgerplattform angehört und bis 2014 polnischer Ministerpräsident war. Beide Politiker sollen Kaczyńskis Ermordung gemeinsam ausgeheckt haben, um so dessen Wiederwahl zu verhindern.[11] Der PiS nahestehende Medien behaupteten, im Flugzeugwrack seien Spuren von Sprengstoff gefunden worden, PiS-Chef Kaczyński sprach von einem »unerhörten Verbrechen« und davon, dass Leute »ermordet« worden seien.[12]

Beweise dafür gibt es keine, ganz im Gegenteil. Im Sommer 2011, etwas mehr als ein Jahr nach dem Absturz, kam die staatliche polnische Untersuchungskommission zu dem Ergebnis, dass Pilotenfehler beim Landeanflug die Hauptursache für den Absturz waren. Eine Mitschuld trage der russische Tower, weil er trotz der äußerst schlechten Wetterverhältnisse eine Landung zugelassen hatte.[13] Außerdem hätten die prominenten Fluggäste Druck auf die Crew ausgeübt, trotz der miserablen Wetterbedingungen und der Warnungen des russischen Towers in Smolensk zu landen.[14]

Nachdem die PiS im November 2015 an die Regierung gekommen war, sperrte sie die Internetseiten mit den offiziellen Untersuchungsberichten zum Unglück.[15] Der Mythos des politischen Attentats wird von der Regierung seitdem konsequent gepflegt. Der polnische Verteidigungsminister Antoni Macierewicz ordnete sogar an, dass die Namen der Absturzopfer bei jeder Veranstaltung verlesen werden müssen, an der eine Ehrenkompanie der polnischen Armee teilnimmt.[16]

Wie sehr große Katastrophen dazu geeignet sind, Verschwörungsideen hervorzubringen, zeigte sich auch, als im April 2019 ein Feuer in der berühmten Pariser Kathedrale Notre Dame ausbrach, bei dem das Bauwerk erheblich beschädigt wurde. Obwohl die französischen Behörden mitteilten, der Brand stehe in Zusammenhang mit Renovierungsarbeiten, postete AfD-Chefin Alice Weidel auf Facebook: »In der Karwoche brennt Notre-Dame. Im März brannte es in der zweitgrößten Kirche Saint-Sulpice. Allein im Februar wurden in Frankreich 47 Angriffe registriert. Die Beobachtungsstelle gegen Intoleranz und Diskriminierung von Christen in Europa spricht von einer signifikanten Zunahme. Ich denke, es gibt eine wachsende Feindseligkeit in Frankreich gegen die Kirche und ihre Symbole. Sie scheint sich gegen das Christentum und die Symbole der Christenheit insgesamt zu richten.«[17] Der Brand in der Kirche sei also kein Unfall, sondern ein Angriff auf das Christentum gewesen.

Weidels Fans machen in den Facebook-Kommentaren deutlich, was die AfD-Chefin nur andeutet: »unsere Kirchen sind sicher auch haram – wie alles Schöne«, schreibt eine Userin; »Vor 3 Tagen wurde eine 22 jährige islamistin festgenommen die die catitrale abbrennen wollte... 3 tage später brennt sie wegen bauarbeiten? Soso«, eine andere. »Kommt dann bestimmt eine Moschee hin«, lautet ein weiterer der Kommentare, die alle von der AfD wochenlang auf Facebook stehen gelassen wurden. Denn dass der Brand von Notre Dame ein islamistischer Anschlag auf ein berühmtes Gotteshaus war, der nun von den »Mainstreampresse« geschimpften Medien vertuscht werde, passt perfekt zu einer anderen großen Verschwörungstheorie: jener von einem angeblich von oben gesteuerten »Bevölkerungsaustausch«.

Der angebliche Austausch

»Der große Austausch« ist ein zentraler Kampfbegriff der Neuen Rechten. Dahinter steckt eine Verschwörungstheorie, der zufolge in Europa ein geplanter »Austausch« der weißen Bevölkerung gegen MuslimInnen und Menschen anderer Hautfarbe stattfinde. Der Begriff geht zurück auf den neurechten Ideologen Renaud Camus und wurde in der Vergangenheit von neonazistischen Gruppierungen, aber auch von den rechtsextremen Identitären verwendet. Der Attentäter im neuseeländischen Christchurch, der im März 2019 in einer Moschee 51 Menschen ermordete, gab seinem Rechtfertigungsmanifest den Titel »The Great Replacement«; auch der rechtsextreme Terrorist Anders Breivik, der im Juli 2011 in Norwegen 77 Personen ermordete, berief sich auf diese Verschwörungstheorie.

Ihre Wurzel hat die Idee des großen Austausches in der nationalsozialistischen Ideologie. Bereits 1929 sprach der Bevölkerungswissenschaftler Friedrich Burgdörfer, der unter dem NS-Regime Karriere machen sollte, von einer drohenden »Umvolkung« der Deutschen, deren Überleben durch den Geburtenrückgang bedroht sei.[18] In der jüngeren Vergangenheit wurde der Ausdruck »Umvolkung« auch regelmäßig von der FPÖ gebraucht. Schon 1992 verwendete ihn der FPÖ-Politiker und damalige FPÖ-Grundsatzreferent Andreas Mölzer und wurde nicht zuletzt deshalb kurz darauf von seiner Partei als Bundesrat im österreichischen Parlament abberufen. Er kehrte allerdings bald in die Politik zurück und wurde unter Landeshauptmann Jörg Haider Kärntner Kulturbeauftragter und 2004 Europaabgeordneter der FPÖ. Auch der deutsche AfD-Bundestagsabgeordnete Petr Bystron sprach im

Oktober 2018 in Zusammenhang mit dem Migrationspakt der Vereinten Nationen – der im Grunde nur eine Willenserklärung ist, auf internationaler Ebene Regeln für Migration zu finden – wörtlich von einer drohenden »Umvolkung«.[19]

Hochrangige FPÖ-Politiker wie der später zurückgetretene Fraktionsführer Johann Gudenus warnten auch davor, dass Österreich und Europa eine »Ethnomorphose« drohe.[20] Heinz-Christian Strache wiederum, damals noch Vizekanzler und FPÖ-Chef, sprach im April 2019 in einem Interview mit Österreichs auflagenstärkster Zeitung, der *Kronen Zeitung*, davon, dass er und seine Partei »den Kampf gegen den Bevölkerungsaustausch konsequent weiter« gehen werden. Auf den Hinweis der Interviewerin hin, dass »Bevölkerungsaustausch« ein Begriff der rechtsextremen Szene sei, antwortete Strache: »Das ist ein Begriff der Realität. Wir wollen nicht zur Minderheit in der eigenen Heimat werden. Das ist legitim und redlich und zutiefst demokratisch. Nur dort, wo jemand versucht, seine politischen Ziele mit Gewalt durchzusetzen, handelt es sich um Rechtsextremismus, der selbstverständlich in einer Demokratie nichts verloren hat.«[21]

Die Extremismusforscherin Julia Ebner beobachtet eine Rhetorik der angeblichen Invasion »vom italienischen Lega-Chef Matteo Salvini bis zur rechtspopulistischen Partei Vox in Spanien und der AfD in Deutschland, die sogar auf Wahlplakaten vor ›Eurabien‹ warnt«, wie sie im Gespräch mit dem österreichischen Wochenmagazin *Profil* sagte.[22] Diese Rhetorik ist nicht nur allgemein gehalten. Sie hat auch ein konkretes Feindbild. George Soros, der ungarischstämmige jüdische US-Milliardär, der als Kind den Holocaust in Ungarn überlebt hat, gilt in rechtsextremen Kreisen als jener Mann, der den vermeintlichen Bevölkerungsaustausch steuert.

Die Vorstellung einer Soros-Verschwörung ist besonders stark im Fidesz regierten Ungarn verbreitet. Dort erklärte etwa Ministerpräsident Orbán öffentlich, das Ziel eines angeblichen »Soros-Plans« sei es, »die Nationalstaaten zu schwächen«.[23] In Polen behauptete 2017 der damalige Außenminister Witold Waszczy-kowski von der PiS, Soros wolle mit seiner linksliberalen Ideologie eine Welt von »atheistischen Radfahrern und Vegetariern« schaffen.[24] Ungarns Agrarminister Sándor Fazekas von der Fidesz-Partei sah wegen Soros sogar die ungarische Küche in Gefahr. Im Februar 2018 warnte der Minister davor, dass Soros die Ungarn dazu zwingen wolle, in Zukunft Insekten zu essen. Bei einer sogenannten Bürgersprechstunde im Budapester Außenbezirk Csepel erklärte er, die UngarInnen würden sich nach christlichen Vorschriften ernähren und keine Insekten essen. Wenn sie aber ihre Esstraditionen verlören, dann würden sie mit Insekten ernährt. Und zwar, damit die vielen Migranten mit Essen versorgt werden könnten, und davon profitiere wiederum Soros, der sein Geld mit Insektengeschäften vermehren wolle.[25]

Dass aber etwa der Terrorangriff auf betende Muslime im neuseeländischen Christchurch von einem Rechtsextremisten begangen wurde, will so mancher dieser Rechten nicht wahrhaben. Der ungarische Journalist Zsolt Bayer, einer der Mitbegründer der Fidesz, Parteimitglied Nr. 5 und enger Vertrauter von Orbán, schrieb am 16. März 2019 in einem Blogeintrag: »Nach dem ersten Schock ist es schwer, nicht daran zu denken, dass das alles genau jetzt und dort passiert sein musste. Das Ganze schaut nach einer organisierten und inszenierten Geheimdienstaktion aus.«[26]

Auch das AfD-nahe rechtsextreme *Compact*-Magazin schreibt im Zusammenhang mit dem Attentat von Christchurch: »Die vorsätzliche Destabilisierung der ›rechte Szene‹ durch staatliche Dienste mittels eingeschleuster Provokateure ist wahrlich nichts Neues. Die Maßnahmen, welche die CIA-eigene Operation ›Cointelpro‹ gegen Linke und die ›Schwarze Bürgerrechtsbewegung‹ zur Anwendung brachten, wurden danach von anderen Diensten bruchlos gegen ›Rechts‹ übernommen. Siehe die österreichische Briefbombenaffäre [in den 1990er Jahren erschütterte eine rechtsextreme Briefbombenserie das Land, Anm. d. A.], die sich letztlich allein gegen Jörg Haiders Aufstieg richtete.«[27]

Das Böse aus dem Ausland

In Italien behauptete Lega-Chef Matteo Salvini, über die Flüchtlingsretter im Mittelmeer, »die ausländischen Schiffe, auf dunkle Art und Weise durch ausländische Mächte finanziert, werden in Italien keinen Boden berühren«.[28] Finstere Mächte »aus dem Ausland«, die ein »politisches Attentat« auf ihn ausgeübt hätten, witterte auch FPÖ-Parteichef Heinz-Christian Strache, nachdem das Ibiza-Video öffentlich worden war. Damit sei ein »Anschlag« auf die Regierungsarbeit von FPÖ und ÖVP verübt worden oder sogar ein »Angriff auf Freiheit und Demokratie«.[29] Die Verschwörungstheorie kam bei den FPÖ-Wählern äußerst gut an. Obwohl Strache ganz weit hinten auf der Wahlliste für das Europaparlament kandidierte, bekam der gerade erst zurückgetretene FPÖ-Chef nur eine Woche nach Ibizagate 44 000 Vorzugsstimmen. Man kann also auch mit den absurdesten Verschwörungstheorien politisch punkten – zumindest in der wundersamen Welt der RechtspopulistInnen.

III. PERSPEKTIVEN

EU-Parlament: Der mühsame Weg zum Rechtsblock

Cordons Sanitaires sind Sperrgürtel, zum Schutz gegen das Einschleppen epidemischer Krankheiten. Das passt zum Bild, das der EU-Parlamentspräsident David Sassoli nach seiner Wahl Anfang Juli 2019 bemühte: »Nationalismus, der zur Ideologie wird, ist ein Virus«[1], sagte Sassoli.

Denn *Cordons Sanitaires* heißen im EU-Parlament auch die Wahlabsprachen, mit denen die extreme Rechte von Posten ferngehalten wird. Und die wurden bei der Konstitution des neuen Parlaments Anfang Juli 2019 ausgesprochen gut eingehalten. Kein einziger Vorsitz der 22 Ausschüsse und Unterausschüsse ging an Abgeordnete der radikal rechten Identität-und-Demokratie-Fraktion (ID), zu der unter anderem die Lega, FPÖ, AfD und Rassemblement National gehören. Dabei hätten diese mit ihren 73 Sitzen gemäß der parlamentarischen Praxis Anspruch auf zwei solcher Posten gehabt – namentlich reklamierten sie den Landwirtschafts- und den Rechtsausschuss für sich. Doch daraus wurde nichts.

Der Rechtsausschuss wählte die liberale britische Europaabgeordnete Lucy Nethsingha statt des ID-Kandidaten Gilles Lebreton zur Vorsitzenden. Im Agrarausschuss votierten die Mitglieder für den deutschen CDUler Norbert Lins und verhinderten damit Maxette Grisoni-Pirbakas vom Rassemblement National. Im Haushaltskontrollausschuss gab es keine Mehrheit für den als Vize kandidierenden Lega-Politiker Matteo Adinolfi. Und auch die Lega-Abgeordnete Mara Bizzotto, die als eine von 14 Parlaments-VizepräsidentInnen kandidiert hatte, ging leer aus.

Es war David Sassoli, der neue Parlamentspräsident von der

italienischen sozialdemokratischen Partido Democratico, der schon Mitte Juni die Parole ausgegeben hatte, dass »Nationalisten keine Vorsitzenden«[2] werden dürfen. In den folgenden Wochen hatten sich alle Parteien dieser Auffassung angeschlossen.

Die ID-Fraktion schäumte. »Schande über dieses antidemokratische System«[3], twitterte die Fraktion. AfD-Chef Jörg Meuthen, dessen Partei das EU-Parlament abschaffen will, sprach von einer »Totalverweigerung demokratischer Grundprinzipien«, der Wille des Volkes werde »völlig ignoriert«[4]. Sein Lega-Kollege Antonio Rinaldi nannte die Phalanx gegen die Rechten ein »Zeichen von Schwäche«.[5]

Tatsächlich war es eine krachende Niederlage für die RechtspopulistInnen. Schon lange hoffen die Rechten auf ein starkes Bündnis mit großem Einfluss in Brüssel. Europaskeptische Parteien sind dort schließlich nicht neu. Schon bei der ersten Direktwahl 1979 wurde eine Handvoll europaskeptischer Abgeordneter ins europäische Parlament gewählt, 1984 zog der damals klar rechtsextreme Front National (FN) ein. Die Zusammenarbeit mit anderen rechten Parteien gestaltet sich aber immer wieder schwierig.

So hielt die im Januar 2007 im EU-Parlament gegründete Rechtsaußen-Fraktion Identität, Tradition, Souveränität (ITS) aus FPÖ, Vlaams Belang, Front National, der Lega, die damals noch Lega Nord hieß, einem Vertreter der UKIP, der italienischen Faschistin und Duce-Enkelin Alessandra Mussolini, der Großrumänienpartei und der bulgarischen Ataka nicht einmal ein Jahr. Auslöser für den Bruch war der Mord an einer Römerin, die von einem Rumänen aus der Volksgruppe der Roma getötet worden war und der rassistische Streit, der daraus in der ITS-Fraktion entstand. Denn Alessandra Mussolini forderte nach dem Mord den rumänischen Botschafter in Italien auf, das Land zu verlassen. Das empfanden die fünf Vertreter der Großrumänienpartei als »Kriegserklärung« und verließen erbost die Fraktion. Mussolini habe den Eindruck vermittelt, dass alle Rumänen »wie

Straftäter leben und schreckliche Kriminalität verursachen«. Ohne die rumänischen Abgeordneten aber war die ITS zu klein und verlor nach nur elf Monaten den Fraktionsstatus.

Vor den Europawahlen 2014 vereinbarten Front National, FPÖ, Vlaams Belang und Lega Nord gemeinsam mit der niederländischen PVV erneut eine Zusammenarbeit. Doch nach der Wahl bekamen sie nicht genug Partner für eine Fraktion zusammen. Die Fraktion Europa der Nationen und der Freiheit (ENF) konnten sie erst gründen, als sich ihnen ein Jahr später eine ehemalige UKIP-Abgeordnete anschloss. Das sollte 2018 Mal anders laufen. Mehr als ein Jahr lang bereiteten die RechtspopulistInnen ihre neue Fraktion vor – und hofften dabei durchaus, Teile der Konservativen auf ihre Seite ziehen zu können.

Den Aufschlag machte dafür im Oktober 2018 der italienische Lega-Familienminister Lorenzo Fontana. Der kündigte an, im Februar 2019 in Verona eine Konferenz aller »souveränistischen« Parteien Europas abhalten zu wollen. »Souveränistisch«, das ist ein von der Lega bevorzugter Terminus für »nationalistisch«. Das Ziel der Konferenz sei es, »gemeinsame Programmpunkte für die EU-Wahl«[6] zu erarbeiten, formulierte Fontana gegenüber dem Corriere della Sera eher vorsichtig – wissend, dass es für ein gemeinsames Wahlprogramm nicht reichen würde. Das hinderte Fontana jedoch nicht, schon mal zu verkünden, dass es ja dennoch einen gemeinsamen Kandidaten für die Nachfolge von Kommissionspräsident Jean-Claude Juncker geben könnte. Im Auge hatte er dabei seinen »Freund Matteo«: Salvini.

Der Lega dürfte klar gewesen sein, dass es dazu nicht kommen würde. Und doch setzte sie darauf, dass im neuen Parlament niemand an den Rechten mehr vorbeikommen würde. Schließlich waren diese unter anderem in Italien, Ungarn, Polen, Finnland, Belgien, Bulgarien sowie – damals – Dänemark und Österreich an der Regierung beteiligt, verzeichneten zweistellige Umfrageergebnissen in vielen weiteren Staaten. Das Problem: Das nationale Lager war zersplittert und naturgemäß vor allem von nationalen Interessen getrieben. Und die fallen zum Teil erheblich auseinander.

Wie soll aus derart auseinanderfallenden politischen Vorstellungen ein Bündnis werden? Kaum jemand traute sich offen zu, dieses disparate Parteienkonglomerat zu vereinen. Einer der wenigen, die schon früh entsprechendes Selbstvertrauen entwickelten, war Stephen Bannon. Nachdem US-Präsident Donald Trump den rechtsextremen Strategen im August 2017 aus dem Weißen Haus geworfen hatte, zog es diesen nach Europa. In Brüssel schlage das »Herz der Globalisten«,[7] sagte Bannon damals und meinte die EU. Er kündigte an, einen »Pfahl durch diesen Vampir zu treiben«[8]. Sein Ziel: Europas Rechte für die Europawahl im Mai zu einer »Supergroup« vereinen. Schon im März 2018 trat er auf einem Parteitag des RN im nordfranzösischen Lille auf: »Ihr seid Teil einer weltweiten Bewegung, die größer ist als Frankreich, größer als Italien, größer als Ungarn, größer als all das«[9], rief er einer begeisterten Marine Le Pen und ihren AnhängerInnen zu. Bannon traf Matteo Salvini, die AfD-Fraktionschefin Alice Weidel, den tschechischen Präsidenten Miloš Zeman, und er kündigte nach einem Besuch in Budapest an, Präsident Viktor Orbán im Europawahlkampf zu »beraten«.

Der *Neuen Zürcher Zeitung* erklärte Bannon, wie er sich die Zeit nach der EU-Wahl vorstellt: »Nach der Wahl wird jeder Tag in Brüssel Stalingrad sein.« Doch wenn es um konkrete Zusammenarbeit mit ihm ging, winkten Europas RechtspopulistInnen nacheinander ab. Die FPÖ wolle sich »aus eigener Kraft« vergrößern, sagte Harald Vilimsky, Generalsekretär der FPÖ. »Das machen wir abseits von Hilfen aus den USA oder Russland.«[10] So sahen es offenbar die meisten der europäischen Rechtsparteien – keine ließ sich offen mit Bannon ein. Ihre eigene Diplomatie hingegen kam spät in Gang. Aber sie kam in Gang. Es waren vor allem Marine Le Pen, Matteo Salvini und später auch AfD-Chef Jörg Meuthen, die in den Monaten vor der Wahl die Allianzenbildung vorantrieben. Der Arbeitstitel hierfür lautete »Europa der Vaterländer«.

Marine Le Pen traf in Estland Abgeordnete der EKRE-Partei. Der Besuch war heikel: Le Pen ist für ihre Nähe zu Russland bekannt. Viele EstInnen hingegen fürchten, Moskau könnte das Land in seinen Einzugsbereich zurückholen wollen, wie die Krim. Staatspräsidentin Kersti Kaljulaid griff die mitregierende EKRE daraufhin scharf an: »Marine Le Pen in Estland zu haben, zeigt, dass diese Partei eindeutig nicht unser gemeinsames Verständnis teilt, wonach Russland eine Bedrohung darstellt«[11], sagte Kaljulaid.

Trotzdem nahm das Bündnis der PopulistInnen Gestalt an. Der Öffentlichkeit wurde es im April 2019 im Mailänder Nobelhotel Gallia vorgestellt. Wohl zum ersten Mal in seinem Leben wurden AfD-Chef Jörg Meuthen dort bei einer Pressekonferenz von Salvini-Fans beklatscht. Einige der weit über 100 Anwesende konnten nicht an sich halten und applaudierten dem AfD-Vorsitzenden. »Für ein Europa der Vernunft – Die Völker begehren auf« war der Titel der Konferenz, zu der Italiens Innenminister Matteo Salvini eingeladen hatte und zu der offensichtlich auch dessen Fanclub aus rechten Medien gekommen war.

Salvini selbst begnügte sich mit ein paar einleitenden Worten, die Neuigkeiten zu verkünden überließ er demonstrativ Meuthen: Die rechtspopulistischen Parteien wollen sich zu einer neuen Fraktion namens Europäische Allianz der Menschen und Nationen zusammenschließen, berichtete der. »Wir wollen die EU an Haupt und Gliedern reformieren, aber nicht zerstören«[12], versicherte Meuthen. »Radikale Veränderungen« soll es dennoch geben: Brüssel solle Kompetenzen und Macht an die »Heimatländer« zurückgeben.

Programmatisch wird es dabei, wenig überraschend, vor allem um eines gehen: »Wir werden eine Festung Europa bilden müssen, in die wir nur die hineinlassen, die wir hineinzulassen bereit sind«, so Meuthen. »Die Australier haben es vorgemacht, Matteo zeigt uns exemplarisch, wie das geht.« Europa müsse »verteidigt werden vor China und Afrika«, ergänzte Salvini.

Die neue Parteienfamilie sei »neues Blut, neue Kraft, neue Hoffnung« für Europa, sagte Salvini. »Sie sehen hier keine Leute, die Sehnsucht nach der Vergangenheit haben.« Die hätten heute einzig »die in Brüssel«. Er trete für denselben »Traum von Europa« ein, wie ihn Papst Johannes Paul II. gehabt habe: »Selbst er hat die unterschiedlichen Identitäten anerkannt, und man kann nicht sagen, dass er ein Populist war. Europa macht Sinn, wenn die Identitäten anerkannt werden. Wenn es nur auf Geschäften basiert, dann ist es nur ein Albtraum.«

Einen Monat später sollte das Bündnis komplett sein. Salvini lud zu diesem Anlass erneut nach Mailand. Eine Open-Air-Bühne hatte die Partei auf dem Domplatz aufgebaut, auf Transparenten standen die Slogans »Italien zuerst« und »Für ein Europa des gesunden Menschenverstandes«, in dieser Reihenfolge, und aus der Logik derer, die hier auftraten, ergab sich das eine aus dem anderen.

Das Defilee sollte die Gründung einer Allianz von Europas PopulistInnen besiegeln, die als gemeinsame Fraktion im neuen EU-Parlament auftreten wollten. Es erschienen VertreterInnen aus zwölf Ländern: Neben Gastgeber Salvini und Marine Le Pen kommen der AfD-Spitzenkandidat Jörg Meuthen, Geert Wilders von der Freiheitspartei aus den Niederlanden und Politiker von Vlaams Belang aus Belgien, der Dänischen Volkspartei, der Partei Die Finnen, der Estnischen Konservativen Volkspartei, der als SPD abgekürzten Freiheit und direkte Demokratie aus Tschechien, sowie von Sme Rodina (Wir sind Familie) aus der Slowakei und Volya (Wille) aus Bulgarien.

Eine Woche später steht fest, dass ihre Fraktion 73 Mitglieder haben wird. Sie stellen rund ein Zehntel des EU-Parlaments und sind fünftgrößte Fraktion, hinter Konservativen, Sozialdemokraten, Liberalen und Grünen. Salvini hatte angestrebt, die drittgrößte EU-Fraktion zu bilden.

Doch die niederländische Freiheitspartei von Geert Wilders,

die bulgarische Volya-Partei und die slowakische SME Rodina hatten nicht genug Stimmen bekommen und sind nicht im Parlament verteten. Die 29 Abgeordneten von Nigel Farages Brexit-Partei haben sich ebenso wenig angeschlossen wie die rechtsextreme spanische Partei Vox.

Nach dem Brexit allerdings könnten sich die Gewichte im Parlament noch einmal verschieben. Dann könnte ID auf 76 Abgeordnete kommen und größer als die grüne Fraktion werden – die würde mit dem Brexit Abgeordnete verlieren und wäre dann nur noch Nummer vier.

Der »Ibiza-Effekt« nach der Veröffentlichung der Skandalvideos mit dem FPÖ-Vizekanzler Heinz-Christian Strache war in Österreich spürbar, führte aber nicht zu anderen Verhältnissen: Die FPÖ lag vor der EU-Wahl in Umfragen bei 23 Prozent, nun kam sie auf immerhin noch 17,2 Prozent. Der Partei war es gelungen, sich als Opfer zu inszenieren: Die Verschwörungstheorie, die in ihrem WählerInnenmilieu griff, lautete: Strache sei ein Opfer krimineller Mächte aus dem Ausland, die daran arbeiten, die FPÖ zu stürzen. Der Slogan der Partei »Jetzt erst recht« zog. Und das Alleinstellungsmerkmal, die einzige Anti-EU-Partei zu sein, ebenfalls. Die FPÖ fühlt sich dabei eingebettet in eine starke europaweite Rechte: Diese habe einen »Riesenerfolg«[13] eingefahren, sagte FPÖ-Spitzenkandidat Harald Vilimsky.

Lange hatten die Rechten um Ungarns Ministerpräsident Viktor Orbán geworben. Dessen Verhältnis zu seiner konservativen EVP-Fraktion hatte sich in den Wochen vor der Wahl immer weiter verschlechtert. Ein Grund waren die offenen Angriffe Orbáns auf den Kommissionspräsidenten Jean-Claude Juncker – auch er gehörte der EVP an. Diese suspendierte die Fidesz schließlich im März 2019 vorläufig. Bei der Wahl hatte er dann zwei Ziele: Erstens wollte er das stärkste Ergebnis einer europäischen Partei überhaupt einfahren. Zweitens wollte er eine Mehrheit gegen Einwanderung im EU-Parlament. Letztlich wurden die SozialdemokratInnen auf Malta mit 55 Prozent stärkste Partei, mit

52,3 Prozent blieb Orbáns Fidesz hinter den eigenen Ansprüchen zurück.

Im EU-Parlament hatte Orbán darauf gehofft, die Rechten würden stark genug, um alle anderen insbesondere bei der Migration blockieren zu können. Aber diese Mehrheit scheint es nicht zu geben. Sein traditioneller Partner ist die PiS – und die hat grundsätzliche Vorbehalte gegen AfD und RN. Entsprechend schmallippig zeigte sich Orbán nach der Wahl. Er hatte sich in Ungarn als großer Anführer einer neuen, rechten europäischen Politik geriert. Tage nach der Wahl hatte Orbán noch gesagt, er werde »genau verfolgen«, ob die EVP eine Richtung einschlage, die mit Ungarns Interessen in Einklang zu bringen sei. »Wenn ja, werden wir bleiben. Wenn nicht, werden wir in einer neuen Formation sitzen.«[14] Jetzt ließ er seinen Kanzleramtsminister Gergely Gulyás erklären, es gebe auch »Themen, bei denen wir mit den Sozialdemokraten, Grünen und Liberalen kooperieren können.«[15]

Als klar war, dass die neue rechte Gruppe deutlich kleiner und damit machtloser ausfallen würde, als deren Verfechter geglaubt hatten, ruderte Orbán zurück und kündigte an, fürs Erste doch in der konservativen Parteienfamilie zu bleiben. »Ich glaube, es ist besser für uns. Es ist auch das Beste für die EVP«[16], sagte er. Als Zugeständnis ließ er eine umstrittene Justizreform kippen, die ab nächstem Jahr eine neue, von der Regierung gelenkte Verwaltungsgerichtsbarkeit geschaffen hätte.

Als »Sieg für das Volk« und »Ohrfeige«[17] für Präsident Macron stellte Marine Le Pen ihr Wahlergebnis von 23,3 Prozent hin und behauptete, es bestätige die »nationalistisch-globalistische Spaltung«. Macron habe »keine andere Wahl als die Nationalversammlung aufzulösen«[18] – was dieser allerdings prompt ablehnte. Tatsächlich hat Le Pens Rassemblement National gegenüber der letzten EU-Wahl etwa 1,5 Prozent verloren. Doch ihre Position als führende oppositionelle Partei in Frankreich, auch als eine der wichtigsten Figuren unter den NationalistInnen Europas hat sie gefestigt. Letzteres ist wichtig für sie, weil sie von einer »Großen Koalition« der NationalistInnen träumt – und zwar am liebsten unter ihrer Führung. Immer wieder hat sie während des Wahlkampfs angekündigt, das Personal zu »ersetzen«, das »an der Spitze des totalitären Systems« steht, wie sie die EU nennt.

In Polen hat die PiS mit sieben Prozent Abstand gewonnen. Es war ihr gelungen, vor allem die ländliche Bevölkerung zu mobilisieren, gerade im östlichen und südlichen Landesteil, Menschen, die eigentlich selten zur Wahl gehen, schon gar nicht bei der Europawahl – aber diesmal eben doch. Den größten Ansturm auf die Wahllokale gab es vielerorts genau dann, als die Messe vorbei war. Die eng mit der PiS verbundene Kirche hatte viele Menschen mobilisiert. Dabei wurde erst kurz zuvor in Polen ein Dokumentarfilm veröffentlicht, in dem es um Fälle von Kindesmissbrauch in der polnischen katholischen Kirche geht. Doch anders als in anderen Ländern führt das in Polen nicht dazu, dass die Kirche wirklich unter Druck gerät. Stattdessen wird der Spieß umgedreht: Wer die Faust gegen die Kirche erhebt, greift Polen an, hieß es seitens der PiS. Die 26 EU-Abgeordneten der polnischen Regierungspartei PiS halten vor allem wegen der Russland-Nähe von Salvini, Le Pen und Meuthen Abstand zur ID-Fraktion.

Auch in Italien stellte Lega-Chef Matteo Salvini sich an die Seite der Kirche und kommentierte die Wahlen mit einem Rosenkranz in der Hand. »Ein neues Europa ist geboren«, sagte er.[19] Salvini ist der absolute Wahlsieger in Italien, seine Partei gewann ein Drittel der italienischen Stimmen – fast 25 Prozent mehr als bei der Europawahl 2014. Sie entsendet nun 29 Abgeordnete und ist somit zusammen mit der CDU und Nigel Farages Brexit Party eine der stärksten Parteien – stärker als das Rassemblement National.

Am 13. Juni präsentierte sich die ID-Fraktion der Öffentlichkeit. Ihr Ziel sei nicht die Zerschlagung der EU, sagte Meuthen. »Wir wollen und wir werden konstruktiv arbeiten«,[20] aber dazu gehöre eben auch, Nein zu sagen. Dass die AfD das EU-Parlament abschaffen will, wiederholt er nicht. Doch er sagt: »Wir sind nicht hier, um Freunde zu suchen.« Die Rechten seien vielmehr gekommen, »um Stachel im Fleisch der Eurokraten zu sein.«[21]

Wie das aussehen kann, das zeigte prompt Italien. Der neue Fraktionschef von Identität und Demokratie ist Marco Zanni von der Lega. Er machte direkt nach seiner Wahl zum Fraktionsvorsitzenden klar, dass die Lega es ernst meint mit der nationale Autonomie – vor allem in der Finanzpolitik. »Es gibt unterschiedliche Visionen, wie man Wachstum schafft«, sagte er. »Und für Wachstum in Europa als Ganzem muss den Mitgliedsstaaten Flexibilität gegeben werden.«[22]

Doch die Kommission lenkte Anfang Juli im Haushaltsstreit überraschend ein und gewährte damit Italien ebenjene »Flexibilität«, die Zanni verlangt hatte. Rom verpflichtete sich, Ausgaben, die für das Bürgereinkommen und die Rentenreform veranschlagt worden waren und nicht angefallen sind, vorerst einzufrieren – ein vergleichsweise geringes Zugeständnis. Die AfD hatte vor Kurzem noch gewarnt, Italien wolle »Schulden auf unsere Kosten machen«, denn durch die »Fehlkonstruktion Euro wird es am Ende eine Schuldenunion geben, in der vor allem Deutschland für die Ausgaben anderer Länder zahlen muss«.[23] Nach dem Einlenken der Kommission im Schuldenstreit hieß es nur von der CSU, die italienische Regierung habe es »einmal mehr geschafft, der Kommission Sand in die Augen zu streuen«[24], die »kosmetischen Änderungen« an den Haushaltsentwürfen änderten nichts daran, »dass die Gesamtverschuldung jedes Jahr weiterwächst und das Defizit inakzeptabel hoch ist«[25] – exakt das, was die AfD stets gesagt hatte. Doch die wollte ihren neuen Partner offenbar nicht gleich brüskieren – und schwieg.

Weit wichtiger als im EU-Parlament aber ist der Einfluss der Rechten in den nationalen Regierungen und damit im Europäischen Rat der Staats- und Regierungschefs, der die Prioritäten und politischen Ziele der EU bestimmt. Das haben bereits die

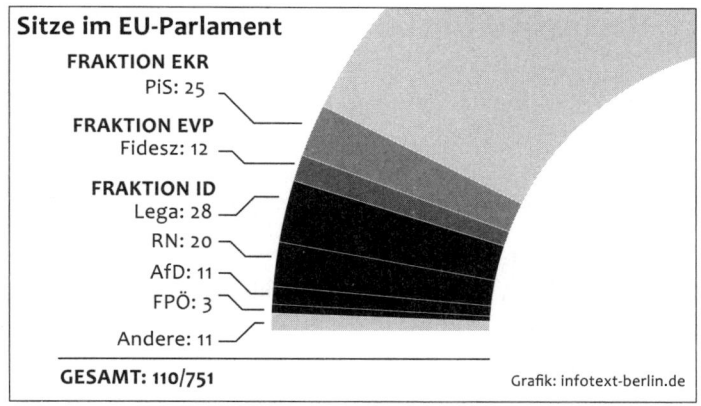

Sitze im EU-Parlament

FRAKTION EKR
PiS: 25

FRAKTION EVP
Fidesz: 12

FRAKTION ID
Lega: 28
RN: 20
AfD: 11
FPÖ: 3

Andere: 11

GESAMT: 110/751

Grafik: infotext-berlin.de

AfD: Alternative für Deutschland, Fidesz: Fital Demokraták Szövetsége (Ungarn), FPÖ: Freiheitliche Partei Österreichs, Lega (Italien), PiS: Prawo i Sprawiedliwość (Polen), RN: Rassemblement National (Frankreich)

Ministerpräsidenten von Ungarn und Polen, die als Teil der Visegrad-Gruppe jeden Fortschritt in der europäischen Asylpolitik blockierten, eindrucksvoll unter Beweis gestellt.

Es könnte aber noch dicker kommen: Wenn es etwa der Lega in Italien gelänge, nach der Kündigung des Bündnisses mit der Fünf-Sterne-Bewegung tatsächlich Neuwahlen durchzusetzen, und sich an der Spitze eines neuen Rechtsbündnisses die Macht zu sichern. Damit wäre ein europäisches Kernland von einem Rechtspopulisten regiert, ihr Einfluss im Rat würde weiter steigen. Und auch in Frankreich ist diese Gefahr längst nicht gebannt. Zwar sind die Umfragewerte für Marine Le Pen bei Weitem nicht so gut wie für ihren italienischen Freund, aber ausschließen lässt sich derzeit auch nicht, dass das RN die nächste Präsidentschaftswahl in Frankreich gewinnt.

Nachwort: Die Gesellschaft der Vielen

Eins mit dem Volk zu sein, das ist das Bild, das die PopulistInnen gern von sich zeichnen: Im natürlichen Gleichklang mit dessen Befinden, Kenner seiner Wünsche, Vollstrecker seines Willens. Wer etwas anderes will, gehört nicht dazu. So versuchen sie, ihre Politik zu legitimieren.

Dieser Politik stellen sich immer mehr Menschen entgegen. In den letzten Jahren, die vom Aufstieg der PopulistInnen gezeichnet waren, manifestierte sich auch eine Gegenbewegung. Sie steht für Offenheit nach außen, Differenz der Identitäten, für Teilhabe, Demokratie und Rechtsstaat. Sie nimmt Widersprüche hin und verweigert der Idee eines exklusiven Volkes ihre Zustimmung. Sie weist die vermeintlich natürliche Alternativlosigkeit der heterosexuellen Kleinfamilie genauso zurück wie die Sehnsucht nach einem starken Führer. Und sie kann nichts anfangen mit der reaktionären Vorstellung, dass früher alles besser war.

An die Stelle eines ethnisch homogenen Volkes treten die, die da sind. Wer hier lebt, gehört dazu: eine »Vielheit« von Subjekten und Singularitäten, ihre Einzigartigkeiten, die eben nicht im »Volkskörper« aufgehen. Und die im Wesentlichen die Überzeugung eint, dass alle Menschen gleiche Rechte haben sollten.

Diese zivilgesellschaftliche Formierung übt praktische Solidarität, wie im Juli 2019, als Salvini zum wiederholten Mal SeenotretterInnen mit einem Schiff voller Menschen zuerst die Einfahrt in den Hafen verweigerte und danach das Schiff festsetzen ließ – inklusive der bis dahin weitgehend unbekannten Kapitänin Carola Rackete. In weniger als einer halben Woche spendeten so viele Menschen für Racketes Organisation Sea Watch, dass diese sich von dem Geld mehrere neue Schiffe hätte kaufen können. Im Vorjahr, kurz nach Salvinis Amtsantritt, war es ähnlich gelaufen, als das Rettungsschiff Lifeline festgesetzt wurde. Damals waren viele Menschen so wütend, dass eine vollkommen neue Mobilisierung namens Seebrücke allein in Deutschland in wenigen Wochen Hunderttausende gegen Salvini und den mit ihm paktierenden deutschen Innenminister Horst Seehofer auf die Straße brachte. Es scheint, als setze die Konfrontation in der Zivilgesellschaft neue Kräfte frei.

Oft ist es Mut Einzelner, der die Stärke der antiautoritären Gegenbewegung ausmacht – zum Beispiel der von Gaia Parisi und Matilde Rizzo aus Sizilien. Die beiden Frauen baten den Lega-Innenminister Matteo Salvini bei einem Wahlkampfauftritt im Mai 2019 in Caltanissetta auf Sizilien um ein Selfie – als die Kamera auslöste, küssten sie sich.

Nicht sie allein protestieren gegen Homophobie und Sexismus der Lega. Als Salvini kurz vor der EU-Wahl aus ganz Italien seine AnhängerInnen in Bussen für seine große Krönungsmesse vor den Mailänder Dom fahren ließ, standen 10 000 dort, um ihm zuzujubeln. Doch rund um den Domplatz zogen doppelt so viele Menschen. Sie waren dem Aufruf des feministischen Bündnisses Non una di meno, von antirassistischen Gruppen und Verbänden ehemaliger PartisanenInnen gefolgt und feierten ihre »Große Gala der Zukunft«, in Anspielung auf die reaktionäre Familienpolitik der PopulistInnen. Zwei Monate zuvor waren Zehntausende gegen den christlich-fundamentalistischen World Congress of Families in Verona auf der Straße gegangen.

In Polen, wo die katholische Kirche und die konservative PiS ein Bündnis geschmiedet haben, demonstrierten Zehntausende Menschen seit 2016 bei den »Schwarzen Protesten«. Sie wollten ein von der PiS geplantes, extrem restriktives Abtreibungsgesetz verhindern. Und sie waren erfolgreich.[1]

Erfolgreich war auch Robert Górski vom Warschauer Kabarett der moralischen Unruhe. Seit der Regierungsübernahme durch die PiS 2015 ist die Presse starkem juristischen und ökonomischen Druck ausgesetzt. In öffentlich-rechtlichen Medien wurden Hunderte JournalistInnen entlassen, die Arbeit kritischer Medien systematisch erschwert. Górski schuf 2017 dennoch die Satire-Serie *Ucho prezesa* (Das Ohr des Vorsitzenden) über Polens mächtigsten Politiker, PiS-Chef Jarosław Kaczyński. Fernsehstationen winkten ab, weil sie Angst hatten, »dass am nächsten Tag die Steuerfahndung kommt und ihren Betrieb schließt«.[2] Górski und sein Kabarettpartner Mikołaj Cieślak produzierten die Serien für YouTube– und erreichten innerhalb kürzester Zeit ein Millionenpublikum.

Es sind kleine Siege, wie das Comeback des österreichischen Popmusikers Wolfgang Ambros. Als der im Sommer 2018 sagte, in der FPÖ gebe es »viele braune Haufen«[3], nannte FPÖ-Generalsekretär Christian Hafenecker den Sänger einen »abgehalfterten Musiker« und »Systemgünstling«. Das ließen die ÖsterreicherInnen nicht stehen: Sie sorgten dafür, dass Ambros' alter Hit »Skifoarn« aus dem Jahr 1976 wieder die Charts stürmte.

Nach der Veröffentlichung des auf Ibiza aufgenommenen Strache-Videos kehrte auch der Song »We are going to Ibiza« aus den 1990er Jahren in die österreichischen Charts zurück. Die massiven Attacken der FPÖ auf den öffentlich-rechtlichen Rundfunk wurden plötzlich kritisch diskutiert. Zum ersten Mal wurde vielen ÖsterreicherInnen klar, wie wichtig es ist, die Pressefreiheit zu verteidigen. Am Tag, nachdem das Ibizia-Video veröffentlicht wurde, demonstrierten in Wien Tausende gegen die Politik der FPÖ und ÖVP.[4]

Solche Gegenbewegungen gewinnen Kraft, wenn verschiedene Anliegen zusammenfinden. So war es auch bei einer ganzen Reihe von Protesten in Deutschland, die im Oktober 2018 in der #unteilbar-Demo mündeten, zu der sich 240 000[5] Menschen in Berlin versammelten. Das Motto »unteilbar« erfasste genau das, was gesellschaftlich auf dem Spiel steht – und war damit für viele anschlussfähig.

Denn was die RechtspopulistInnen wollen, ist nicht nur ein Angriff auf Geflüchtete und MigrantInnen. Die autoritäre Wende, die RechtspopulistInnen auch hierzulande anstreben, bedroht unser System ganz grundsätzlich: Menschenrechte und Freiheit, Demokratie und Rechtsstaat stehen auf dem Spiel.

Die #unteilbar-Mobilisierung hat die für die PopulistInnen so wichtige Verengung der Debatte auf Migration und Islam nicht mitgemacht. Sie hat den Raum geweitet – auf die soziale Frage, für eine fortschrittliche Genderpolitik, auf Grundrechte, auf Fragen demokratischer Teilhabe. So ist symbolische Einigkeit darüber herzustellen, wie ein gesellschaftlicher Gegenentwurf zum rechten Projekt aussehen kann.

In der Zwischenzeit ist die Klimapolitik als dominierendes Thema hinzugetreten. Vor allem junge Menschen haben es auf die Agenda gesetzt, etwa mit den Fridays-For-Future-Demonstrationen. Die AfD versucht dies als »Klimahysterie«[6] abzutun, neurechte Publikationen wie *Compact* verkaufen »Greta nervt«-Aufkleber[7], um die junge schwedische Klimaaktivistin Greta Thunberg zu diskreditieren. Erfolg hat das nicht: Die Klimapolitik dürfte auf absehbare Zeit die für sie folgenschwerste Leerstelle der PopulistInnen bleiben.

Eine Machtbasis der Rechten in Europa sind die nationalen Regierungen und damit der Rat – vor allem in Polen, Ungarn, möglicherweise ab Herbst 2019 erneut Österreich und Italien. In den Parlamenten kommt es vor allem auf die Liberalen und die Konservativen an. Die RechtspopulistInnen vermochten in den EU-Institutionen keinen ihrer KandidatInnen durchzusetzen. Der Boykott der übrigen Fraktionen hielt, zumindest in der konstituierenden Phase des neuen EU-Parlaments. Sicher ist, dass die PopulistInnen versuchen werden, die Isolation zu durchbrechen, und den Bürgerlichen dafür politische Angebote machen werden.

Denn sie wissen: Der Riss geht heute mitten durch das bürgerliche Lager. Zu sehen ist dies etwa an PolitikerInnen wie der neuen EU-Kommissionspräsidentin Ursula von der Leyen von der CDU. Bei ihrer Nominierungsrede im EU-Parlament bekannte sie sich zur Seenotrettung und versprach Klimaschutz – ein Signal gegen die PopulistInnen. Kurz darauf zeigte sie sich denen gegenüber nachgiebig: »Wir alle müssen lernen, dass volle Rechtsstaatlichkeit immer unser Ziel ist, aber keiner ist perfekt«, sagte von der Leyen mit Blick auf die Angriffe der polnischen PiS auf die Unabhängigkeit der Justiz und die vom Europäischen Parlament beklagten Einschränkungen der Demokratie in Ungarn.[8] Der Riss zeigt sich auch an Politikern wie Österreichs ÖVP-Chef Sebastian Kurz, der nicht einmal nach dem Strache-Skandal ausschließen mochte, wieder mit der FPÖ zu koalieren.

Rechte Konservative wie die WerteUnion in der deutschen CDU greifen ihre liberalen ParteikollegInnen an und drängen die Partei zum Pakt mit den radikal Rechten. Wenn die Konservativen kippen, sind die Rechten auf dem Weg an die Macht. Das wäre auch ein Verrat an allem, was die Konservativen selbst mitaufgebaut haben – ein Gemeinwesen, das sich der Einhaltung zivilisatorischer Mindeststandards und Rechtsstaatlichkeit verpflichtet fühlt und nicht zuletzt auch die EU hervorgebracht hat.

Wem an einer Gesellschaft der Vielen gelegen ist, muss ein Klima schaffen, in dem das Projekt der RechtspopulistInnen keine Akzeptanz findet. Zu verteidigen ist dafür vieles. Zu gewinnen ist noch viel mehr.

Anhang

Anmerkungen

Vorwort (S. 7 – 11)

1 Vlaams Belang (VB), Belgien; Dänische Volkspartei (DF), Däne-
mark; Alternative für Deutschland (AfD), Deutschland; Estnische
Konservative Volkspartei (EKRE), Estland; Wahre Finnen (PS),
Finnland; Rassemblement National (RN), Frankreich; Lega, Italien;
Freiheitliche Partei Österreichs (FPÖ), Österreich; Svoboda a přímá
demokracie, Tschechien.

2 Teuvo Hakkarainen, EU-Parlament, https://bit.ly/2YZOZ8t.

3 Ilta Sanomat: »Neekeriukolla« kuohuttanut kansanedustaja:
Video käsitettiin väärin!, 28. April 2011, https://bit.ly/3019dfb.

4 mtv utiseet: Teuvo Hakkaraisen kootut mediaskandaalit,
25. Oktober 2011, https://bit.ly/2KNyoM9.

5 Homepage von Nicolaus Fest: Menschenwürde und Logikbrüche,
23. März 2017, https://bit.ly/2yWz7oB.

6 Salumäe, Karl-Eduard: Jaak Madison: ei ole olemas riigikordi, mis
on üdini halvad, Sakala, 3. März 2015, https://bit.ly/2ByGrpC;
Estnische Rechtsnationalisten demonstrieren gegen Flüchtlinge, in:
Das Baltikum-Blatt, 16. Oktober 2015, https://bit.ly/2YXwYHZ.

I. Parteien und Personen

Deutschland. AFD: Von der Eurokritik zum Islamhass (S. 15 – 26)

1 Beobachtungen der Autorin beim AfD Bundesparteitag in Hannover am 2.12.2017.

2 Vgl. u. a. Alexander Gauland im n-tv-Interview, 25.9.2017,
http://bit.ly/2QndplJ.

3 Gaulands Rede im Wortlaut, in: Frankfurter Allgemeine Zeitung,
5.6.2016, http://bit.ly/2X0di1M.

4 Duhm, Lisa: Nur ein Vogelschiss, in: Spiegel online, 2.6.2018,
http://bit.ly/2YSiVQh.f.

5 Amann, Melanie/Pfister, René: Das Tabu brechen, in:
Der Spiegel, 4/2015, S. 20.

6 Amann, Melanie: Angst für Deutschland, München 2017, S. 120.

7 Vgl. u. a. Bangel, Christian: Eine beinahe sehr wichtige Partei, in:
Zeit online, 23.9.2013, http://bit.ly/2EvS8S7.

8 Vgl. u. a. Brandes, Tanja: Vokabular aus dem Giftschrank, in: Frankfurter Rundschau, 7.5.2014, http://bit.ly/2EvS8S7.

9 Vgl. Fuchs, Christian/Middelhoff, Paul: Das Netzwerk der Neuen Rechten, Reinbek bei Hamburg 2019, S. 130 f.

10 Kurz für Patriotische Europäer gegen die Islamisierung des Abendlandes.

11 Vgl. u. a. Weiland, Severin: AfD streitet über Kurs nach Pariser Attentat, in: Spiegel online, 8.1.2015, http://bit.ly/2HCfQOn.

12 https://www.derfluegel.de/2015/03/14/die-erfurter-resolution-wortlaut-und-erstunterzeichner/.

13 Beobachtung der Autorin beim AfD-Bundesparteitag am 4.6.2015 in Essen.

14 http://www.wahlrecht.de/umfragen/index.htm.

15 AfD-Vize Gauland sieht Flüchtlingskrise als Geschenk, in: Spiegel online, 2.12.2015, http://bit.ly/30Gl17t.

16 https://www.youtube.com/watch?v=ezTw3ORSqlQ.

17 Hurz, Simon: »Blanker Rassismus«: Höcke und die Fortpflanzung der Afrikaner, in: Süddeutsche Zeitung, 12.12.2015, http://bit.ly/2WpzXYi.

18 »Gemütszustand eines total besiegten Volkes«. Höcke-Rede im Wortlaut, in: Tagesspiegel, 19.1.2017, http://bit.ly/2wQToec.

19 AfD-Programm: Islamkritik soll Schwerpunkt werden, in: Spiegel online, 11.3.2016, http://bit.ly/2Xcdkak.

20 Petry, Frauke: Antrag zur Tagesordnung Nr. TO4: Sachantrag zur strategischen Ausrichtung der AfD, in: Vorläufiges Antragsbuch zum Bundesparteitag in Köln, http://bit.ly/2W2achv.

21 Beobachtung der Autorin beim Bundesparteitag der AfD am 22./23.4.2017 in Köln.

22 Beobachtung der Autorin bei der Wahlparty der AfD am 24.9.2017 in Berlin.

23 Alice Weidel, Rede im Bundestag, 16.5.2018, https://www.youtube.com/watch?v=ZEGj1T0pnR0.

24 Gottfried Curio, Rede im Bundestag, 2.2.2018, https://www.youtube.com/watch?v=4w3bTBb8Veo.

25 AfD schickt Hardlinerin in Homo-Stiftung, in: Tagesspiegel, 26.1.2018, http://bit.ly/2ZsspSx.

26 Netzwerk AfD, http://www.taz.de/!t5495296/.

Österreich. FPÖ: Die Partei der deutschen »Burschen« (S. 27–39)

1 Pommer, Michael: Straches 50er belastet Wahlkampfbudget der FPÖ, in: Kronen Zeitung, 9.7.2019, https://www.krone.at/1956315.

2 N. n.: Zeitgeschichtetag: Erster FPÖ-Chef Reinthaller »überzeugter Nazi«, APA-Meldung, 5.4.2018.

3 Riss, Karin / Sterkl, Maria: Blauer Klub in Burschenschafterhand, in: Der Standard, 25.10.2017, https://derstandard.at/2000066617298/ Blauer-Klub-in-Burschenschafterhand.

4 Mädelschaft Freya, Facebook-Eintrag vom 4.3.2019, https://www.facebook.com/Maedelschaft.Freya.

5 Mädelschaft Nike, Facebook-Eintrag vom 7.5.2016, https://cutt.ly/ KilXo5.

6 https://cutt.ly/7ilXS9.

7 Zöchling, Christa: Chronologie eines Putsches, in: Profil 37/06, S. 36.

8 Ebd.

9 Falter-Radio Podcast, https://www.falter.at/archiv/wp/stefan-petzner-im-falter-radio-burschenschaften-bilden-staat-im-staate.

10 N. n.: Die Wahrheit aus der Jauchegrube, in: Der Standard, 18.6.1991, S. 28.

11 Scheidl, Hans Werner: Stegers Waterloo, in: Die Presse, 9.9.2011, https://cutt.ly/9ilMQk.

12 Zöchling, Christa: »Ein interessanter Probegalopp«, in: Profil, 11/99, S. 36.

13 N. n.: Haider-Ausspruch sorgte für Riesenwirbel im Kärntner Landtag, APA-Meldung, 13.6.1991.

14 Riedl, Joachim: Der wahre Jörg, in: Profil, 52/95, S. 32.

15 Das Volksbegehren wurde von der FPÖ im Oktober 1992 gestartet und Januar – Februar 1993 zur Unterzeichnung vorgelegt.

16 N. n.: Abspaltung von Freiheitlichen – Liberales Forum gegründet, in: Salzburger Nachrichten, 5.2.1993.

17 N. n.: Haider vor Altnazis: »Wir sind geistig überlegen«, in: Der Standard, 16.12.1995, S. 7.

18 EU-Wahl: Mölzer soll EU mit Drittem Reich verglichen haben, APA-Meldung, 21.3.2014.

19 FPÖ-Parteiprogramm: https://www.fpoe.at/themen/ parteiprogramm/.

Ungarn. Fidesz: Herrscher der »illiberalen Demokratie« (S. 40–47)

1 Originaltitel des Films von Péter Básco ist »A tanú« (Der Zeuge).

2 Így kampányolt eddig a Fidesz, in: Kreativ Online, 20.11.2013, http://bit.ly/2Ypqm5x.

3 https://archivum.mtva.hu/photobank/item/MTI-FOTO-ZEYxbXZ-RSVRqMkNzNkJqUzRGUTA3Zz09.

4 Ungarn hat mit dem Vertrag von Trianon 1920 zwei Drittel seines Staatsgebiets verloren.

5 Fiúk a bányában, in: Élet és irodalom, 06.08.1999, http://bit.ly/2yBQ7An.

6 Prime Minister Viktor Orbán's Speech at the 25th Bálványos Summer Free University and Student Camp, in: Website of the Hungarian Government, 30.07.2014, http://bit.ly/2OUy6Zd.

Italien. Lega: Der Superstar aus dem reichen Norden (S. 48–54)

1 Wikipedia: Lega Nord, 5.1 Ergebnisse auf nationaler Ebene seit 1989, https://bit.ly/2ME5e4k.

2 Fabio Cavalera: »Basta rinvii, cacciare i clandestini con la forza«, in: Corriere della sera. 16 Juni 2003, https://bit.ly/2YJEq9w.

3 Urteil des italienischen Verfassungsgerichts, Amtsblatt, 5. Juli 2006, https://bit.ly/2YpWUwa.

4 Wikipedia. Lega Nord, 5.1 Ergebnisse auf nationaler Ebene seit 1989, https://bit.ly/2ME5e4k.

5 Parusel, Bernd: Rom blockiert Rassismus-Beschluss, in: Neues Deutschland, 10. März 2003, https://bit.ly/2YHvEIR.

6 RAI News: »Napoli non dimentica«, affissi manifesti anti-Salvini alla vigilia della visita del leader leghista, 2. Oktober 2018, https:// https://bit.ly/2OEjJru.

7 Spiegel Online: »Italien erlaubt Bürgerwehren«, 20. Februar 2009, https://bit.ly/2OO2X9M.

8 Tageblatt: Salvini, Demagoge gegen Flüchtlinge, Euro und Islam, 1. März 2018, https://bit.ly/33azhGF.

9 Ebd.

10 Wikipedia: Lega Nord, 5.1 Ergebnisse auf nationaler Ebene seit 1989, https://bit.ly/2ME5e4k.

11 Repubblicca: La Lega apre la campagna per le europee. »Euro strumento di morte«, 22. Februar 2018, https://bit.ly/31bPPMK.

12 Madron, Alessandro: Terroristi Parigi, Salvini (Lega): ›Basta buonismo, milioni di musulmani pronti a sgozzarci‹, Il Fatto quotidiano, 10. Juni 2015, https://bit.ly/2TaJgaE.

13 Wikipedia: Lega Nord, 5.1 Ergebnisse auf nationaler Ebene seit 1989, https://bit.ly/2ME5e4k.

14 Angelo Scarano: Verona, lite Di Maio-Salvini: »Fanatici«, »Difendo famiglie«, Il Giornale, 30. März 2019, https://bit.ly/2ZuvQs9.

15 Il Fatto quotidiano: 2 giugno, Matteo Salvini sui social nel 2013: »Non c'è un caz** da festeggiare«. Oggi post con la mano sul cuore: polemica social, 2. Juni 2019, https://bit.ly/2OAMohc.

Frankreich. Rassemblement National: Sturm auf den Élysée-Palast (S. 55–64)

1 Die Zitate ohne Quellenangaben im Folgenden entstammen Beobachtungen der AutorInnen bei den Veranstaltungen am 15. April 2017 in Perpignan und am 23. April 2017 in Hénin-Beaumont.

2 L'Express: Résultats des élections régionales 2015 Pyrénées-Orientales, https://bit.ly/31g623B.

3 L'Express: Les chambres à gaz, »détail de l'histoire«: Le Pen définitivement condamné, 27. März 2018, https://bit.ly/2ZyqrjQ.

4 Libération: Jean-Marie Le Pen croit toujours à l'inégalité des races, 10. September 1996, https://bit.ly/31h0S7u.

5 Conan, Eric; Gaetner, Gilles: Dix ans de solitude, in: L'Express, 12. März 1992, https://bit.ly/2T4o99F.

6 Chombeau, Christiane: Marine Le Pen s'estime justifiée dans »sa stratégie de dédiabolisation.« Le Monde, 18. Juni 2007, https://bit.ly/2YowwCV.

7 Schmid, Bernard: Der Front National im Wahlkampf, trend 01/07, https://bit.ly/2MIXhLc.

8 Handelsblatt: Marine Le Pen will nach Wiederwahl mit neuem Parteinamen Wähler locken, 11. März 2018, https://bit.ly/2yDAcl4.

9 Ebd.

10 Schönmeier, Nina: Madame Le Pen und die Juden, in: Jüdische Allgemeine, 16. März 2015, https://bit.ly/2OBkamz.

11 Handelsblatt: Marine Le Pen will nach Wiederwahl mit neuem Parteinamen Wähler locken, 11. März 2018, https://bit.ly/2yDAcl4.

12 Ebd.

13 Ebd.

14 Ebd.

15 Wernicke, Christian: Front National leiht sich Geld aus Russland, Süddeutsche Zeitung, 25. November 2014, https://bit.ly/33aSKXX.

16 Spiegel Online: Le Pen muss 300.000 Euro zurückzahlen, 19. Juni 2018, https://bit.ly/2YBRx8A.

17 Welt: Le Pen muss 300.000 Euro an das Europaparlament zahlen, 23. Mai 2019, https://bit.ly/2KojQSY.

18 Ebd.

19 France Soir: Brenton Tarrant, terroriste de Christchurch, aurait fait 4 dons à Génération identitaire en France, 4 April 2019, https://bit.ly/31heqQd.

20 La Voix du Nord: Attentats en Nouvelle-Zélande Le terroriste raconte être passé par la France en 2017, 15. März 2019, https://bit.ly/2T5kwRa.

21 Le Point: En Seine-Saint-Denis, Bardella (RN) parle »submersion migratoire« et islamisme, 8. Mai 2019, https://bit.ly/33aspJB.

22 Ebd.

23 n-tv: Marine Le Pen triumphiert bei EU-Wahl, 26. Mai 2019, https://bit.ly/2T2IdJM.

Polen. PiS: Mit dem Vorschlaghammer gegen den Rechtsstaat (S. 65 – 73)

1 Watchdog skarży PiS i ujawnia faktury ze spotkania Kaczyńskiego z Orbanem, in: onet.pl, 2.2.2016, https://cutt.ly/zpqDft.

2 Wieliński, Bartosz T.: Po spotkaniu Kaczyński – Orbán: węgierska lekcja w Niedzicy, in: wyborcza.pl, 8.1.2016, https://cutt.ly/zpqDkd.

3 Skarżyński, Stanisław: »Kolano Kaczyńskiego« pachnie grubym kłamstwem, in: wyborcza.pl, 29.5.2018, https://cutt.ly/cpqDOx.

4 Wilgocki, Michał/Wachnicki, Michał: Kaczyński: Przebaczenie jest potrzebne, ale po wymierzeniu odpowiedniej kary. Winny rząd Tuska, in: wyborcza.pl, 10.4.2016, https://cutt.ly/3pqDZo.

5 Sawka, Natalia: Kiedyś kumple, dziś wrogowie. O co chodzi w sporze między Kaczyńskim a Wałęsą? [PO KOLEI], in: Sonar Wyborcza. pl 5.3.2018, https://cutt.ly/dpqD7r.

6 12 lat temu Lech Kaczyński został wybrany prezydentem Warszawy, in: wpolityce.pl, 10.11.2014, https://cutt.ly/apqFil.

7 Wąs, Marek/Sterlingow, Marek: Prezydent swojego brata, in: wyborcza.pl 17.6.2009, https://cutt.ly/zpqFOm.

8 Uzasadnienie skrócenia kadencji Sejmu wg PiS, in: wyborcza.pl 30.8.2007, wyborcza.pl/1,76842,4446912.html.

9 Zginęli 10 kwietnia 2010 roku pod Smoleńskiem. Lista ofiar katastrofy, in: tvn24.pl, 10.4.2018, https://cutt.ly/wpqF8W.

10 Uhlig, Dominik: Nieporównywalnie bliżej prawdy – co mówił Jarosław Kaczyński w miesięcznice smoleńskie, in: wyborcza.pl, 9.4.2019, https://cutt.ly/upqGqz.

11 Wąs, Marek/Sterlingow, Marek: Prezydent swojego brata, 17.6.2009, https://cutt.ly/zpqFOm.

12 Kuzniar, Roman: Jak Polska wstała z kolan, czyli 8 grzechów głównych polityki zagranicznej PiS, in: Wyborcza.pl, 18.12.2018, http://bit.ly/2X0c6e7.

13 Rozwadowska, Adriana: Eksperci podsumowują »Rodzinę 500+«: Program dobry, wykonanie do poprawki. »Rozczarowują nawet zrealizowane cele«, in: wyborcza.pl, 7.5.2019, https://cutt.ly/zpqGvo.

14 Jarosław Kaczyński boi się, że uchodźcy sprowadzą zarazę? Tak mówił na wyborczym wiecu, in: wyborcza.pl, 13.10.2015, https://cutt.ly/LpqKd5.

15 Deutsches Polen-Institut: Die Parlamentswahlen 2015, Nr. 171 vom 10.11.2015, https://cutt.ly/spqYHW.

16 Rychard, Andrzej: Dlatego przegrał Komorowski, in: wyborcza.pl, 29.5.2015, https://cutt.ly/GpqKbJ.

17 Kaczyński: zemsty nie będzie. »Żadnego kopania tych, którzy upadli. Nawet jeżeli upadli z własnej winy i słusznie«, in: wPolityce.pl, 25.10.2015, https://cutt.ly/XpqKCA.

18 Exposé premier Beaty Szydło – stenogram, https://www.premier.
gov.pl/expose-premier-beaty-szydlo-stenogram.html, 18.11.2015.
19 Wilgocki, Michał/Flieger, Estera: PiS przegłosował ustawy sądowe,
in: wyborcza.pl, 20.8.2018, http://bit.ly/2Fpc8X2.
20 Towarzystwo Dziennikarskie, Czystka w mediach publicznych
[APEL I LISTA], in: wyborcza.pl, 18.3.2016, https://cutt.ly/IpqK0z.
21 Krystyna Pawłowicz straszy opcją zero w mediach.»Widać, że coś
zabolało«, in: tokfm.pl, 23.10.2018, https://cutt.ly/hpqLrc.
22 Towarzystwo Dziennikarskie, Agitacja wyborcza TVP podważa
wolność wyborów, in: wyborcza.pl, 31.5.2019, https://cutt.ly/FpqLgX.
23 Kublik, Agnieszka/Katka, Krzysztof: Jak TVP atakowała Adamo-
wicza. Dziś pozywa za wiązanie jej ze śmiercią prezydenta, in:
wyborcza.pl, 22.1.2019, https://cutt.ly/QpqLcM.
24 Czuchnowski, Wojciech: Liczne błędy i »wysoka absencja«.
Poznański sąd fatalnie ocenił Julię Przyłębską i nie zgodził się
przyjąć jej do pracy. Teraz pokieruje Trybunałem?, in: wyborcza.pl,
16.12.2016, https://cutt.ly/SpqZee.

Schweiz. SVP: Scharfmacher im Sauberland (S. 74–81)

1 Beobachtung der Autorin bei der öffentlichen Veranstaltung in
Volketswil, Zürich am 12.5.2019.
2 Skenderovic, Damir: Schweizerische Volkspartei (SVP), in:
Historisches Lexikon der Schweiz, http://bit.ly/2YrOzUe.
3 Hug, Peter: Mit der Apartheid gegen den Kommunismus. Die
militärischen, rüstungsindustriellen und nuklearen Beziehungen
der Schweiz zu Südafrika und die Apartheid-Debatte der UNO
1984–1994, Zürich 2007.
4 Hanimann, Carlos/Surber, Carlos: Erst rassistische Deals, dann
Krokodilstränen, in: WOZ, 50/2013, https://bit.ly/33bfSp6.
5 Kneubühler, Ueli: Parteifinanzierung: Geldmaschine SVP, in:
Bilanz, 7.9.2011, https://bit.ly/2Mwyt9o.
6 Schmalz, Sarah/Wegelin, Yves: Die Partei des Geldes, in:
WOZ, 38/2016, https://bit.ly/2Kqyl8c.
7 Tanner, Jakob: Geschichte der Schweiz im 20. Jahrhundert,
München 2015.
8 Website der Bundeskanzlei. http://bit.ly/2JJu9Cb.
9 Website der Bundeskanzlei. http://bit.ly/2HlhFPq.
10 Skenderovic, Damir: Rechtspopulismus in Westeuropa nach 1945:
Die Schweiz als Vorläufer und Vorbild, in: Revue transatlantique
d'études suisses, 4, 2014, S. 43–59.
11 Blocher, Christoph, Plakat 2007, http://bit.ly/2VCJpb6.
12 Ryser, Daniel: In Badehosen nach Stalingrad. Der Weg von Roger
Köppel, Zürich 2018.

13 Website der Bundeskanzlei, http://bit.ly/2VqUDuC.
14 Tweet Marine Le Pen, 9. 2. 2014, https://bit.ly/2KMmSSy.
15 Beobachtung der Autorin bei der öffentlichen Veranstaltung in
Zürich am 28. 2. 2016.

II. Programme
EU-Politik: Das Europa, das sie wollen (S. 85 – 92)

1 Warum zieht das europäische Parlament zwischen Brüssel und
Straßburg hin und her? Seite des Europäischen Parlaments,
https://bit.ly/2RODfQe.
2 Eurobarometer: Rekordzustimmung für die EU. Seite des
Europäischen Parlaments, https://bit.ly/2Sfqj61.
3 Amann, Melanie u. a.: Die Siegestrunkenen, in: Der Spiegel,
19. 11. 2016, https://bit.ly/2XsNFqu.
4 Jörg Meuthen auf einer Pressekonferenz in Mailand, 8. 4. 2019.
5 Kronauer, Jörg: Krieg einigt die EU, in: Junge Welt, 3. 9. 2016,
https://bit.ly/2Zghmfh.
6 Europawahlprogramm der AfD 2019, im Archiv der AutorInnen.
7 Kommunique des RN, 3. 10. 2018, im Archiv der AutorInnen.
8 Bundeszentrale für politische Bildung: Nettozahler und Netto-
empfänger, 16. 12. 2018, https://bit.ly/1ntfLsv.
9 Freiheitliche Partei Österreichs: Handbuch Freiheitlicher Politik,
2013, https://bit.ly/30ewGJP.
10 Europawahlprogramm der AfD 2019.
11 Tuszyńska, Beata: Die Finanzierung der transeuropäischen
Netze. Website des Europäischen Parlaments, Oktober 2018,
https://bit.ly/2WpN3W9.
12 Europawahlprogramm des Rassemblement National.
13 Tweet Sebastian Kurz, 18. 10. 2018, https://bit.ly/2ZghY4z.
14 Tweet Alice Weidel, 24. 10. 2018, https://bit.ly/2wMQUO9.
15 Leitantrag zum Europawahlprogramm der AfD 2019.
16 Hermann, Rudolf: Wie der Brexit den Exit vom »Swexit« bewirkte,
in: Neue Zürcher Zeitung, 27. 2. 2019, https://bit.ly/31wb2lL.
17 Europawahlprogramm der AfD 2019.

Medien: Der Propagandakrieg (S. 93 – 110)

1 Neuhauser, Julia: Nachrichten in blauer Eigenproduktion, in:
Die Presse, 18. 2. 2018.
2 Zur Zeit: Distanzierung von Text »Mehr Recht, Ruhe und Ordnung
im Land!«, OTS-Meldung, 15. 10. 2018.
3 Info direkt Nr. 19, https://cutt.ly/miOHx4.
4 Meyer, Florian: Der Informationskrieg beginnt jetzt, in:
Info direkt Nr. 6.

5 Speit, Andreas: Ein Autor für die NPD, in: taz, 24.5.2019.

6 Fiedler, Maria: Die AfD schafft sich ihre eigene Öffentlichkeit, in: Tagesspiegel, 10.4.2018.

7 Dokumentationsarchiv des österreichischen Widerstands: Konferenz der »Verteidiger Europas«: ReferentInnen und Aussteller, https://cutt.ly/xiOZ2Z.

8 Oberascher, Karl: Rechte »Leistungsschau« in Linzer Redoutensälen, in: Kurier, 30.10.2016.

9 Persönliches Gespräch der Autorin am 10.10.2018.

10 https://lincorrect.org/evenement-debranchons-mai-68/.

11 Noiette, Thierry: Audience: la fachosphère gagne la bataille du Net, in: L'Obs, 24.10.2016, https://cutt.ly/PiAtQg.

12 Elisabeth Zerofsky: The Right-Wing Pundit ›Hashtag Triggering‹ France, in: New York Times, 13.2.2019.

13 Orosz, Márta: Ungarn: Die geheime AfD-Show, https://cutt.ly/QiAulm.

14 Persönliches Gespräch am 14.10.2018.

15 N.n.: Ungarisches TV zeigt falsches Vergewaltigungsvideo, in: Welt, 12.1.2016, https://cutt.ly/ZiAu7r.

16 Beer, Andrea: Stadt Essen heißt im Ramadan Fasten. Ungarisches Staatsfernsehen fällt auf Satire rein, ARD, 23.5.2018, https://cutt.ly/tiAod4.

17 https://lincorrect.org/le-troisieme-siege-de-vienne/.

18 N.n.: Auslands-Ungarn verlassen Deutschland und Schweden wegen der Masseneinwanderung, unzensuriert.at, 16.3.2018, https://cutt.ly/9oWqdH.

19 N.n.: Video: Merkel und Co. sind zuwanderungsverrückt, Info-Direkt ohne Datum, https://cutt.ly/WoWeex.

20 N.n.: Video auf Deutsch: Orban kocht Osterschinken für das Internet!, in: Wochenblick, 2.4.2018, https://cutt.ly/HoWrym.

21 AfD-Wahlkampfveranstaltung am 4.9.2018 in Peiting/Bayern.

22 https://meedia.de/2018/01/02/forsa-jahresumfrage-deutsche-verlieren-vertrauen-in-die-medien-djv-fordert-mehr-medienkompetenz-an-schulen/.

23 Thieme, Matthias: Kommentar zu Chemnitz: Warum die Ausschreitungen in Chemnitz den Rechtsstaat gefährden, in: Frankfurter Neue Presse, 28.8.2018, https://cutt.ly/9WZg8T.

24 N.n.: Harald Vilimsky droht Armin Wolf und erntet Kritik von Medienminister Blümel, in: Standard online, 24.4.2019, https://cutt.ly/YoWyVN.

25 Florian Hassel: Beleidigung des Volkes, in: Süddeutsche Zeitung, 22.5.2018.

26 Ebd.

27 Florian Hassel: Die Welt als russische Verschwörung, in: Süddeutsche Zeitung, 4. 9. 2017.

28 Polnischer Journalist Piatek erhält Leipziger Medienpreis, APA-Meldung, 8. 10. 2018.

29 Ungarns Rechtsextreme wollen Anti-Orban-Koalition mit Mitteparteien, APA-Meldung, 26. 12. 2017.

30 Verseck, Keno: Orbáns schwarze Listen, Spiegel Online, 3. 5. 2018, https://cutt.ly/qiLwAa.

31 N. n.: Regierungsnahe Zeitung diffamiert »Soros-Leute«, Zeit online, 12. 4. 2018, https://cutt.ly/jiAfEJ.

32 http://www.allesroger.at/artikel/alles-roger-maiausgabe.

33 Alle Facebook-Userzahlen Stand Juni 2019.

34 Huber, Markus: »Zu weit weg von der Bevölkerung«, in: Fleisch Magazin, Sommer 2016.

35 Ladurner, Ulrich: Ganz nah dran, in: Die Zeit, 37/2018.

36 N. n.: Salvini show a Chiuduno: »Immigrati disinfettati? Poi vengono da noi a rubare«, in: Corriere della Sera, 21. 12. 2013, https://cutt.ly/PoWar6.

37 Heinz-Christian Strache am 1. 3. 2017 beim politischen Aschermittwoch der AfD in Bayern.

38 FPÖ: Kickl: Horaczek soll sich nicht als Opfer hinstellen, OTS-Meldung, 13. 10. 2015.

39 Mösenender, Michael: Kickl-Ressort ändert Informationspolitik, in: Der Standard, 25. 9. 2018.

40 N. n.: Massive Verschlechterung der Pressefreiheit in Österreich, in: Wiener Zeitung, 18. 4. 2019, https://cutt.ly/HiApxH.

41 http://www.rog.at/press-freedom-index/.

42 N. n: Ungarns Nachrichtenagentur startet kostenlosen Online-Dienst, in: Der Standard, 16. 5. 2011, https://cutt.ly/3WZmcl.

43 Tausende Polen demonstrierten für Freiheit und Europa, APA-Meldung, 6. 5. 2017.

44 Gespräch mit Katarzyna Brejwo vom 20. 4. 2018.

45 Ulrich, Stefan: Ein Populist an der Senderspitze, in: Süddeutsche Zeitung, 10. 10. 2018.

46 Spallinger, Andrea: Ein polarisierender Präsident für die Rai, in: Neue Zürcher Zeitung, 22. 9. 2018.

47 Ulrich, Stefan: Ein Populist an der Senderspitze, in: Süddeutsche Zeitung, 10. 10. 2018.

48 Chefwechsel bei Italiens RAI: Neuer Präsident und Geschäftsführer, APA-Meldung, 28. 7. 2018.

49 Ungarn: Knapp 78 Prozent der Medien sind staatsnah. Presseaussendung der Europäischen Journalisten Föderation vom 13. 5. 2019,

https://europeanjournalists.org/de/2019/05/13/ungarn-knapp-78-der-medien-sind-staatsnah/.

50 Facebook-Seite von Origo, https://www.facebook.com/watch/?v=1788291941221723, zuletzt abgerufen am 11.6.2019.

51 Dinghofer-Institut verleiht Medienpreis an »Zur Zeit«, OTS-Meldung, 18.12.2018.

52 Peham, Andreas: Österreich neu regieren. Steuergeld für Vorfeldorgan des Rechtsextremismus. Meldung des Dokumentationsarchivs des österreichischen Widerstands vom November 2001, https://cutt.ly/LoWl0g.

Migration: Mit den Flüchtlingen zur Macht (S. 111 – 126)

1 Die Presse: Le Pen in Lampedusa: »Uns droht Migranten-Invasion«, 14. März 2011, https://bit.ly/2yBJzSg.

2 Junge Freiheit: Orbán: »Salvini ist der Held, der Migration übers Meer gestoppt hat«, 2. Mai 2019, https://bit.ly/2T5Wjd8.

3 Süddeutsche Zeitung: Frontex-Chef fordert Stärkung der EU-Grenzschützer, 20. Februar 2019, https://bit.ly/2Yru3rx.

4 Visegrad Post: Viktor Orbán stellt sein Programm für die Europawahlen vor, 7. April 2019, https://bit.ly/33clJus.

5 AfD: Meuthen zum Wahlkampf-Auftakt: »Wir kämpfen für ein Europa der Vaterländer«, 7. April 2019, https://bit.ly/2KivWOG.

6 Rüb, Matthias: Oberwasser auf dem Mailänder Domplatz, in: FAZ, 18. Mai 2019, https://bit.ly/31kjt2C.

7 Kálnoky, Boris: »Wenn die Linken gewinnen, wird Europa ein islamisches Kalifat«, Welt, 2. Mai 2019, https://bit.ly/2GMlAUZ.

8 Puhl, Jan: Mann aus Eisen, in: Spiegel 12. Dezember 2015, https://bit.ly/2YJiKtZ.

9 AfD im Bundestag: Hohmann: Ein missbrauchter politischer Mord, 25. Juni 2019, https://bit.ly/2X9sMVm.

10 Statistisches Bundesamt: Number of migrant arrivals to Italy from 2014 to January 2019, https://bit.ly/2KheQk3.

11 Die Zeit: EU streitet um andere Flüchtlingspolitik, 8. Oktober 2013, https://bit.ly/31fHXda.

12 Hintergrundgespräch der AutorInnen, Berlin März 2017.

13 Alle Prozentzahlen: Rasche, Lucas: The EU's relocation Puzzle: Exploring ways out of the solidarity impasse, Jaqcues Delors Institut, Policy Paper, 29. 5. 2019.

14 ntv: EU will Flüchtlinge anders verteilen, 9. Oktober 2014, https://bit.ly/2Kh9567.

15 UNHCR: The sea route to Europe: The Mediterranean passage in the age of refugees, Juli 20, Genf.

16 Wirtschaftswoche: Deutschland nimmt 8000 Flüchtlinge auf,
    26. Juni 2015, https://bit.ly/2T5POXK.
17 Welt: EU-Staaten einigen sich auf Verteilung von Flüchtlingen,
    26. Juni 2015, https://bit.ly/2YGivfa.
18 ORF: Ungarn: Orban besteht auf Zaun zu Serbien, 26. Juni 2015,
    https://bit.ly/2YJhdEf.
19 Merkur: »Das Problem ist ein deutsches Problem«, 23. September,
    https://bit.ly/2M1U36k.
20 EU-Kommission: European Commission Statement following
    the decision at the Extraordinary Justice and Home Affairs
    Council to relocate 120,000 refugees, 22. September 2015,
    https://bit.ly/2GPA8Do.
21 Welt: Orbán wirft Deutschland »moralischen Imperialismus« vor,
    23. September 2015, https://bit.ly/2OEv7DW.
22 Süddeutsche: Quotenregelung : Slowakei klagt gegen EU-Flücht-
    lingsverteilung, 2. Dezember 2015, https://bit.ly/2Kiw5l3.
23 ntv: Kritik an Tusks Aussage Berlin verteidigt EU-Flüchtlingsquo-
    ten, 13. Dezember 2017, https://bit.ly/2GN2ZrH.
24 Handelsblatt: Orban stellt sich weiter quer, 6. September 2017,
    https://bit.ly/2yChcmZ.
25 Die Zeit: Ungarn reicht Klage gegen EU-Flüchtlingsquote ein,
    3. Dezember 2015, https://bit.ly/2Kh9wgL.
26 Ebd.
27 Ebd.
28 Welt: EU-Kommission verklagt Tschechien, Ungarn und Polen,
    7. Dezember 2017, https://bit.ly/2M1VWzW.
29 Legal Tribune: Streit um Flüchtlingsverteilung kommt vor den
    EuGH, 07. Dezember 2017, https://bit.ly/2OFWWfe.
30 Welt: EU verklagt Ungarn, Tschechien und Polen wegen verweiger-
    ter Flüchtlingsaufnahme, 7. Dezember 2017, https://bit.ly/31hMSKz.
31 Ebd.
32 EU-Kommission: Relocation State of Play, Oktober 2018,
    https://bit.ly/30rm5et.
33 Ebd.
34 Rasche, Lucas: The EU's relocation Puzzle: Exploring ways out of the
    solidarity impasse. Jaqcues Delors Institut, Policy Paper, 29. 5. 2019.
35 AfD: Europawahlprogramm, https://bit.ly/2v6WKsK.
36 Ebd.
37 Ebd.
38 Welt: Suche nach einem »nicht sonderlich attraktiven Ort«, 6. Juni
    2018, https://bit.ly/2MD7WHr.
39 Kain, Florian; Harbusch, Nikolaus: AfD will Flüchtlinge auf Inseln
    deportieren! in: Bild, 13. August 2016, https://bit.ly/2METcbe.

40 Die Zeit: Österreich will keine Asylanträge mehr in der EU,
10. Juli 2018, https://bit.ly/2maCWjM.

41 Die Presse: »Ehrlichkeit« im Asylkonflikt: Kickl will Flüchtlinge
auswählen, 10. Juli 2018, https://bit.ly/2yCVK19.

42 Wiener Zeitung: Kickl will EU-Asylsystem umkrempeln,
10. Juli 2018, https://bit.ly/2OGWblX.

43 Salzburger Nachrichten: Kickl: EU-Asyl nur für Menschen aus
Anrainerstaaten »Vision«, 10. Juli 2018, https://bit.ly/31kmkZo.

44 Wiener Zeitung: Kickl will EU-Asylsystem umkrempeln,
10. Juli 2018, https://bit.ly/2OGWblX.

45 Gabriel, Sigmar: Die SPD sollte sich am Erfolg der dänischen
Genossen orientieren, Handelsblatt, 07. Juni 2019,
https://bit.ly/2T8Yblt.

46 Persönliches Gespräch mit Vincent Cochetel, UNHCR,
am 19. April 2015.

47 EU-Kommission: Irregular Migration & Return,
https://bit.ly/2Tv28nm.

48 Bundesministerum des Innern: Masterplan Migration, Juli 2018,
https://bit.ly/2zHkvfQ.

49 UNHCR Resettlement Data, https://bit.ly/2YQNYQc.

50 Il Fatto Quotidiano: Corridoi umanitari, scontro Trenta-Lega,
29. April 2019, https://bit.ly/33g2Cjl.

51 Le Point: Européennes: dialogue de sourds entre Loiseau et Bardella,
15. Mai 2019, https://bit.ly/2LZuAuf.

52 AfD: Europawahlprogramm, https://bit.ly/2v6WKsK.

53 Meuthen: Gemeinsam an der Festung Europa bauen, AfD Bayern,
https://bit.ly/2YKSNGh.

54 AfD: Europawahlprogramm, https://bit.ly/2v6WKsK.

55 Strache: Zum »Unwort« abqualifizierte Negativzuwanderung ist
in Wirklichkeit Hauptanliegen der Österreicher, OTS-Meldung,
15.12.2005, https://cutt.ly/BojbEQ.

56 FPÖ-Kickl: Österreichische Arbeitnehmer subventionieren Auslän-
derarbeitslosigkeit, OTS-Meldung, 2.3.2016, https://cutt.ly/Rojv8t.

57 AfD-Wahlprogramm: »Minuszuwanderung« und Kopftuchverbot,
APA-Meldung, 9.3.2017.

58 N. n.: Strache stellt Personenfreizügigkeit in Frage, APA-Meldung,
29.5.2018.

59 Strache: Keine Abschaffung der Personenfreizügigkeit gefordert,
APA-Meldung, 6.6.2018.

60 Welt: EU-Verkehrsminister wollen bessere der Arbeitsbedingungen
für Lkw-Fahrer, 04. Dezember 2018, https://bit.ly/2KeZmgv.

61 Nowak, Marcelina: EU – Ungarn und Polen klagen vor dem Europäischen Gerichtshof gegen die Reform der Entsenderichtlinie.

Germany Trade and Invest, 29. November 2018,
https://bit.ly/2MEW5sr.

62 AfD: Jörg Meuthen: EU-Klage gegen Österreich – Bundesregierung
muss sich an Österreichs Seite stellen, um Kindergeldtourismus zu
stoppen! 24. Januar 2019, https://bit.ly/2YqJnEM.

63 MDR: »Das Kindergeld macht faul«. 05. März 2017,
https://bit.ly/2M0QcWW.

64 EUROSTAT: Residence permits for non-EU citizens – First
residence permits issued in the EU MemberStates remain above
3 million in 2017, 25.10.2018.

65 Ebd.

66 Spiegel: Polen will Arbeiter auf den Philippinen anwerben,
28. Juli 2018, https://bit.ly/2M0xEpX.

67 Jakob, Christian: Der Ösi vermiest allen die Party, in: taz,
19. Mai 2019, https://bit.ly/2T5gOqs.

Gender: Auf dem Kreuzzug (S. 127 – 139)

1 Giuffrida, Angela: Italian PM distances himself from
anti-gay, anti-abortion event, in: The Guardian, 13.3.2019,
bit.ly/326kf4d.

2 Beobachtung der AutorInnen beim World Congress of Families,
Verona, 29.3.2019.

3 Ebd.

4 Persönliches Gespräch der AutorInnen mit Joseph Grabowski,
29.3.2019.

5 Schutzbach, Franziska: Antifeminismus macht rechte Positionen
gesellschaftsfähig, Website des Gunda Werner Instituts, 3.5.2019,
bit.ly/2MJpy6l.

6 Ebd.

7 Petö, Andrea: Ein Angriff auf die Demokratie, in: taz, 18.12.2018,
bit.ly/31s0iEG.

8 Höcke, Björn: Rede beim Institut für Staatspolitik im November
2015, http://bit.ly/2GeqOZe.

9 Höcke, Björn: Kundgebung Erfurt, 18.11.2015,
http://bit.ly/2xOtE2C, zuletzt aufgerufen 12.7.2018.

10 Schutzbach, Franziska: Antifeminismus macht rechte Positionen
gesellschaftsfähig, Website des Gunda Werner Instituts, 3.5.2019,
bit.ly/2MJpy6l.

11 Petö, Andrea im Interview mit Gergely, Márton: Ein Angriff auf die
Demokratie, in: taz, 18.12.2018, bit.ly/31s0iEG.

12 Gergely, Márton: Aus Angst um den Mann, in: taz, 21.8.2018,
bit.ly/2WCqKYA.

13 Ein Foto des Denkmals ist zum Beispiel hier zu sehen: Gürgen,

Malene/Hecht, Patricia/Jakob, Christian/am Orde, Sabine/Waibel, Ambros: Die unheilige Allianz, in: taz, 30. 11. 2018, bit.ly/2Wz9WSr.

14 Verfassungstext Ungarn, letztmalig abgerufen am 12. 6. 2019, bit.ly/31pWuUJ.

15 Bericht des polnischen Ministerrats über die Durchführung und die Auswirkungen der Anwendung des Gesetzes vom 7. Januar 1993 über die Familienplanung, den Schutz des menschlichen Fötus und die Bedingungen für die Annahme von Abtreibungen im Jahr 2017 (Gesetzblatt Nr. 78, Pos. 78, in der jeweils gültigen Fassung), bit.ly/2FiPXBR, letztmalig abgerufen am 13. 6. 2019.

16 Verein für Frauen und Familienplanung in Polen, bit.ly/2WE80wY, letztmalig abgerufen am 13. 6. 2019.

17 Interview der Polnischen Presseagentur Polska Agencja Prasowa mit dem Präsidenten Jaroslaw Kaczynski, 10. 12. 2016, bit.ly/31sCgcS.

18 Redaktionstext ohne namentliche Kennzeichnung: Beata Mazurek (PiS) o Rodzina 500 plus, Polskie Radio, 2. 2. 2016, bit.ly/2X72m5D.

19 FPÖ-Handbuch, 4. Auflage 2013, S. 160.

20 Grundsatzprogramm der AfD: www.afd.de/grundsatzprogramm, letztmalig abgerufen am 12. 6. 2019.

21 Redaktionstext ohne namentliche Kennzeichnung: AfD-Chef Meuthen für »sanfte Instrumente« gegen Abtreibungen, in: Stuttgarter Nachrichten, 21. 5. 2019, http://bit.ly/2Idrxve.

22 Gespräch mit den AutorInnen, World Congress of Families, Kischinau, 14. 9. 2018.

23 Gespräch mit den AutorInnen, World Congress of Families, Verona, 21. 3. 2019.

24 Website der ungarischen Regierung, 27.5.2017, letztmalig abgerufen am 12. 6. 2018, bit.ly/2XIuVUb.

25 Kemper, Andreas: Facebook-Screenshot 2016, bit.ly/2IDokEg.

26 Della Sala, Virginia: »Aborto, il report (in ritardo) sull'applicazione della 194«. Il fatto quotidiano, 18. 1. 2019, bit.ly/2Kdig8J.

27 Camilli, Annalisa: The offensive of the far right against abortion starts in Verona, in: Internazionale, 13. 12. 2018, bit.ly/2WBBlrP.

28 Ein Foto, das Fontana hinter dem Demobanner zeigt, ist z. B. hier zu sehen: Gürgen, Malene/Hecht, Patricia/Jakob, Christian/am Orde, Sabine/Waibel, Ambros: Die unheilige Allianz, in: taz, 30. 11. 2018, bit.ly/2Wz9WSr.

29 Camilli, Annalisa: The offensive of the far right against abortion starts in Verona, in: Internazionale, 13. 12. 2018, bit.ly/2WBBlrP.

30 Horowitz, Jason: »The ›It‹ '80s Party Girl Is Now a Defender of the Catholic Faith«, in: New York Times, 7. 12. 2018, nyti.ms/2Kll3wP.

31 Beobachtung der AutorInnen beim World Congress of Families, Verona, 30. 3. 2019.

32 Beobachtung der AutorInnen beim World Congress of Families, Verona, 30.3.2019.

33 Text der Redaktion ohne namentliche Kennzeichnung: »Congresso di Verona: Arrivata la diffida, via il logo di Palazzo Chigi«, Gay Post, 22.3.2019, bit.ly/2F0pybJ.

34 Castigliani, Martina: Verona, Salvini alle donne: »Il vero pericolo è l'Islam«, Il fatto quotidiano, 30.3.2019, bit.ly/31vQTvM.

35 Salvini, Matteo, am 27.5.2019, letztmalig abgerufen am 18.6.2019, Pressekonferenz, Youtube bit.ly/2InTIYn.

Wirtschaft und Soziales: Unser Geld für unsere Leute (S. 140 – 152)

1 Kommentar auf Facebook-Seite HC Strache, Abruf 5.6.2019.

2 Glösel, Kathrin: Beleidigungen, Parteiaustritte, Prügeleien. Es brodelt in ÖVP & FPÖ, in: Kontrast, 6.7.2018, https://bit.ly/2MK5y3m.

3 Kontrast-Redaktion: Wie sozial ist die FPÖ wirklich?, in: Kontrast, 17.11.2018, https://bit.ly/2Ir8ooo.

4 Butterwegge, Christoph: Globalismus, Neoliberalismus und Rechtsextremismus, in: UTOPIE kreativ, 135 (2002), S. 55 – 67.

5 Dietl, Stefan: Die AfD und die soziale Frage, Münster 2017.

6 Ebd., S. 17.

7 Ebd., S. 64.

8 Kemper, Andreas: Zur NS-Rhetorik des AfD-Politikers Björn Höcke, in: DISS-Journal 32 (2016).

9 Chu, Ben: What is Steve Bannon's ›economic nationalism‹? And should we be scared?, in: The Economist, https://ind.pn/31cTI4O.

10 Menzel, Stefan: Ungarn vergrault ausländische Investoren, in: Handelsblatt, 27.12.2010, https://bit.ly/2WnVHVc.

11 Becker, Joachim: Der selektive Wirtschaftsnationalismus der Fidesz-Regierung, in: Kurswechsel, 3/2015, S. 70 – 74.

12 Mihaly, Andor: Viktor Orbáns unsichtbarer Krieg, in: Der Standard, 10.8.2015, https://bit.ly/2Kx5UHV.

13 Zitiert nach Becker, Joachim: Der selektive Wirtschaftsnationalismus der Fidesz-Regierung, in: Kurswechsel, 3/2015, S. 73.

14 Tóth, András: Das Ende der Leidensgeschichte? Der Aufstieg des selektiven Wirtschaftsnationalismus in Ungarn, in: Lehndorff, Steffen (Hg.): Spaltende Integration. Der Triumph gescheiterter Ideen in Europa – revisited. Zehn Länderstudien, Hamburg 2014, S. 209 – 226.

15 Pietraszkiewicz, Marcin: Polen – Der »gute Wandel« der PiS im Wandel, Telepolis, 15.2.2015, https://bit.ly/2KwvmNO.

16 Persönliches Gespräch mit Philipp Rathgeb, 5.6.2019.

17 Standard-Redaktion: Analyse – Wer wen gewählt hat, in: Standard, 15.10.2018, https://bit.ly/2HMyPDD.

18 Dietl, Stefan: Die AfD und die soziale Frage, Münster 2017, S. 103.
19 Chwala, Sebastian: Der Front National in Frankreich – Auf dem Weg zur »Neuen Arbeiterpartei«, in: Candeias, Mario: Rechtspopulismus in Europa – Linke Gegenstrategien, Berlin 2015.
20 Ebd., S. 32.

Klimapolitik: Die Hitzköpfe (S. 153 – 163)

1 Greta nervt – Klima-Hysterie als Ersatzreligion, in: Compact Magazin, 4/2019, https://cutt.ly/hoFBM5.
2 N. n.: AfD schimpft am Polit-Aschermittwoch auf andere Parteien, EU, Medien, APA-Meldung, 6. 3. 2019.
3 Google Street View, https://cutt.ly/4iIdYb.
4 Siehe Karisch, Karl-Heinz: Die Klima-Leugner, in: Frankfurter Rundschau, 19. 12. 2009.
5 Landolt, Noemi Lea: SVP-Grossrätin Müller-Boder: »Ice Age« zeigt, dass es den Klimawandel schon immer gab, in: Aargauer Zeitung, 28. 1. 2019.
6 Ö1 Mittagsjournal, 3. 6. 2017.
7 https://www.afd.de/energie-klima/.
8 https://www.eike-klima-energie.eu/.
9 https://www.cfact.org/cfact-programs/cfact-europe/.
10 Kordes, Herbert/Laghai, Shafagh/Seemann, Lisa: Klimawandel und Sommerhitze: Die Gegner machen mobil, in: Monitor, 16. 8. 2018, https://cutt.ly/fFX3Yv.
11 Pötter, Bernhard: Hilses Welt, in: taz, 15. 12. 2018.
12 Afd-Grundsatzprogramm, S. 79, https://www.afd.de/grundsatzprogramm/.
13 Götze, Susanne/Joeres, Annika: Kohle, Kohle, Kohle, in: Süddeutsche Zeitung, 8. 12. 2018.
14 Ebd.
15 Horaczek, Nina: Die Klimawandelleugner-Lobby, in: Falter, 9/2019.
16 D'Angelo, Chris: Trump's Attack On Climate Science Echoes Big Oil's 1998 Denial Campaign, in: Huffington Post, 27. 6. 2019, https://cutt.ly/VFX6M4.
17 Pache, Timo: Die Klima-Revisionisten, in: Financial Times Deutschland, 17. 9. 2010.
18 Globaler Klimawandel – Experte Fred Singer spricht im Hayek Saal, OTS-Meldung, 11. 12. 2012.
19 Klimawandel-Experte Michaels auf Wienbesuch, OTS-Meldung, 3. 6. 2016.
20 Müller-Jung, Joachim: Dicke Luft im Blockhaus, in: Frankfurter Allgemeine Zeitung, 28. 1. 2011.
21 Hochkarätig besetzte Free Market Roadshow Konferenz am

25. Mai in Wien, OTS-Meldung, 20. 5. 2011, sowie Der Hayek
   Lifetime Achievement Award 2018, OTS-Meldung, 30. 10. 2018.
22 https://www.desmogblog.com/richard-rahn.
23 Rahn, Richard: Promoting very unsettled science, in:
   Washington Times, 27. 7. 2015, https://cutt.ly/UilTKG.
24 Köhler, Niels: Václav Klaus: Klimawandel ist ein »Mythos«,
   Tschechien online, 13. 3. 2007, https://cutt.ly/7FCghA.
25 Mailverkehr mit Barbara Kolm am 24. und 25. 2. 2019.
26 Weiß, Kai: Wie Innovation die Hitze erträglich macht,
   https://www.hayek-institut.at/hitzewelle-2018-kapitalismus/.
27 FPÖ will Al Gores »Unbequeme Wahrheit« in Schulen zur
   Verfügung stellen, OTS-Meldung, 24. 10. 2007.
28 FPÖ-Deimek: »Beim Klimawandel nicht in Hysterie verfallen!«,
   OTS-Meldung, 29. 9. 2010.
29 FPÖ-Landesparteitag (3): Haimbuchner: Nur FPÖ vertritt Mitte der
   Gesellschaft, OTS-Meldung, 10. 4. 2010.
30 Adelphi: Rechtspopulismus und Klimaschutz in Europa,
   https://cutt.ly/diUKnr.
31 Horaczek, Nina: Die Klimawandelleugner-Lobby, in: Falter, 9/2019.
32 Schmitt, Stefan: Zwei Fieberkurven, in: Die Zeit, 35/2016.
33 Geert Wilders' Rede im David Horowitz Freedom Center USA am
   3. 8. 2017.
34 Tino Chrupalla am 14. 2. 2019 im Deutschen Bundestag,
   https://cutt.ly/QiICz l.
35 Gürgen, Malene/Jakob, Christian/Pötter, Bernhard: Rechte heizen
   Europas Klima auf, in: taz, 26. 2. 2019, https://cutt.ly/6FCu2N.
36 am Orde, Sabine: AfD sieht in den Grünen ihren Hauptfeind, in:
   taz, 28. 5. 2019, http://www.taz.de/!5598109/.
37 Pazderski, Georg: Die Grünen endlich angreifen statt sie hochzureden, http://afd.berlin/wp-content/uploads/2019/06/PDF-Version-
   Streitschrift-gegen-die-Grünen-II-2019-gp.pdf.
38 Pazderski (AfD): Streitschrift »Die Grünen endlich angreifen,
   statt sie hochzureden«, Mail vom 11. 6. 2019.
39 https://www.facebook.com/norberthofer2019/ vom 7. 6. 2019.
40 Ungerböck, Luise: Verkehrsminister Hofer erteilt Klimarettung
   durch Tempo 100 Absage, in: Der Standard, 9. 4. 2019,
   https://cutt.ly/giIazB.
41 FP-Hofer: Klimaschutz und Umweltschutz werden starke Schwerpunkte in FPÖ-Programmatik, OTS-Meldung, 5. 6. 2019.
42 Wehner, Markus: Berliner AfD-Jugend will grüner
   werden, in: Frankfurter Allgemeine Zeitung, 28. 5. 2019,
   https://cutt.ly/toFVeD.
43 N.n.: Junge Alternative: AfD soll auf Umweltschutz setzen, in:

Junge Freiheit, 28.5.2019, https://jungefreiheit.de/politik/deutschland/2019/junge-alternative-afd-soll-auf-umweltschutz-setzen.

Russland: Liebesgrüße nach Moskau (S. 164–175)

1 HC, der Prahler, in: SZ.de, 18.5.2019, https:bit.ly/2OApbf4
2 Wiegel, Michaela: Putin-Vertrauter finanziert Front National, in: Frankfurter Allgemeine Zeitung, 24.11.2014, http://bit.ly/2XPbCI6.
3 3 million for Salvini, in: L'Espresso, 28.2.2019, http://bit.ly/2M7Nn7z.
4 Nardelli, Alberto: An Explosive Leaked Recording Reveals How Russia Secretly Tried To Funnel Millions To The »European Trump«, in: Buzzfeed.News, 10.7.2019, http://bit.ly/2yylyeW
5 Moskaus Marionetten, in: Der Spiegel 15, 6.4.2019, S. 10–18.
6 Moskaus Marionetten, in: Der Spiegel 15, 6.4.2019, S. 10.
7 AfD: »Thesen zur Außenpolitik«, gepostet auf Facebook am 11.9.2013, http://bit.ly/2K0qMH5.
8 Barbashin, Anton/Thoburn, Hannah: Putin's Brain, in: Foreign Affairs, 31.3.2015, https://fam.ag/2VMGQOQ.
9 AfD-Jugend und Putin-Jugend verbünden sich, Spiegel Online, 23.4.2016, https://bit.ly/2GLm91b
10 Zöchling, Christa: Johann Gudenus, die unheimliche Nummer zwei, in: Profil, 7.8.2015, https://bit.ly/33dlnhM
11 Peter, Benedikt: Warum Rechtspopulisten keine gemeinsame Sache mit Russland machen, in: Süddeutsche Zeitung, 19.12.2016, http://bit.ly/2YQbTeT.
12 Persönliches Gespräch mit Stefan Meister am 17.12.2018 in Berlin.
13 Persönliches Gespräch mit Gunnar Lindemann am 19.12.2018 in Berlin.
14 Lindemann, Gunnar: Post auf Twitter, 21.4.2019, http://bit.ly/2X298ql.
15 Persönliches Gespräch mit Anton Shekhovtsov am 4.2.2019 in Berlin.
16 Beitzer, Hannah: Russlanddeutsche mögen die Linkspartei lieber als die AfD, Interview mit Achim Goerres, in: Süddeutsche Zeitung, 8.3.2018, http://bit.ly/2HB3LsT.
17 Persönliches Gespräch mit Waldemar Herdt am 29.1.2019 im Bundestag.
18 Ballin, André: Darum ist Russland einer der großen Verlierer beim Wirtschaftswachstum, in: Handelsblatt, 9.1.2019, http://bit.ly/2EuAv4V.
19 Groth, Heinrich: 30-jähriges Jubiläum der Rehabilitationsbewegung und der Gesellschaft der Deutschen aus Russland »Wiedergeburt«, in: rd-zeitung.eu, 24.5.2019, http://bit.ly/2werw3s.

20 Russlanddeutsche für die AfD NRW: Die Reise von AfD Politikern zum Internationalen Wirtschaftsforum in Jalta, gepostet auf der eigenen Website, 24. 4. 2018, http://bit.ly/2WkSMvP.

21 https://www.youtube.com/watch?v=DvJGFdPL9fU.

22 Frohnmaier, Markus, Post auf Facebook, 20. 3. 2014, http://bit.ly/2JDBFzw.

23 Persönliches Gespräch mit Markus Frohnmaier am 12. und 13. 1. 2019 in Riesa.

24 Raabe, Julia: Das Video, das die Republik erschüttert, in: Die Presse, 18. 5. 2019, https://bit.ly/2T5n2GJ1

25 AfD weist Verbindung zu russischem Spion zurück, Zeit online, 18. 8. 2017, http://bit.ly/2wfWxUr.

26 Bennhold, Katrin: As Far Right Rises, a Battle Over Security Agencies Grows, in: New York Times, 7. 5. 2019, https://nyti.ms/2xMTcwZ.

27 Die Skandalchronik der FPÖ, in: Welt 19. 5. 2019, http://bit.ly/2WNVtCh.

28 Russland-Nähe der FPÖ sorgt für Isolation des BVT, in: Der Standard, 8. 4. 2019, http://bit.ly/2WQcr30.

Kulturpolitik: Vorhang zu für '68 (S. 176–184)

1 N. n.: Regisseur Arpad Schilling in Ungarn als »Staatsfeind« verdächtigt, APA-Meldung, 26. 9. 2017.

2 Froitzheim, Mareike: »Sie haben mir gesagt, ich mache zu viele Probleme«, in: Die Welt, 18. 3. 2019, https://cutt.ly/ZoCdvt.

3 Jürgen König: Marion Maréchals Hochschule ISSEP, in: Deutschlandfunk vom 16. 10. 2018, https://cutt.ly/1XCYtP.

4 Gespräch mit Marton Gergely, leitender Redakteur von HVG, am 9. 6. 2018.

5 Rühle, Alex: Wo man Europas Werte mit Füßen tritt, in: Süddeutsche Zeitung, 27. 4. 2011, https://cutt.ly/IoSD16.

6 Leonhart, Ralf: Die Frau als Hausrat, in: taz vom 5. 4. 2014, https://cutt.ly/eoCdJl.

7 Ebd.

8 Lesser, Gabriele: »Kulturrevolution« von rechts bedeutet in Polen »Säuberung«, in: Der Standard, 21. 12. 2016, https://cutt.ly/6oCdBD.

9 Kurianowicz, Tomasz: Als wäre die nächste Vorstellung die letzte, in: Frankfurter Allgemeine Zeitung, 6. 12. 2017.

10 Lesser, Gabriele: »Kulturrevolution« von rechts bedeutet in Polen »Säuberung«, in: Der Standard, 21. 12. 2016, https://cutt.ly/6oCdBD.

11 Kommentar der Anderen: Die Freunde Polens sagen: Es reicht, in: Der Standard, 27. 2. 2018, https://cutt.ly/voCfcD.

12 Kurianowicz, Tomasz: Als wäre die nächste Vorstellung die letzte, in: Frankfurter Allgemeine Zeitung, 6.12.2017.

13 Kurianowicz, Tomasz: Von pädophilen Priestern und alkoholkranken Frauen, in: Frankfurter Allgemeine Zeitung, 1.10.2018.

14 Heute im Osten: Polens Filmförderung im Visier der Regierung, mdr, 22.4.2017, https://cutt.ly/6wdjavV.

15 Vogel, Sonja: Eine neue nationale Erzählung, in: taz, 9.12.2013, https://cutt.ly/ioChMe.

16 Bozi, Tibor: O-Töne aus dem Nachbarland, in: Der Standard, 5.4.2014, https://cutt.ly/EoCfM8.

17 N.n.: Ungarn – Neuer Direktor verspricht mehr Nationales am Nationaltheater, APA-Meldung, 17.12.2012.

18 Vogel, Sonja: Eine neue nationale Erzählung, in: taz, 9.12.2013, https://cutt.ly/ioChMe.

19 Richter, Christoph: AfD will Theater sanktionieren, in: Deutschlandfunk Kultur, 21.12.2017, https://cutt.ly/aiY64U.

20 N.n.: Schriftsteller Esterhazy im Radio zensiert, in: Spiegel online vom 3.1.2013, https://cutt.ly/loCjvT.

21 Veser, Reinhard: Die Bühne des Bösen, in: Frankfurter Allgemeine Zeitung, 26.2.2012.

22 N.n.: Rechtsextremist Dörner bleibt Intendant am Budapester Neuen Theater, APA-Meldung, 31.8.2016.

23 Koldehoff, Stefan: Khuon: AfD greift deutsche Theater an, in: Deutschlandfunk, 14.1.2019, https://cutt.ly/fiUqn6.

24 Lehmann, Timo/Padberg, Carola: Kein Konzert von Feine Sahne Fischfilet, in: Spiegel online, 18.10.2018, https://cutt.ly/KoSXOK.

25 Nimz, Ulrike: Endorphine und blaue Flecken. In: Süddeutsche Zeitung, 7.11.2018, https://cutt.ly/doCiQX.

26 Gürgen, Malene: Aufruhr im Revuetheater, in: taz, 8.10.2017, https://taz.de/!5451944/.

27 Die Vielen: Erklärung der Vielen, https://www.dievielen.de/erklaerungen.

28 Schmidt, Colette M.: Unmut und Verwunderung über FPÖ-Besetzungen in Graz, in: Der Standard, 8.6.2017, https://cutt.ly/hoCkzA.

29 Ebd.

30 Vogel, Sonja: Eine neue nationale Erzählung, in: taz vom 9.12.2013, https://cutt.ly/ioChMe.

31 N.n.: Strache eröffnet Denkmal für Trümmerfrauen in Wien, in: Die Presse, 1.10.2018, https://cutt.ly/siUpOw.

32 Mayr, Peter: Historikerinnen gegen Wiener Denkmal für Trümmerfrauen, in: Der Standard, 1.10.2018, https://cutt.ly/YiUaHz.

33 Paterno, Wolfgang: »Irgendwann seid ihr dran«, in: Profil 21/2019, https://cutt.ly/HiUzG6.

34 N. n.: Wirbel um Flüchtlingsschiff von Christoph Büchel, in:
Neue Zürcher Zeitung, 9.5.2019.

35 Kohler, Michael: Fescher alter Hut. In: Kölner Stadtanzeiger,
15.5.2019, https://cutt.ly/coCk2R.

36 N. n.: Andrea Camilleri contro Matteo Salvini: »Quando impugna
il rosario mi dà un senso di vomito«, in: fanpage.it, 16. Juni 2019,
https://cutt.ly/sXVnQD.

37 Jelinek, Elfriede: Die Erregungsgemeinschaft, in: Profil 34/1998.

Zivilgesellschaft: Daumenschrauben für NGOs (S. 185–195)

1 NGOs werden Italien nur auf Postkarte sehen, Tagesschau,
29.6.2018, bit.ly/2XyufKG, letztmalig abgerufen 18.6.2019.

2 Jetzt treibt es Salvini sogar für die eigene Regierung zu weit, in:
Welt Online, 9.7.2018, bit.ly/2WQTNrr, letztmalig abgerufen am
18.6.2019.

3 Impounded Migrant Rescue Ships still awaiting answers, Times
of Malta, 31.7.2018, bit.ly/2Rj813s, letztmalig abgerufen am
18.6.2019.

4 Carola Rackete, die in Italien verhaftete Kapitänin der Sea
Watch 3, kommt frei, in: Neue Zürcher Zeitung online, 3.7.2019,
bit.ly/309UrCM.

5 Persönliches Gespräch mit den AutorInnen, April 2019.

6 Amnesty International: Laws designed to silence: The global Crackdown on Civil Society Organizations, S. 2, http://bit.ly/2YRgVbr.

7 Ebd.

8 Persönliches Gespräch der AutorInnen mit Mandeep Tiwana,
September 2018.

9 Ebd.

10 Civicus Monitor 2018, https://monitor.civicus.org/SOCS2018/.

11 Ebd.

12 Brot für die Welt: Atlas der Zivilgesellschaft 2019, S. 7,
bit.ly/2KpSXQW.

13 Website der FPÖ, 27.12.2018, letztmalig abgerufen am 17.6.2018,
bit.ly/31vtR8q.

14 »NGO-Wahnsinn«: Kurz kritisiert Retter im Mittelmeer, ORF,
24.3.2017, letztmalig abgerufen am 17.6.18, bit.ly/31Cxuto.

15 Simsa, Ruth (u.a.): Civil Society Index Update 2019: Rahmen-
bedingung für die Zivilgesellschaft in Österreich, S. 7.

16 Ebd.

17 Simsa, Ruth (u.a.): Civil Society Index Update 2019: Rahmen-
bedingung für die Zivilgesellschaft in Österreich, S. 6.

18 Ebd.

19 Hahne, Helen: Österreich: Die Kürzungen für frauenpolitische

Projekte sind ein klares Zeichen des Rechtsrucks, in: Edition F,
13.8.2018, bit.ly/2xrMA75.

20 Amnesty International: Laws designed to silence: The global Crackdown on Civil Society Organizations, S. 24, http://bit.ly/2YRgVbr.

21 Ebd.

22 Civil Liberties Union for Europe: Ungarns neue
Einwanderungssteuer: freie Meinungsäußerung wird teuer,
3.9.2018, bit.ly/2J6Uw4m.

23 Amnesty International: Laws designed to silence: The global Crackdown on Civil Society Organizations, S. 26, http://bit.ly/2YRgVbr.

24 Stellungnahme Viktor Orbán, 22.3.2018, bit.ly/2FfkvUV.

25 Amnesty International: Laws designed to silence: The global Crackdown on Civil Society Organizations, S. 26, http://bit.ly/2YRgVbr.

26 Ebd.

27 Ebd.

28 Ebd.

29 Amnesty International: Laws designed to silence: The global Crackdown on Civil Society Organizations, S. 27, http://bit.ly/2YRgVbr.

30 So stärken Brüssel und Berlin ihre eigenen Gegner, Welt Online,
22.12.2016, letztmalig abgerufen am 18.6.2019, bit.ly/2Ip0k95.

31 Ebd.

32 Grabitz, Markus/auf Pieper, Markus: Zuschüsse für NGOs –
Brüssels Förderpraxis ist umstritten, Stuttgarter Nachrichten,
ohne Datum, letztmalig abgerufen am 18.6.2019, bit.ly/2Xdqsfp.

33 Pieper, Markus: Draft Report on budgetary control of financing
NGOs from the EU budget, 16.3.2017.

**Antisemitismus und Islamfeindlichkeit: Der Feind meines Feindes
(S. 196–208)**

1 Jacobsen, Lenz: Front International, Zeit Online, 21.1.2017,
https://bit.ly/2EWV8qO.

2 Videomitschnitt der Rede Pretzells vom 21.1.2017, Youtube,
https://bit.ly/2WMSs9p.

3 Bender, Justus: Hurra-Rufe für Petry, Wilders, Le Pen und
Trump, in: Frankfurter Allgemeine Zeitung vom 21.1.2017,
https://bit.ly/2WvK7aE.

4 Kamann, Matthias: Was Höcke mit der »Denkmal der Schande«-
Rede bezweckt, in: Welt, 18.1.2017, https://bit.ly/2k3WK9t.

5 Schmid, Bernard: Wie Marine Le Pen den Front National modernisierte, Bundeszentrale für politische Bildung, 2014,
https://bit.ly/2WwX3gD.

6 Rosbach, Jens: Rechtspopulisten umwerben Juden, Deutschlandfunk, 4.5.2016, https://bit.ly/2EX9EyK.

7 Stimmen für Geert Wilders, in: Jüdische Allgemeine, 13.3.2017, https://bit.ly/2WnGcIb.

8 Geert Wilders rät Israel zu mehr Siedlungsbau, RP Online, 5.12.2010, https://bit.ly/2Xx2XL5.

9 Rosbach, Jens: Rechtspopulisten umwerben Juden, Deutschlandfunk, 4.5.2016, https://bit.ly/2EX9EyK.

10 Der Dritte Weg: ENF-Kongress in Koblenz, https://bit.ly/2Wuyv7L.

11 Gensing, Patrick: Europas Neue Rechte streitet über Israel, Tagesschau, 22.1.2017, https://bit.ly/2ZaGPq7.

12 Riebe, Jan: Wie antisemitisch ist die AfD?, Belltower News, 10.5.2016, https://bit.ly/2WnHqmL.

13 Krauss, Martin (Interview): »Diese Leute hassen auch uns«, in: Jüdische Allgemeine, 3.2.2016, https://bit.ly/2ZehL1z.

14 Von Salzen, Claudia: Jüdische Organisationen warnen vor AfD, in: Tagesspiegel, 4.10.2018, https://bit.ly/2wGKRur.

15 Horaczek, Nina/Reiterer, Claudia: HC Strache. Sein Aufstieg. Seine Hintermänner. Seine Feinde. Wien 2009, S. 210.

16 Knaul, Susanne: AfD und FPÖ nicht willkommen, in: taz, 5.2.2019, https://bit.ly/2KL1Xzq.

17 Riebe, Jan: Wie antisemitisch ist die AfD?, Belltower News, 10.5.2016, https://bit.ly/2WnHqmL.

18 Persönliches Gespräch mit Samuel Salzborn, 29.5.2018.

19 Ebd.

20 Allensbach: Antisemitismus hat eher abgenommen, Deutsche Welle, 20.6.2018, https://bit.ly/2wIDZg4.

21 Diese Zitate machen Viktor Orbán zum umstrittensten Staatschef der EU, in: Handelsblatt, 4.4.2018, https://bit.ly/2NRGOGl.

22 Soros-Stiftung nimmt Arbeit in Berlin auf, in: Frankfurter Allgemeine Zeitung, 4.10.2018, https://bit.ly/2IpkH4O.

23 Bonavida, Iris/Prior, Thomas: FPÖ-Klubchef Gudenus: Migration gesteuert? »Soros möglicher Akteur«, in: Die Presse, 20.4.2018, https://bit.ly/2ZcteP6.

24 Brinker, Irene: George Soros als Sündenbock der Rechten, in: Der Standard, 24.4.2018, https://bit.ly/2wF0VN7.

25 Mosseri, Daniel: Von wegen Bella Italia, in: Jüdische Allgemeine, 4.9.2018, https://bit.ly/2I1kfL6.

26 Kleinjung, Tilmann: Höhenfunk der italienischen Rechten, Deutschlandfunk, 23.3.2015, https://bit.ly/2WpcCSq.

27 Lesser, Gabriele: Antisemitismus im Wahlkampf, in: Jüdische Allgemeine, 23.5.2019, https://bit.ly/2IksnFa.

28 Historiker: »Die Polen sehen sich als größere Opfer als die Juden«, MDR, 9.3.2018, https://bit.ly/2Ir1qQi.

29 Decker, Oliver/Brähler, Elmar: Flucht ins Autoritäre. Rechtsextreme Dynamiken in der Mitte der Gesellschaft, Gießen 2018.

30 Pollack, Detlef: Studie »Wahrnehmung und Akzeptanz religiöser Vielfalt«. Bevölkerungsumfrage des Exzellenzclusters »Religion und Politik«, 2010, https://bit.ly/2Zasv0T.

31 Freiheitliche Partei Österreich: Handbuch freiheitlicher Politik, 4. Auflage 2013, S. 53, https://bit.ly/30ewGJP.

32 Kuhn, Inva: Entgrenzte Einblicke in den Antimuslimischen Rassismus: Bedeutung für die modernisierte Rechte europaweit, https://bit.ly/2RVIxcG.

33 Beisicht, Markus: »Wir sind die Stimme der Bürger«. Interview, in: Junge Freiheit, 16.9.2008.

34 Haas, Julia: Von ›anständigen Mädchen‹ und ›selbstbewussten Rebellinnen‹ – Das Frauen- und Geschlechterbild der Identitären, in: Peters, Ulrich/Meyer, Emil (Hg.): Identitäre Bewegung Deutschland. Münster 2019.

35 Lang, Juliane: Feminismus von Rechts?, Impulse 03/2018, Dekonstrukt, Hamburg.

36 Weiß, Volker: Rechter Bruder der Dschihadisten, Spiegel Online, 27.7.2011, https://bit.ly/2Z8Gl3Z.

37 Tarrant, Brenton: The Great Exchange. Im Archiv der AutorInnen.

38 Benz, Matthias: Verbindung zwischen dem Christchurch-Attentäter und der Identitären Bewegung schlägt in Österreich hohe Wellen, in: Neue Zürcher Zeitung, 27.3.2019, https://bit.ly/2K2MKtT.

Nazi-Szene: Die braune Verwandtschaft (S. 209 – 220)

1 Nau.ch: Russland wirft Estland Nationalsozialismus vor, 3. September 2018, https://bit.ly/2YKEt0y.

2 Whyte, Andrew: Russian embassy blasts Lihula World War Two monument reinstallation, in: err.ee, 3. September 2018, https://bit.ly/2Klp7dG.

3 Wolff, Reinhard: Jetzt nicht auch noch Estland, taz, 18. April 2019, https://bit.ly/2KvmK8x.

4 Ebd.

5 Ebd.

6 La Voix du Nord: Attentats en Nouvelle-Zélande Le terroriste raconte être passé par la France en 2017. 15. März 2019, https://bit.ly/2T5kwRa.

7 Public Sénat, Youtube-Videokanal: Immigration : le sénateur FN Stéphane Ravier dénonce un »grand remplacement«, 21. Juni 2018, https://bit.ly/31kNHSZ.

8 Ebd.

9 N. n.: Zufälliges Zusammensein mit Identitären, in:
   Der Standard 18.1.2019.

10 Zöchling, Christa: Déjà-vue. In: Profil 40/2005.

11 N. n.: Zufälliges Zusammensein mit Identitären, in:
   Der Standard 18.1.2019.

12 Staudinger, Markus: Die Ahnungslosen von der Villa Hagen, in:
   Oberösterreichische Nachrichten 1.4.2019.

13 N. n.: Eine Villa für Identitäre und blaue Burschenschafter, in:
   Oberösterreichische Nachrichten 30.3.2019.

14 Schmidt, Colettte M./Schmid, Fabian/Ruep, Stefanie/Rohrhofer,
   Markus/Arora, Steffen: Verflochten quer durchs Land, in:
   Der Standard 3.4.2019.

15 Horaczek, Nina: Heil Mazzesinsel! in: Falter 12/2018.

16 N. n.: Kitzmüller macht Rechts-außen zu ihrem Büroleiter, in:
   Der Standard 6.4.2019.

17 Mauthausen-Komitte Österreich: Die FPÖ und der Rechtsextremismus: Einzelfälle und Serientäter. Stand 1.6.2018, https://cutt.ly/diBia3.

18 Matzinger, Lukas: Von Ibiza zum Influencer, in: Falter 23/2019.

19 N. n.: Ungarn – Parteien und NGOs rufen zu Demonstrationen
   gegen Regierung auf, APA-Meldung 2.1.2012.

20 Verseck, Keno: Ein Ritterkreuz für den Menschenfeind, in:
   Spiegel online 22.8.2016, https://cutt.ly/aGp93H.

21 Leonhard, Ralf: Rotes Kreuz rettet Roma vor Rechtsextremen, in:
   taz 25.4.2011, https://taz.de/!5122065/.

22 N. n.: Proteste gegen Bau von Nazi-Besatzungsdenkmal in Budapest,
   APA-Meldung 8.4.2014.

23 Fleischhacker, Michael/Ultsch, Christian: Orban im Interview:
   »Wir haben die Linke zertrümmert«, in: Presse am Sonntag
   16.6.2012, https://cutt.ly/XGpNf3.

24 Romano, Luca: Salvini: »Invasione di migranti-porta-allo scontro-
   sociale«, in: Il Giornale, 3. Februar 2018, https://bit.ly/2M36jmN.

25 Stol.it: Faschismus-Debatte vor Buchmesse von Turin, 7. Mai 2019,
   https://bit.ly/2YqkhWx.

26 Alanews Youtube Kanal: Salvini: »Sgombero Casapound? Non è una
   priorità«, 24. Oktober 2018, https://bit.ly/2MIhZLk.

27 Bozza, Claudio: Forlì, Salvini fa un comizio dallo stesso balcone
   di Mussolini, in: Corriere della Sera, 4. Mai 2019,
   https://bit.ly/31h3j9W.

28 Il Messaegero: »Tanti nemici, tanto onore«. Salvini cita Mussolini ed
   è bufera politica, 29. Juli 2018, https://bit.ly/2OFzVZG.

29 Stuttgarter Nachrichten: Von der Neonaziband in den Betriebsrat,
   11. März 2018, https://bit.ly/2M4gbNq.

30 Gespräch der AutorInnen mit Maximilian Krah am 1.10.2019.

Verschwörungstheorien: Die wundersame Welt des Rechtspopulismus (S. 221 – 229)

1 Küthmann, Leonie: AfD-Vorwurf: Manipuliert die Tagesschau ihre Wetterkarte?, in: Augsburger Allgemeine, 6.6.2019, https://cutt.ly/poD0yq.

2 N. n.: Ist das die dümmste Verschwörungstheorie des Jahres?, in: Vice, 6.6.2019, https://cutt.ly/koD2GG.

3 N. n.: Viel heiße Luft um die Wetterkarte, tagesschau.de, 5.6.2019, https://cutt.ly/VoZkqb.

4 Nikowitz, Rainer: Treibhausdefekt, in: Profil, 50/2018.

5 Mittelstädt, Katharina: »Wir Österreicher reden ja nicht zufällig Deutsch«, in: Der Standard, 7.12.2018.

6 Norbert Hofer: Parlamentarische Anfrage vom 6.9.2013, https://www.parlament.gv.at/PAKT/VHG/XXIV/J/J_15921/imfname_322391.pdf.

7 Gerald Klug: Parlamentarische Anfragebeantwortung vom 28.10.2013, https://www.parlament.gv.at/PAKT/VHG/XXIV/AB/AB_15368/imfname_329680.pdf.

8 Norbert Hofer: Parlamentarische Anfragebeantwortung vom 15.11.2018, https://www.parlament.gv.at/PAKT/VHG/BR/AB-BR/AB-BR_03295/imfname_721330.pdf.

9 Kijowska, Marta: Das ungesühnte Verbrechen, Deutschlandfunk, 20.10.2015, https://cutt.ly/YoD6n4.

10 Flückiger, Paul: »Mutwillig herbeigeführte Explosion«, in: Die Presse, 12.4.2017, https://cutt.ly/ToZzy4.

11 Hassel, Florian: Sprache der verbrannten Erde, in: Süddeutsche Zeitung, 29.7.2017.

12 Schuller, Konrad: Das Gift des geheimen Wissens, in: Frankfurter Allgemeine Zeitung, 13.12.2012, https://cutt.ly/xoZx0J.

13 Flückiger, Paul: »Mutwillig herbeigeführte Explosion«, in: Die Presse, 12.4.2017.

14 Hassel, Florian: Verordnete Verschwörung, in: Süddeutsche Zeitung, 10.9.2016, https://cutt.ly/VoZco5.

15 Ebd.

16 Stach, Stephan: Die Lügen von Smolensk, in: Frankfurter Allgemeine Zeitung, 7.10.2016.

17 Alice Weidel: Facebook-Eintrag vom 16.4.2019, https://cutt.ly/OotO1H.

18 Schmid, Fabian/Schmidt, Colette M./Brickner, Irene/Rauscher, Hans: Die Legende vom großen Austausch, in: Der Standard, 30.4.2019.

19 PI-News: »Umvolkung« – Hampel, Weyel, Frohnmaier (alle AfD)

zum UN-Migrationspakt, Youtube-Video, 11. 10. 2018, https://www.youtube.com/watch?v=_108c5WQFvs.

20 Horaczek, Nina: Wotan, ganz weit oben, in: Falter, 47/2010.

21 Bischofberger, Conny: Wann hört das endlich auf, Herr Strache?, in: Kronen Zeitung, 28. 4. 2019.

22 Winter, Jakob: Desinformationsfluss, in: Profil, 21/2019.

23 Peternel, Evelyn: So wurde George Soros zum bestgehassten Gutmenschen, in: Kurier, 24. 4. 2018.

24 Hoffmann-Ostenhof, Georg: Wer hat Angst vor George Soros?, in: Profil, 23/2017.

25 Gergely, Marton: Verkommenes Wien, in: taz, 7. 3. 2018, https://cutt.ly/WoZnmu.

26 Bayer, Zsolt: MERÉNYLET CHRISTCHURCH-BEN. Blogeintrag vom 16. 3. 2019, https://cutt.ly/Fojyhp.

27 Eggert, Wolfgang: Eliminierung eines »Staatsfeindes«: Ein Gedanke zum Angriff auf Sellner und die Identitären, in: Compact-Magazin, 5. 4. 2019, https://cutt.ly/cFXYJO.

28 N. n.: Etwa hundert Vermisste nach Untergang von Flüchtlingsboot, in: Frankfurter Allgemeine Zeitung, 29.6.2018, https://cutt.ly/eFXHkn.

29 Münch, Peter: Die FPÖ begibt sich in die Trotzburg, in: Süddeutsche Zeitung, 24. 5. 2019, https://cutt.ly/doZvne.

III. Perspektiven

EU-Parlament: Der mühsame Weg zum Rechtsblock (S. 233 – 243)

1 https://www.moz.de/artikel-ansicht/dg/0/1/1738452/.

2 https://twitter.com/gerardofortuna/status/1140992270201573376?s=20.

3 https://twitter.com/IDParty_/status/1146798332431523840?s=20.

4 https://twitter.com/Joerg_Meuthen/status/1146520234569994241?s=20.

5 Brussels Playbook, in: POLITICO, 17.11.2019, https://politi.co/2MltvNh

6 https://www.pressreader.com/italy/corriere-della-sera/20181023/281642486154368.

7 https://taz.de/Ehemaliger-Trump-Chefstratege-Bannon/!5572918/.

8 Ebd.

9 Ebd.

10 https://apps.derstandard.at/privacywall/story/2000087214138/fpoe-will-fuer-eu-wahl-nicht-mit-bannons-bewegung-zusammenarbeiten.

11 https://www.greenpeace-magazin.de/ticker/estland-staatspraesiden-tin-kritisiert-ekre-fuer-le-pen-besuch.

12 Äußerungen bei der Veranstaltung in Mailand am 8. April 2019 von den AutorInnen protokolliert.

13 https://taz.de/Rechte-Parteien-bei-der-Europawahl/!5595295/.
14 https://www.euractiv.de/section/europawahlen/news/orban-schliesst-wechsel-in-neue-eu-parlamentsgruppe-nicht-aus/.
15 https://www.tagesspiegel.de/politik/ohne-unterstuetzung-fuer-manfred-weber-ungarns-regierungspartei-fidesz-will-doch-in-der-evp-bleiben/24417802.html.
16 https://www.sueddeutsche.de/politik/ungarn-zurueck-zur-mitte-1.4474392.
17 https://taz.de/Rechte-Parteien-bei-der-Europawahl/!5595295/.
18 Ebd.
19 Die fünf Schattenseiten der Europa-Wahl, in: Bild, 27.5.2019, https://bit.ly/2MlqA7hl.
20 https://rp-online.de/politik/eu/rechtspopulisten-bilden-fraktion-identitaet-und-demokratie-im-eu-parlament_aid-39413219.
21 https://www.sueddeutsche.de/politik/rechtspopulisten-europaparlament-1.4485355.
22 Neue Rechtsfraktion im EU-Parlament startet mit Kampfansage, in: Handelsblatt, 13.6.2019, https://bit.ly/33FE8zS.
23 https://www.afdsachsen.de/presse/pressemitteilungen/italien-will-schulden-auf-unsere-kosten-machen-10630.html.
24 https://www.welt.de/newsticker/news1/article196293831/Haushalt-EU-Kommission-laesst-Rom-im-Schuldenstreit-vom-Haken.html.
25 Ebd.

Nachwort: Die Gesellschaft der Vielen (S. 244–248)

1 N. n.: Polnisches Parlament lehnt Abtreibungsverbot ab, in: Zeit online, 6.10.2016, https://cutt.ly/GojhYP.
2 https://www.deutschlandfunk.de/politische-serie-in-polen-wenn-satire-die-politik.795.de.html?dram:article_id=395201.
3 Das Gupta, Oliver: »Bin mir sicher, dass es in der FPÖ viele braune Haufen gibt«, in: Süddeutsche Zeitung, 6.8.2018, https://cutt.ly/KojsYJ.
4 N. n.: Causa Strache: »Ab heute zahl ich GIS-Gebühr«, heute, 18.5.2019, https://cutt.ly/QojgWJ.
5 https://www.welt.de/politik/deutschland/article182036486/Unteilbar-in-Berlin-240-000-demonstrieren-gegen-Hass-Veranstalter-ueberwaeltigt.html.
6 https://www.merkur.de/politik/afd-chef-alexander-gau-land-wirft-anderen-parteien-klimahysterie-vor-zr-12359577.html.
7 https://www.compact-shop.de/shop/fanartikel/aufkleber/20-x-compact-aufkleber-greta-nervt-a7/.

Das Recherchenetzwerk Europe's Far Right

Im Frühjahr 2019 wurde Europe's Far Right für seine Berichterstattung mit dem Concordia Journalistenpreis in der Kategorie Pressefreiheit ausgezeichnet.

Tristan Berteloot ist Reporter der französischen Tageszeitung *Libération*. Zuvor war er für Medien wie den Wochenzeitungen *L'Obs, L'Express* und *Les Inrocks* und der Tageszeitung *Le Monde* tätig. Sein Spezialgebiet sind rechtsextreme Parteien.

Katarzyna Brejwo ist Reporterin und schreibt für die *Gazeta Wyborcza,* Polens führende unabhängige Tageszeitung und deren Wochenmagazin *Duży Format.* Sie ist Finalistin zahlreicher Journalistenpreise in Polen, unter anderem des Grand Press Award, des Amnesty International Award und des deutsch-polnischen Tadeusz Mazowiecki-Journalistenpreises. Sie ist Mitbegründerin des Reporterverbandes Rekolektyw.

Annalisa Camilli ist Journalistin beim italienischen Nachrichtenmagazin *Internazionale* und beschäftigt sich mit den Themen Migration, Menschenrechten und dem Aufstieg rechtsextremer Parteien in Europa. 2017 erhielt sie den Anne-Lindt-Publizistikpreis, 2019 den Cristiana Matano-Preis für Journalismus. Zuletzt veröffentlichte sie das Buch »La legge del mare« über die Kriminalisierung der Flüchtlingsretter auf See.

Márton Gergely ist leitender Redakteur der größten ungarischen Wochenzeitung *HVG* und ist dort für die Politikberichterstattung zuständig. Vorher war er stellvertretender Chefredakteur der auflagenstärksten Tageszeitung *Népszabadság.* Er erlebte wie das Blatt im Oktober 2016 im Zuge einer feindlichen Übernahme eingestellt worden ist.

Malene Gürgen ist seit 2014 Redakteurin im Berlinressort der *taz.* In der *taz* hat sie unter anderem das Rechercheprojekt NetzwerkAfD koordiniert und war dafür mit ihrem Team 2018 für den Reporterpreis nominiert. Das *Medium Magazin* wählte sie 2018 auf die Liste der »Top 30 bis 30«.

Patricia Hecht hat für Radio und Print gearbeitet, unter anderem in Mexiko und Kolumbien, bevor sie 2012 zur *taz* kam. Sie war Chefin vom Dienst im Berlinteil, für die Planung der vorderen Seiten verantwortlich und ist heute Genderredakteurin im Inlandsressort. Zu ihren thematischen Schwerpunkten gehören reproduktive Rechte und Antifeminismus.

Nina Horaczek ist Chefreporterin der österreichischen Wochenzeitung *Falter*. Sie beschäftigt sich seit zwanzig Jahren mit der extremen Rechten in Österreich und Europa und wurde unter anderem mit dem Dr.-Karl-Renner-Publizistikpreis, dem Prof. Claus Gatterer-Preis sowie dem Bruno Kreisky-Preis für das politische Buch ausgezeichnet. Zuletzt veröffentlichte sie »Populismus für Anfänger. Anleitung zur Volksverführung« (Westend Verlag, gemeinsam mit Walter Ötsch).

Christian Jakob ist Reporter bei der *taz*. Für seine Berichterstattung wurde er 2017 mit dem Otto-Brenner-Preis für kritischen Journalismus ausgezeichnet. Im Ch. Links Verlag erschienen seine Bücher »Die Bleibenden. Wie Flüchtlinge Deutschland seit 20 Jahren verändern« (2016) und »Diktatoren als Türsteher Europas. Wie die EU ihre Grenzen nach Afrika verlagert« (2017, mit Simone Schlindwein).

Anna Jikhareva ist Politikreporterin bei der Schweizer Wochenzeitung *WOZ*. Zu ihren Schwerpunkten gehören die europäische Migrationspolitik sowie die extreme Rechte in der Schweiz und Europa.

Johanna Luyssen ist Deutschlandkorrespondentin der französischen Tageszeitung *Libération*. Zuvor war sie stellvertretende Chefredakteurin der Onlineausgabe liberation.fr und hat für verschiedene Medien wie Arte und Le Monde gearbeitet. Zu ihren thematischen Schwerpunkten zählen Feminismus und Antifeminismus.

Sabine am Orde ist innenpolitische Korrespondentin der *taz*, einer ihrer Schwerpunkte ist die AfD. Sie wurde mit dem AWO-Medienpreis »Auf gleicher Augenhöhe: Interkulturelle Öffnung als Zukunftsaufgabe« und dem Journalistenpreis der Jakob-Moneta-Stiftung »Wider die neue Weltordnung« ausgezeichnet. Mit Jürgen Gottschlich gab sie »Europa macht dicht: Wer zahlt den Preis für unseren Wohlstand?« (2011) heraus.

Bartosz T. Wieliński ist Außenpolitikchef der polnischen Tageszeitung *Gazeta Wyborcza*. Von 2005 bis 2009 war er Deutschlandkorrespondent seiner Zeitung. Für seine journalistische Arbeit erhielt er den Grand Press Award, einen der wichtigsten Preise im polnischen Journalismus, sowie den Pióro Nadziei-Preis von Amnesty International.

Jacopo Zanchini ist stellvertretender Chefredakteur der italienischen Zeitschrift *Internazionale,* an deren Gründung er 1993 beteiligt war. Er verantwortet die internationalen politischen Seiten von *Internazionale,* die Webseite des Magazins und das Video-Team. Zusätzlich ist er Autor zahlreicher Videodokumentationen und Fernsehsendungen.

Die AutorInnen danken

für Förderung Christian Ankowitsch und dem Fleiß und Mut e. V. sowie der Stiftung Mercator; Jupp Legrand und der Otto Brenner Stiftung; Konny Gellenbeck und der *taz* Panter Stiftung; dem Reporters in the Field-Programm, Dóra Diseri und Lina Verschwele, dem n-Ost Netzwerk für Osteuropa-Berichterstattung und der Bosch-Stiftung, Attila Mong von der Deutsche Welle Akademie. Außerdem danken wir dem Presseclub Concordia in Österreich und Arnd Henze vom ARD-Hauptstadtstudio für den Concordia-Preis für Pressefreiheit.

für Information und Unterstützung den *taz*-KollegInnen Michael Braun (Rom), Eric Bonse (Brüssel), Reinhard Wolff (Stockholm), Rudolf Balmer (Paris), Andreas Speit (Hamburg) sowie Barbara Junge; der *Falter*-Politikredaktion; Bernard Schmid (Paris); Maria Windhager (Wien); Elisa Simantke von Investigate Europe; Neil Datta vom European Parliamentary Forum on Population & Development (Brüssel); Stephan Meister von der Deutschen Gesellschaft für Auswärtige Politik; dem Magazin *der rechte rand* und dem Antifaschistischen Presse- und Bildungsarchiv in Berlin.

Wir danken Christof Blome und Philipp Kaufmann für ihre Geduld und Hilfe sowie Fanny, Jasper und Zora; Katrin und Hartmut; Antonia, Johanna und Florian; Liv; Gerrit, Hannes & Heiner.

Personenregister

Andreas Speit (Hg.)
Das Netzwerk der Identitären
Ideologie und Aktionen
der Neuen Rechten

264 Seiten, Broschur
ISBN 978-3-96289-008-7
18,00 € (D); 18,50 € (A)

Sie besetzen öffentliche Gebäude, steigen auf das Brandenburger Tor, stellen Hinrichtungen nach, stören Vorlesungen,
führen Flashmobs auf und marschieren durch Innenstädte.
Ihr schwarz-gelbes Logo, der griechische Buchstabe Lambda,
ist auf zahlreichen Internetseiten präsent. In den letzten Jahren hat sich die Identitäre Bewegung (IB) fest in der politischen Landschaft verankert. Sie besteht zwar nur aus einer
Aktivistengruppe von etwa 800 Mitgliedern, wird aber von
Zehntausenden finanziell unterstützt. Ihre rechtsextremen
Inhalte verbindet sie geschickt mit einem popkulturellen
Habitus. Zentrales Thema: die angebliche Islamisierung des
Abendlandes.
13 Autoren, die seit Jahren die Entwicklungen in der rechten
Szene kritisch begleiten, legen einen fundierten Übersichts-
band vor, der die Entwicklung der Identitären Bewegung dar-
stellt, ihre Ideologie analysiert, Aktionen beschreibt
und Netzwerke offenlegt.

Ch.Links

www.christoph-links-verlag.de

Christian Jakob,
Simone Schlindwein
**Diktatoren als
Türsteher Europas**
Wie die EU ihre Grenzen
nach Afrika verlagert

320 Seiten, 1 Karte, Broschur
ISBN 978-3-86153-959-9
18,00 € (D); 18,50 € (A)

Europa zieht seine Grenzen durch Afrika. Migrationskontrolle ist in der EU zu einer Frage von höchster innenpolitischer Bedeutung geworden. Mit Hochdruck baut sie daher ihre Beziehungen zu den Regierungen auf dem afrikanischen Kontinent aus. Diese sollen ihre Bürger daran hindern, nach Europa zu gelangen. Die EU bietet dafür Militär- und Wirtschaftshilfe in Milliardenhöhe. Sie arbeitet mit Regimen zusammen, die schwere Menschenrechtsverletzungen begehen, und bildet deren Polizei und Armeen aus. Die Bewegungsfreiheit in Afrika wird eingeschränkt, Entwicklungshilfe wird umgewidmet und an Bedingungen geknüpft: Wer Migranten aufhält, bekommt dafür Geld. Am meisten profitieren IT-Unternehmen sowie Rüstungs- und Sicherheitskonzerne in Europa.

www.christoph-links-verlag.de